站在巨人肩上 **2**
On the Shoulders of Giants

關於兩門新科學的對話（復刻精裝版）

作者：伽利略（Galileo Galilei）

編／導讀：霍金（Stephen Hawking）

譯者：戈革

責任編輯：湯皓全　美術編輯：何萍萍

法律顧問：董安丹律師、顧慕堯律師

出版者：大塊文化出版股份有限公司　台北市 10550 南京東路 4 段 25 號 11 樓

www.locuspublishing.com　讀者服務專線：0800-006689

TEL: (02) 87123898　FAX: (02) 87123897

郵撥帳號：18955675　戶名：大塊文化出版股份有限公司

版權所有・翻印必究

總經銷：大和書報圖書股份有限公司　地址：新北市新莊區五工五路 2 號

TEL: (02) 8990-2588（代表號）　FAX: (02) 2290-1658

二版一刷：2019 年 3 月

定價：新台幣 400 元

關於兩門新科學的對話 / 伽利略 (Galileo Galilei) 著；
霍金 (Stephen Hawking) 編．導讀；戈革譯．
-- 初版 . -- 臺北市：大塊文化，2019.03
面；　公分
譯自：Dialogues concerning two new sciences
ISBN 978-986-213-962-2(精裝)

1. 天文學 2. 物理學

320　　　108001713

Dialogues Concerning *Two* New Sciences

關於兩門新科學的對話

伽利略 著　　霍金 編·導讀

戈革 譯

目錄

關於英文文本的說明

　　本書所選的英文文本均譯自業已出版的原始文獻。我們無意把作者本人的獨特用法、拼寫或標點強行現代化，也不會使各文本在這方面保持統一。

　　伽利略·伽利萊的《關於兩門新科學的對話》（*Dialogues Concerning Two New Sciences*）1638 年由荷蘭出版商 Louis Elzevir 首版，出版時的標題為 Discorsi e Dimostrazioni Matematiche, intorno à due nuove scienze。這裏選的是 Henry Crew 和 Alfonso deSalvio 的譯本。

原編者

前　言

「如果說我看得比別人更遠，那是因爲我站在巨人的肩上。」伊薩克·牛頓在 1676 年致羅伯特·胡克的一封信中這樣寫道。儘管牛頓在這裏指的是他在光學上的發現，而不是指他關於引力和運動定律那更重要的工作，但這句話仍然不失爲一種適當的評論——科學乃至整個文明是累積前進的，它的每項進展都建立在已有的成果之上。這就是本書的主題，從尼古拉·哥白尼提出地球繞太陽轉的劃時代主張，到愛因斯坦關於質量與能量使時空彎曲的同樣革命性的理論，本書用原始文獻來追溯我們關於天的圖景的演化歷程。這是一段動人心魄的傳奇之旅，因爲無論是哥白尼還是愛因斯坦，都使我們對自己在萬事萬物中的位置的理解發生了深刻的變化。我們置身於宇宙中心的那種特權地位已然逝去，永恆和確定性已如往事雲煙，絕對的空間和時間也已經爲橡膠布所取代了。

難怪這兩種理論都遭到了強烈的反對：哥白尼的理論受到了教廷的干預，相對論受到了納粹的壓制。我們現在有這樣一種傾向，即把亞里斯多德和托勒密關於太陽繞地球這個中心旋轉之較早的世界圖景斥之爲幼稚的想法。然而，我們不應對此冷嘲熱諷，這種模型決非頭腦簡單的產物。它不僅把亞里斯多德關於地球是一個圓球而非扁平盤子的推論包含在內，而且在實現其主要功能，即出於占星術的目的而預言天體在天空中的視位置方面也是相當準確的。事實上，在這方面，它足以同 1543 年哥白尼所提出的地球與行星都繞太陽旋轉的異端主

張相媲美。

伽利略之所以會認為哥白尼的主張令人信服，並不是因為它與觀測到的行星位置更相符，而是因為它的簡潔和優美，與之相對的則是托勒密模型中複雜的本輪。在《關於兩門新科學的對話》中，薩耳維亞蒂和薩格利多這兩個角色都提出了有說服力的論證來支持哥白尼，然而第三個角色辛普里修卻依然有可能為亞里斯多德和托勒密辯護，他堅持認為，實際上是地球處於靜止，太陽繞地球旋轉。

直到克卜勒開展的工作，日心模型才變得更加精確起來，之後牛頓賦予了它運動定律，地心圖景這才最終徹底喪失了可信性。這是我們宇宙觀的巨大轉變：如果我們不在中心，我們的存在還能有什麼重要性嗎？上帝或自然律為什麼要在乎從太陽算起的第三塊岩石上（這正是哥白尼留給我們的地方）發生了什麼呢？現代的科學家在尋求一個人在其中沒有任何地位的宇宙的解釋方面勝過了哥白尼。儘管這種研究在尋找支配宇宙的客觀的、非人格的定律方面是成功的，但它並沒有（至少是目前）解釋宇宙為什麼是這個樣子，而不是與定律相一致的許多可能宇宙中的另一個。

有些科學家會說，這種失敗只是暫時的，當我們找到終極的統一理論時，它將唯一地決定宇宙的狀態、引力的強度、電子的質量和電荷等。然而，宇宙的許多特徵（比如我們是在第三塊岩石上，而不是第二塊或第四塊這一事實）似乎是任意和偶然的，而不是由一個主要方程式所規定的。許多人（包括我自己）都覺得，要從簡單定律推出這樣一個複雜而有結構的宇宙，需要借助於所謂的「人擇原理」，它使我們重新回到了中心位置，而自哥白尼時代以來，我們已經謙恭到不再作此宣稱了。人擇原理基於這樣一個不言自明的事實，那就是在我們已知的產生（智慧？）生命的先決條件當中，如果宇宙不包含恆星、行星以及穩定的化合物，我們就不會提出關於宇宙本性的問題。即使終極理論能夠唯一地預測宇宙的狀態和它所包含的東西，這一狀態處在使生命得以可能的一個小子集中也只是一個驚人的巧合罷了。

然而，本書中的最後一位思想家阿爾伯特・愛因斯坦的著作卻提

出了一種新的可能性。愛因斯坦曾對量子理論的發展起過重要的作用，量子理論認為，一個系統並不像我們可能認為的那樣只有單一的歷史，而是每種可能的歷史都有一些可能性。愛因斯坦還幾乎單槍匹馬地創立了廣義相對論，在這種理論中，空間與時間是彎曲的，並且是動力學的。這意味著它們受量子理論的支配，宇宙本身具有每一種可能的形狀和歷史。這些歷史中的大多數都將非常不適於生命的成長，但也有極少數會具備一切所需的條件。這極少數歷史相比於其他是否只有很小的可能性，這是無關緊要的，因為在無生命的宇宙中，將不會有人去觀察它們。但至少存在著一種歷史是生命可以成長的，我們自己就是證據，儘管可能不是智慧的證據。牛頓說他是「站在巨人的肩上」，但正如本書所清楚闡明的，我們對事物的理解並非只是基於前人的著作而穩步前行的。有時，正像面對哥白尼和愛因斯坦那樣，我們不得不向著一個新的世界圖景做出理智上的跨越。也許牛頓本應這樣說：「我把巨人的肩用做了跳板。」

伽利略生平與著作

　　1633 年，在哥白尼去世 90 年以後，義大利天文學家和數學家伽利略‧伽利萊（1564-1642）被帶到了羅馬，在宗教法庭接受異端罪的審判。指控起源於伽利略的《關於兩大世界體系的對話：托勒密體系和哥白尼體系》（*Dialogo sopra i due massimi sistemi del mondo: Tolemaico, e Copernicano*）一書的問世。在這本書中，伽利略違反 1616 年禁止傳播哥白尼學說的詔令，有力地論證了日中心體系不僅是一個假說而且是眞理。審判的結果是毫無疑問的。伽利略招供了他在爲哥白尼體系辯護時可能做得太過分了，儘管羅馬敎廷在以前曾經警告過他。法庭中的多數紅衣主敎認爲他因爲支持並傳授地球並非宇宙中心的想法而有強烈異端嫌疑，於是他們判決他終身監禁。

　　伽利略還被迫簽署了一份手寫的認罪書，並公開否認他的信念。他跪在地上，雙手放在《聖經》上，宣讀了拉丁文的悔過書：①

　　　　我，伽利略‧伽利萊，係佛羅倫斯已故的文森齊奧‧伽利萊之子。現年 70 歲，今親身接受了本法庭的審判。現謹跪在諸位最傑出、最尊貴的紅衣主敎，全基督敎社會反對異端、反對腐敗墮

---

① 我譯完這份「悔過書」後，不敢自信，因此又請老友喬必敎授另譯一遍，此處所用是兩份譯文的互參本。——中譯者

落的主審官們面前，面對最神聖的福音，將雙手放於其上而發誓
曰：我一直堅信，而且現在仍堅信，並且在上帝的救助下將來也
堅信，神聖的天主教廷所主張、所宣講和所教導的一切。

我曾受到神聖教廷的告誡，必須完全放棄一種謬見，不得認
為太陽是不動的宇宙中心而地球則並非宇宙中心而且是運動的。
我被告誡，不得以語言、文字等任何方式來主張、捍衛或傳授該
謬論，因為該謬論是和《聖經》相反的。但是我卻違反教誨，寫
了並出版了一本書，書中處理了上述已被否定的謬論，並提出對
該謬論大為有利的論點而未得出任何解答。因此我受到嚴厲審
訊，被判為有強烈的異端嫌疑，即被懷疑為曾經主張並相信太陽
是靜止的宇宙中心，而地球則既不是宇宙中心，也不是靜止的。

然而，我既希望從各位首長和一切虔誠的教徒們心中消除此
種合理地對我的強烈懷疑，現謹以誠懇之心和忠實之態在此宣
稱，我詛咒並厭棄上述的謬誤和邪說，以及一切和神聖教廷相反
的錯誤宗派，而且我宣誓，我將來也絕不以語言或文字來議論或
支援可能給我帶來類似的嫌疑的一切事物，而且若得悉任何異端
分子或有異端嫌疑之人，我必將向神聖法庭或所在地的宗教裁判
官及大主教進行舉報。

我也發誓並保證，將完全接受並注意已由或將由神聖法庭加
給我的一切懲罰。若有違上述此種保證和誓言（上帝恕我）中的
任意一條，我願親身承受神聖教規或其他任何反對此種罪行的條
令所將加給我的一切痛楚和刑罰。立誓如上，願上帝和我雙手所
撫的神聖福音賜我以拯救。

我，伽利略·伽利萊，業已發誓、悔過並承諾如上，而且為
表誠意，已親手簽名於此悔過書上，並已逐字宣讀一遍。1633 年
6 月 22 日，於羅馬米涅瓦修道院。

伽利略·伽利萊親署。

根據傳說，當伽利略站起身時，他輕輕地嘟囔說，「它還是運動著

的」（Eppur si muove）。這句話征服了科學家們和學者們達若干世紀之久，因爲它代表了在最嚴酷的逆境中尋求眞理的那種目的對蒙昧主義和高高在上者的有力抗辯。雖然人們曾經發現一幅 1640 年的伽利略油畫像上題有 Eppur si muove 字樣，但是多數史學家還是認爲這個故事是虛構的。不過，從伽利略的性格來看，他還是完全可能在他的悔過書中只對教會的要求作出一些口不應心的保證，然後就回到他的科學研究中去，而不管那些研究是否符合非哥白尼的原理。歸根結柢，把伽利略帶到宗教法庭上去的是他的《關於兩大世界體系的對話》的發表，那是對教會禁止他把哥白尼關於地球繞太陽而運動的學說不僅僅作爲假說來傳授的 1616 年教會詔令的一種直接挑戰。Eppur si muove 這句話，可能並沒有結束他的審判和悔過，但它肯定加重顯示了伽利略的生活和成就。

伽利略於 1564 年 2 月 18 日生於義大利比薩，是音樂家和數學家文森齊奧·伽利萊之子。當伽利略還很小時，他家遷到了佛羅倫斯，他在那裏開始在一個修道院中受了教育。雖然從很小的年齡伽利略就顯示了一種對數學和機械研究的愛好，他的父親卻堅持讓他進入一個更有用的領域，因此伽利略就在 1581 年進了比薩大學去學習醫學和亞里斯多德哲學。正是在比薩，伽利略的叛逆性格滋長了起來。他對醫學興趣很小或毫無興趣，於是就開始熱情地學起數學來。人們相信，當在比薩大教堂中觀察一個吊燈的擺動時，伽利略發現了擺的等時性——擺動週期和其振幅無關——半個世紀以後，他就把這種等時性應用到了一個天文鐘的建造中。

伽利略說動了他的父親，允許他不拿學位就離開大學，於是他就回到了佛羅倫斯去研究並講授數學。到了 1586 年，他就已經開始懷疑亞里斯多德的科學和哲學，而寧願重新考察偉大數學家阿基米德的工作了；阿基米德也以發現和改進了面積和體積的求積法而聞名。阿基米德因爲發明了許多機器而獲得了榮譽；這些機器最後被用爲戰爭器械，例如用來向前進的敵軍投擲石塊的巨大投石器，用來弄翻船隻的巨大起重機。伽利略主要是受到了阿基米德的數學天才的啓示，但他

也受到了發明精神的激勵，他設計了一種水靜力學天平，用來在水中稱量物體的重量以測定其密度。②

1589 年，伽利略成為比薩大學的數學教授，他被要求在那裏講授托勒密天文學——認為太陽及各行星繞地球而轉動的那種學說。正是在比薩，在 25 歲的年齡，伽利略對天文學獲得了更深的理解，並開始和亞里斯多德及托勒密分道揚鑣。這一時期被重新發現的講稿顯示，伽利略曾經採用了阿基米德對運動的處理方法；特別說來，他教導說，下落物體的密度，而不是亞里斯多德所主張的它的重量，是和它的下落速度成正比的。據說伽利略曾從比薩斜塔的頂上扔下重量不同而密度相同的物體，以演證他的理論。③ 也是在比薩，伽利略寫了《論運動》（*De motu*）一書，書中反駁了亞里斯多德關於運動的理論，並為他奠定了科學改革之先驅的聲名。

在他父親於 1592 年去世以後，伽利略覺得他自己在比薩沒什麼前途。報酬是低微的，因此在他的世交圭道巴耳道・代耳・蒙特的幫助下，伽利略被任命到威尼斯共和國的帕多瓦大學當了數學教授。伽利略在那裏聲名鵲起。他在帕多瓦停留了 18 年，講授著幾何學和天文學，而且在宇宙誌學、光學、算術以及兩腳規在軍事工程中的應用等方面進行私人教學。1593 年，他為他的私人門徒們編輯了關於築城學和力學方面的著作，並且發明了一種抽水機，可以利用一匹馬的力量把水抽起。

1597 年，伽利略發明了一種計算器，這被證實為對機械工程師和軍事人員是有用的。他也開始了和約翰・克卜勒的通信，克卜勒的《宇宙的奧祕》（*Mysterium cosmographicum*）一書是伽利略曾經讀過的。伽利略同情克卜勒的哥白尼式觀點，而且克卜勒也希望伽利略將公開

②按：此處似應為「比重」（specific weight）而非「密度」（density）。——中譯者
③從今天看來，這種理論當然也是不對的。此事值得向科學史的初學者認真指出。——
　　中譯者

支持日中心式地球的學說。但是伽利略的科學興趣當時仍然集中在機械理論方面，從而他並沒有滿足克卜勒的願望。也是在此期間，伽利略對一位威尼斯女子瑪廷娜·伽姆巴發展了一種個人的興趣，他和她生了一個兒子和兩個女兒，大女兒維吉尼亞生於 1600 年，主要通過通信而與父親保持了一種十分親密的關係，因為她那短促的成年歲月大部分是在一個修道院中度過的，其教名為瑪麗亞·塞萊斯蒂（Maria Celeste），以表示她父親的興趣主要是在天際的問題上。

在 17 世紀的最初幾年，伽利略用擺做了實驗並探索了它和自然加速度現象的聯繫。他也開始了關於描述落體運動的一種數學模型的工作，他通過測量球從斜面滾下不同距離所需要的時間來研究了那種運動。1604 年，在帕多瓦上空觀察到的一顆超新星，重新喚起了對亞里斯多德不改變的天界模型的疑問。伽利略投身到了論戰的前線，發表了多次干犯禁忌的演講，但他在出版自己的學說方面卻是猶豫不決的。1608 年 10 月，一個名叫漢斯·里波爾希（Hans Lipperhey）的荷蘭人申請了一種窺視鏡的專利，該鏡可以使遠處的物件顯得較近一些。當聽到了這種發明時，伽利略就開始試圖改進它。他不久就設計了一種 9 倍的望遠鏡，比里波爾希的窺視鏡高出兩倍，而且在一年之內，他就製成了一架 30 倍的望遠鏡。當他在 1610 年的 1 月份把望遠鏡指向天空時，天空就真正對人類敞開了。月亮不再顯現為一個完全明亮的圓盤而卻顯現為有山，並且充滿了缺口。通過他的望遠鏡，伽利略確定了銀河實際上是為數甚多的分離的群星。但最重要的卻是，他看到了木星的四個「月亮」，這是對許多傾向於地中心學說的人發生了巨大影響的一種發現；那些人本來主張，所有的天體都只繞地球而轉動。同年，他出版了《星使》（Sidereus Nuncius），他在書中宣佈了自己的發現，而此書就把他帶到了當時天文學的前鋒。他覺得不能繼續講授亞里斯多德學說，而且他的名聲使他在佛羅倫斯成了托斯卡尼大公的數學家和哲學家。

一旦從教學任務中解放出來，伽利略就能全力從事望遠鏡的研究了。他很快就觀察到了金星的各相，這就肯定了哥白尼關於行星繞日

運轉的學說。他也注意到了土星的非球形狀，他認爲這種形狀起源於繞土星而轉的許多衛星，因爲他的望遠鏡還不能發現土星的環。

羅馬教廷讚賞了伽利略的這些發現，但是並不同意他對這些發現的解釋。1613 年，伽利略出版了《關於太陽黑子的書信》（*Letters on Sunspots*），標誌了他對哥白尼的日中心宇宙體系第一次以出版物的形式進行了捍衛。這一著作立即受到了攻擊，其他作者也受到了譴責，而神聖宗教法庭也很快注意到了。當伽利略在 1616 年發表了一種潮汐理論，而他確信這種理論就是地球運動的證明時，他被傳喚到羅馬去爲他的觀點進行答辯。一個委員會發出了一份詔令，表示伽利略在作爲事實來講授哥白尼體系時，他是在實行壞的科學。但是伽利略從未受到正式的判罪。和教皇保羅五世的一次會見使他相信教皇仍然尊敬他，而且他在教皇的庇護下也可以繼續講學。然而他卻受到了強烈的警告，表明哥白尼那些學說是和《聖經》背道而馳的，它們只能作爲假說而被提出。

當保羅在 1623 年去世而伽利略的朋友和支持者之一紅衣主教巴爾伯里尼（Barberini）被選爲教皇並更名爲烏爾班八世（Urban VIII）時，伽利略認爲 1616 年的詔令將被廢除。烏爾班告訴伽利略，他（烏爾班）本人將對從詔令中刪去「異端」一詞負責，而且只要伽利略作爲一種假說而不是作爲眞理來對待哥白尼學說，他就可以隨便出書。有了這種保障，伽利略就在隨後的六年中，爲寫作《關於兩大世界體系的對話》而進行了工作，而該書則終於導致了他的終身監禁。

《關於兩大世界體系的對話》採取了一個亞里斯多德及托勒密的倡導者和一個哥白尼的支持者之間的辯論的形式，雙方都試圖說服一個受過教育的普通人來信服相應的哲學。伽利略在書前聲稱支持 1616 年反對他的那份詔令，而且表示，通過書中的人物來提出各家學說，他就能避免聲明自己對任何一方的認同。儘管如此，公眾卻清楚地意識到，在《關於兩大世界體系的對話》中，伽利略是在貶抑亞里斯多德主義。在論辯中，亞里斯多德宇宙學僅僅受到了其頭腦簡單的支持者軟弱無力的辯護，而卻受到了有力而能說服人的哥白尼派的猛烈攻

擊。此書得到了巨大的成功，儘管一出版就成了眾矢之的。通過用本國的義大利文而不是用拉丁文來寫作，伽利略就使此書可以被廣泛識字的義大利人所讀懂，而不僅僅是被教會人士和學者們所讀懂。伽利略的托勒密派對手們因為他們的科學所受到的輕蔑對待而怒不可遏了。在托勒密體系的辯護者辛普里修身上，許多讀者認出了一位 16 世紀的亞里斯多德闡釋者辛普里西斯的漫畫像。同時，教皇烏爾班八世則認為，辛普里修是給他本人畫的漫畫像。他感到受了伽利略的誤導，覺得他在伽利略尋求寫書的准許時顯然忽視了要把 1616 年詔令中對伽利略的限令告訴他。

到了 1632 年 3 月份，教會已經命令出版者停止印書，而伽利略則接到命令到羅馬去為自己辯護。伽利略聲稱患病甚重，不肯前往，但是教皇卻不肯罷休，以「鎖拿」相威脅。11 個月以後，伽利略為受審而出現在羅馬。他被迫承認哥白尼學說是異端邪說，並被判終身監禁。伽利略的終身監禁判決很快就減緩為和緩的在家居留，由他從前的學生、大主教阿斯卡尼奧・皮考勞米尼（Ascanio Piccolomini）負責監管。皮考勞米尼允許甚至鼓勵了伽利略恢復寫作。在那裏，伽利略開始了他的最後著作——《關於兩門新科學的對話》（*Discorsi e Dismostrazioni Matematiche, intorno à due nuove scienze*）④，這是他物理學成就的一次檢驗。但是在次年，當羅馬教廷聽到了有關這種伽利略受到皮考勞米尼良好待遇的風聲時，他們就把伽利略搬到位於佛羅倫斯山區的另一個地方。某些史學家相信，正是在這次轉移時，而不是在審判以後當眾認罪時，伽利略實際上說了 Eppur si muove 這句話。

這次轉移把伽利略帶到了離他女兒維吉尼亞更近的地方，但是她

④ 雖然本書書名的義大利原文的第一個單詞（Discorsi）與《關於兩大世界體系的對話》的義大利原文的第一個單詞（Dialogo）不同，但英譯者都將它們譯成了 Dialogues，我國科學界也將它們約定俗成為「對話」，所以在此也譯成「對話」。——中譯者

在患了短暫的一場病後就很快在 1634 年去世了。這一損失壓倒了伽利略，但他終於還能恢復工作來寫《關於兩門新科學的對話》，並在一年之內寫完了這本書。然而，教會的審查機關「禁書目錄委員會」卻不許伽利略出版這本書，書稿只好由一位荷蘭出版家路易‧艾耳斯維從義大利私運到北歐新教地區的萊頓，才終於在 1638 年出版。提出了支配著落體的加速運動定律的《關於兩門新科學的對話》一書，被廣泛地認爲是近代物理學的基柱之一。在此書中，伽利略重溫並改進了他以前對運動的研究，以及力學的原理。伽利略所集中注意了的兩門新科學，就是材料強度的研究（工程學的一個分支）和運動的研究（運動學，數學的一個分支）。在書的前半部，伽利略描述了他的加速運動中的斜面實驗。在後半部中，伽利略考慮了很難把握的問題，即從大炮射出的炮彈的路線計算問題。起初曾經認爲，爲了和亞里斯多德的原理相一致，一個拋射體將沿直線運動，直到失去了它的「原動力」（impetus），然後就沿直線落到地上。後來觀察者們注意到，它實際上是沿彎曲路線回到地上的，但是，發生這種情況的原因，以及該曲線的確切描述，卻誰也說不上來——直到伽利略。他得出結論說，拋射體的路徑是由兩種運動確定的——由重力引起的垂直運動，它迫使拋射體下落，以及由慣性原理來支配的水平運動。

伽利略演示了，這兩種獨立運動的組合就決定了拋射體的運動是沿著一條可以用數學加以描述的曲線。他用了一個表面塗有墨水的青銅球來證實這一點。銅球從一個斜面上滾到桌子上，然後就從桌子邊上自由下落到地板上。塗有墨水的球在它所落到的一點留下一個痕跡，該點永遠距桌沿有一個距離。這樣，伽利略就證明了球在被重力拉著垂直下降時仍將繼續以一個恆定速度而水平地前進。他發現這個水平距離是按所用時間的平方而增加的。曲線得到了一種準確的數學形象，古希臘人曾稱之爲 parabola（後人稱之爲「拋物線」）。

《關於兩門新科學的對話》對物理學的貢獻是如此之大，以致於長期以來學者們就主張此書開了伊薩克‧牛頓（Isaac Newton）的運動定律的先河。然而，當此書出版時，伽利略已經雙目失明了。他在

阿切特里度過了自己的餘年，並於 1642 年 1 月 8 日在該地逝世。伽利略對人類的貢獻從來沒有被低估。當阿爾伯特・愛因斯坦論及伽利略時，他是認識到這一點的。他寫道：「純粹用邏輯手段得到的陳述，對實在而言是完全空虛的。因為伽利略明白這一點，特別是因為他在科學界反覆鼓吹了這一點，所以他就是近代物理學之父——事實上是近代科學之父。」

1979 年，教皇若望・保祿二世說，羅馬教廷可能錯判了伽利略，於是他就專門成立了一個委員會來重議此案。4 年以後，委員會報告說伽利略當年不應該被判罪，而教廷就發表了與此案有關的所有文件。1992 年，教皇批准了委員會的結論。

第一天

對話人：薩耳維亞蒂（簡稱「薩耳」）
薩格利多（簡稱「薩格」）
辛普里修（簡稱「辛普」）

薩耳：你們威尼斯人在你們頗負盛名的兵工廠中所顯示的經常活動，向有研究精神的人提示了一個廣大的探索領域，特別是工廠中涉及力學的那一部分；因為在那一部分中，所有類型的儀器及機器正在不斷地由許多技師製造出來，其中必定有些人，部分地由於固有的經驗而部分地由於他們自己的觀察，已經在解釋方面變成高度地熟練和精明了。

薩格：你說得完全不錯。事實上，我自己由於生性好奇，常常只因喜歡觀察一些人的工作而到那地方去；那些人，由於比其他工匠更高明，被我們視為「頭等的人」。和他們的商討已經多次在探索某些效應方面幫助過我；那些效應不僅包括一些驚人的，而且包括一些難以索解的和難以置信的東西。有些時候，為了解釋某些東西，我曾經被弄得糊裏糊塗或不知所措；那些東西我無法說出，但是我的感覺告訴我那是真的。而且，儘管某一事物是老頭兒在不久以前告訴我們說它是眾所周知的和普遍接受了的，但是在我看來那卻完全是虛假的，正如在無知人士中流行著的許多別的說法那樣，因為我認為他們引用這些說法，只是為了給人一種外表，就彷彿他們知道有關某事的什麼東

西一樣，而事實上他們對那事是並不理解的。

薩耳：你也許指的是他剛才那句話？當我們問他，他們為什麼要用尺寸較大的平臺、支架和支柱來使一艘大船下水，即比使小船下水時用的東西更大時，他回答說，他們這樣做，是為了避免大船在它自己的「vasta mole」（意即「很重的重量」）下破裂的危險，而小船是沒有這種危險的。

薩格：是的，這就是我所指的。而且我特別指的是他那最後的論斷，我一直認為那是一種虛假的意見，儘管它是很流行的。就是說，在談論這些機器和另一些相似的機器時，你不能從小的推論到大的，因為許多在小尺寸下成功的裝置在大尺寸下卻不能起作用。喏，既然力學在幾何學中有其基礎，而在幾何學中，單純的大小是不影響任何圖形的，我就看不出圓、三角形、圓柱體、圓錐體以及其他的立體圖形的性質將隨其尺寸的變化而變化。因此，如果一個大機器被造得各部件之間的比例和在一部較小機器中的比例相同，而且如果小的在完成它所預計的目的時是足夠結實的，我就看不出較大的機器為什麼不能禁受它可能受到的嚴格而有破壞性的考驗。

薩耳：普通的見解在這兒是絕對錯的。事實上，它錯得如此厲害，以致正好相反的見解竟是正確的；就是說，許多機器可被在大尺寸下造得甚至比在小尺寸下更加完美；例如，一個指示時間和報時的鐘可以在大尺寸下造得比在小尺寸下更加準確。有些很理智的人也持有這一相同的見解，但卻依據的是更加合理的理由；當他們脫離了幾何學的束縛而論證說，大機器的較好性能是由於材料的缺陷和變化時，他就是更合理的。① 在這兒，我[51]② 相信你不會責我為傲慢，如果我說，材料中的缺陷，即使那些大得足以破壞清楚的數學證明的缺陷，也不足以說明所觀察到的具體的機器和抽象的機器之間的偏差。不過，我

---

① 這句話在邏輯上是講不通的，恐英文（也是譯文）有誤。──中譯者
② 方括號中的數字為《關於兩門新科學的對話》首次出版時的頁碼，下同。──中譯者

還是要這樣說並且將斷定說，即使那些缺陷並不存在而物質是絕對理想的、不改變的和沒有任何意外的改變的，單單它是物質這一事實，就會使得用相同的材料、按和較小機器相同的比例造成的較大的機器在每一方面都嚴格地和較小機器相對應，只除了它將不是那麼結實或那麼能抵抗強烈的對待；機器越大，它就越軟弱。既然我假設物質是不變的和永遠相同的，那就很顯然，我們也同樣可以用一種比它屬於簡單而純粹的數學時更加僵固的方式來對待這種恆定的和不變的性質。因此，薩格利多，你將很容易改變你以及或許還有許多其他研究力學的人們在機器和結構抵抗外界擾亂方面所曾抱有的那種見解，即認為當它們是用相同的材料而各部件之間保持著相同的比例被製成時，它們就會同樣地或者不如說是成比例地反抗或抵不住這樣的外界干擾或外界打擊。因為我們可以利用幾何學來演證，大機器並不是成比例地比小機器更結實的。最後我們可以說，對於每一種機器或結構來說，不論是人造的還是天然的，都存在一個人工和天然都不能越過的必然界限；這裏我們的理解當然是，材料相同而比例也得到保持。

薩格：我的頭已經暈了。我的思想像一片突然被一道閃電照亮的雲那樣在片刻之間充滿了不尋常的光，它現在時而向我招手，時而又混入並掩映著一些奇特的、未經雕飾的意念。根據你所說的，我覺得似乎不可能建造兩個材料相同而尺寸不同的相似的結構並使它們成比例地結實；而且假如真是這樣，那就會無 [52] 法找到用同樣木材做成的兩根單獨的桿子，而它們在強度和抵抗力方面是相似的而其尺寸卻是不同的。

薩耳：正是如此，薩格利多。而且為了確保我們互相理解，我要說，如果我們拿一根長度和粗細都已知的木棒，而把它例如成直角插入牆中，即和水平面平行，它可以減短到一個長度，使它恰恰可以支持住它自己；因此，如果把它的長度再增加一頭髮絲的寬度，它就會在自己的重量影響下斷掉。而這就會是世界上唯一的一根這樣的木棒。③

---

③作者在這兒顯然是表示：解是唯一的。——英譯者

於是，例如，如果它的長度是它的直徑的 100 倍，那麼你就將不能找到另一根棒，它的長度也是它的直徑的 100 倍，而且它也像前一根棒那樣恰好能夠支持它自己的重量，一點也不能再多：所有更長的棒都會斷掉，而所有更短的棒都會結實得足以支援比它自身的重量更重的東西。而且我剛才所說的關於支持本身重量的能力的問題必須理解為也適用於別的測試；因此，如果一小塊材料（corrente）能夠支撐 10 塊和它相同的東西，有著相同比例的一根橫樑（trave）卻將不能支 10 根同樣的橫樑。

先生們，請注意一些初看起來毫無可能的事實即使只經過很粗淺的解釋就會扔掉曾經掩蓋它們的外衣而在赤裸而簡單的美中站出來。誰不知道呢？一匹馬從三四腕尺④ 的高處掉下來就會摔斷骨頭，而一隻狗從相同的高處掉下來，或一隻貓從 8 腕尺或 10 腕尺的高處掉下來卻都不會受傷。同樣，一隻蚱蜢從塔上落下或一隻螞蟻從月亮上落下，也不會受傷。不是嗎？小孩們從高處掉下來不會受傷，而同樣的高度卻會使他們的家長摔斷腿或也許摔碎頭骨。而且正如較小的動物是成比例地比較大的動物更堅強和更結實一樣，較小的植物也比較大的植物站立得更穩。我確信你們兩位都知道，一株 200 腕尺（braccia）高的橡樹將不能支持自己的枝葉，如果那些枝葉是像在一株普通大小的樹上那樣分佈的話；而且，大自然也不能產生一匹有普通馬 20 倍大的馬或是一個比普通人高 10 倍的巨人，除非通過奇跡，[53] 或是通過大大地改變其四肢的比例，特別是改變其骨骼的比例；那些骨骼將必須比普通的骨骼大大地加粗。同樣，通常人們的信念認為在人造的機器的情況下很大的和很小的機器是一樣可用的和耐久的，這種信念是一種明顯的錯誤。例如，一個尖頂方錐或一個圓柱或其他多面體狀的東西肯定可以豎放或橫放而並無破裂的危險，而非常大的方錐等等

④ 腕尺（cubit），長度單位，約 45—56 釐米。書中各單位比較混亂，讀者可理解大意。
　　——中譯者

則將在很小的擾動下乃至純粹在它自身的重量下裂成碎片。在這裏我也必須提到一種值得你們注意的情況，正像一切發生得和人們的預料相反的情況那樣，特別是當人們採用的防備措施被證實爲災難的原因時。一根很大的大理石柱被放倒了，它的兩端各自放在一根橫樑上。不久以後，有一位技師想到，爲了加倍地保險，免得它由於自身的重量而在中間斷開，也許最好在中間加上第三根橫樑。這在所有的人們看來都是一個絕妙的主意。但是結果證明情況完全相反，因爲沒過幾個月，人們就發現石柱裂開了，並且正好在中間支撐物的上方斷掉了。

辛普：一次相當驚人和完全沒有料到的事故，特別是如果這是由於在中間增加了新的支撐物而引起的話。

薩耳：這恰恰就是解釋，而且一旦知道了原因，我們的驚訝就消失了，因爲當把兩段石柱平放在地上時，人們就發現，端點橫樑中的一個在一段長時間以後已經腐爛了並且沉到地裏面去了，但是中間的橫樑卻仍然堅硬而有力，這就使得石柱的一半伸在空氣中而沒有任何支撐。在這些情況下，物體因此就和只受到起初那些支撐時表現得不一樣：因爲，不論以前那些支撐物下沉了多少，柱體也是將和它們一起下沉的。這就是不會發生在小柱體上的一起事故，即使它是用相同的石料製成的，而且具有和直徑相對應的長度，就是說和大石柱相同的長度與直徑之比。[54]

薩格：我十分相信這一事例中的那些事實，但是我不明白，爲什麼強度和抵抗力不是按材料的同樣倍數而增加，而且我更加迷惑，因爲相反地我在一些事例中曾經注意到，強度和對折斷的抵抗力是按照比材料量之比更大的比率而增大的。例如，如果把兩個釘子釘入牆中，比另一個大 1 倍的那個釘子就將支援比另一個釘子所支持的重量大 1 倍以上的重量，即支持 3 倍或 4 倍的重量。

薩耳：事實上你不會錯得太厲害，如果你說 8 倍的重量；而且這一現象和其他現象也並不矛盾，即使它們在表面上顯得是如此的不同。

薩格：那麼，薩耳維亞蒂，如果可能，你能否消除這些困難並清

除這些含糊性呢？因爲可以設想，這一抵抗力問題將打開一個美好而有用的概念領域，而且如果你願意把這一問題當做今天交談的課題，你就將會受到辛普里修和我的許多感謝。

薩耳：我願意聽你們的吩咐，只要我能想起我從咱們的院士先生⑤那裏學到的東西；他曾經對這一課題考慮了很多，而且按照他的習慣，他已經用幾何學的方法演證了每一件事，因此人們可以相當公正地把這種研究稱爲一門新科學。因爲，雖然他的某些結論曾經由別人得出，首先是由亞里斯多德得出，但是這些結論並不是最美好的，而且更重要的是，它們不曾按照一種嚴格的方式由基本原理來證明。現在，既然我希望通過演示性的推理來說服你們，而不是僅僅通過或然性來勸導你們，我就將假設你們已經熟悉今日的力學，至少是熟悉我們在討論中必須用到的那些部分。首先必須考慮當一塊木頭或任何牢固凝聚

的其他固體裂開時所發生的情況，因爲這是牽涉到第一性的和簡單的原理的基本事實，而該原理則必須被理所當然地看成是已知的。

爲了更清楚地掌握這一點，設想有一個圓柱或稜柱 AB 用木頭或其他內聚性固體材料製成。把上端 A 固定住，使柱體垂直地掛著。在下端 B 上加一個砝碼 C。很顯然，不論這一固體各部分之間的黏固力和內聚力（tenacità e [55] coerenza）有多大，只要它們不是無限大，它們就可以被砝碼的拉力所克服；砝碼的重量可以無限地增大，直到固體像一段繩子似地斷掉。繩子是由許多麻線組成的，我們知道它的強度來自那些麻線。同樣，在木頭的事例中，我們也看到沿著它的長度有些纖維和絲縷，它們使木柱比同樣粗細的麻繩結實了許多。但在

⑤「院士先生」即指伽利略，作者多次用此名稱來指他自己。——英譯者

一個石柱或金屬的事例中，內聚力似乎更大，而把各部分保持在一起的那種凝聚物想必是和纖維及絲縷有所不同的，但是這種柱子仍然可以被一個很強的拉力所拉斷。

　　辛普：如果這件事像你說的一樣，我可以很好地理解，木頭的纖維既然和木頭本身一樣長，它們就能使木頭很結實並能抵抗要使它斷掉的很大的力。但是，人們怎麼能夠用不過二三腕尺長的麻纖維做成100腕尺長的繩子而仍然使它那麼結實呢？另外，我也喜歡聽聽你關於金屬、石頭和其他不顯示纖維結構的物質的各部分被連接在一起的那種方式的看法，因為，如果我沒弄錯，這些物質顯示甚至更大的凝聚力。

　　薩耳：要解決你所提出的問題，那就必須插入一些關於其他課題的議論，那些課題和我們當前的目的關係不大。

　　薩格：但是，如果通過插話我們可以達到新的真理，現在就插入一段話又有什麼害處呢？因此，我們可不要失去這種知識，要記得，這樣一個機會一旦被忽略，就可能不會再來了；另外也要記得，我們並沒有被限制在一種固定的和簡略的方法上，而我們的聚會只是為了自己的興趣。事實上，誰知道呢？我們 [56] 這樣就常常能發現東西，比我們起初所要尋求的解答更加有趣和更加美麗。因此我請求你答應辛普里修的要求，那也是我的要求呢！因為我並不比他更不好奇和更不盼望知道把固體的各部分約束在一起的是什麼方式，才能使它們很難被分開。為了理解構成某些固體的那些纖維本身的各部分的內聚性，這種知識也是必要的。

　　薩耳：既然你們要聽，我無不從命。首先一個問題就是，每一根纖維不過二三腕尺長，它們在一根100腕尺長的繩子的情況下是怎樣緊緊地束縛在一起，以致要用很大的力（violenza）才能把繩子拉斷呢？

　　現在，辛普里修，請告訴我，你能不能用手指把一根麻纖維緊緊地捏住，以致當我從一端拉它時，在把它從你手中拉出以前就把它拉斷呢？當然你能。現在，當麻纖維不僅僅是在一端被固定住，而是從

頭到尾被一種瓦狀環境固定住時，是不是把它們從黏合物中拉鬆出來顯然比把它們拉斷更困難呢？但是在繩子的事例中，纏繞動作本身就會使那些線互相糾結在一起，以致當用一個大力拉伸繩子時，那些纖維就會斷掉而不是互相分開。

在繩子斷掉的那一點上每個人都知道那些纖維是很短的，絕不像繩子的斷開不是通過各纖維的被拉斷而是通過它們互相滑脫時那樣長達 1 腕尺左右。

薩格：為了肯定這一點，可以提到，繩子有時不是被沿長度方向的力所拉斷，而是由於過度扭繞而扭斷的。在我看來，這似乎是一種結論式的論證，因為糾纏的線互相纏得很緊，以致擠壓著的纖維不允許那些被擠的纖維稍微伸長其螺距一點兒，以便繞過那在扭絞中變得稍短而稍粗的繩子。[57]

薩耳：你說得挺對。現在來看一個事實怎樣指示另一事實。被捏在手指間的線不會對打算把它拉出來的人屈服，即使被一個相當大的力拉時也是如此，因為它是被一個雙倍的壓力往回拉的，請注意，上面的手指用力壓住下面的手指，而下面的手指也用同樣大小的力壓住上面的手指。現在，假如我們能夠只保留原來壓力的二分之一，則毫無疑問只有原來抵抗力的二分之一會留下來。但是，既然我們不能例如通過抬起上面的手指來撤銷一個壓力而並不撤銷另一個壓力，那就必須用一個新的裝置來保持其中一個壓力；這個裝置將使麻線壓在手指上或壓在某個它停留於其上的另外的固體上。這樣一來，為了把它取走而拉它的那個力就隨著拉力的增大而越來越強地壓它。這一

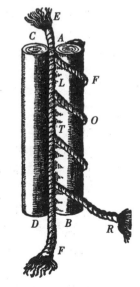

點，可以通過把線按螺旋方式繞在那個固體上表達成。這可以通過一個圖來更好地理解。設 AB 和 CD 是兩個圓柱，線 EF 夾在二者之

間。為了更加清楚一些，我們將把這條線設想成一根小繩，如果這兩個圓柱很緊地擠在一起，則當小繩 EF 在 E 端被拉時，則當它在兩個壓縮固體之間滑動之前，小繩無疑會受到相當大的拉力。但是，如果我們把其中一個圓柱取走，則繩子雖然仍舊和另一個圓柱相接觸，卻不會在自由滑動時受到任何的阻礙。另一方面，如果把繩子在圓柱的上端 A 處輕輕按住，並把它在柱上繞成螺旋 $AFLOTR$，然後再在 R 端拉它，則繩子顯然會開始束緊圓柱；當拉力已定時，繞的圈數越多繩子就對圓柱束得越緊。於是當圈數增加時，接觸線就會更長，從而抵抗力就更大，於是繩子就更加難以克服阻力而滑走。[58]

這豈不很顯然就是人們在粗麻繩的事例中遇到的那種抵抗力嗎？在粗麻繩中，各纖維是繞成了千千萬萬個螺旋的。事實上，這些圈數的束縛力是那樣地大，以致幾根短繩編到一起形成互相交織的螺旋就構成最結實的繩索之一種，我想人們把這種東西叫做「打包繩」（susta）。

薩格：你的說法解決了我以前不懂的兩個問題。第一個事實就是，繞在絞盤的軸上的兩圈或最多三圈繩子，怎麼就不但能夠把它收緊，而且還能夠在受很大的重物力（forza del peso）的拉扯時阻止它滑動；另外就是，通過轉動絞盤，這同一個軸怎麼僅僅通過繞在軸上的繩子的摩擦力就能把巨大的石頭吊起來，而一個小孩子也能擺弄繩子的鬆動處。另一個事實和一件簡單的但卻聰明的裝置有關；這是我的一個青年親戚發明的，其目的是要利用一根繩子從視窗墜下去而不會磨破他的手掌，因為不久以前就曾因此而磨破過他的手掌使他很難受。一次簡短的描述將能說明此事。他拿了一根木柱 AB，大約像手杖那麼粗，約 1「拃」（「拃」指手掌張開時拇指尖和食指尖之間的距離）長。在這根木柱上，他刻了一個螺旋形的槽，約一圈半，而且足夠寬，可以容得下他要用的繩子。在 A 點將繩子塞入並在 B 點再將它引出以後，他把

木柱和繩子一起裝在了一個木盒或錫盒中。盒子掛在旁邊，以便很容易打開和蓋上。把繩子固定在上面一個堅固的支撐物上以後，他就可以抓住盒子並用雙手擠壓它。這樣他就可以用雙臂掛在空中了。夾在盒壁和木柱之間，繩子上的壓力可以控制。當雙手抓得較緊時，壓力可以阻止他向下滑；將雙手放開一點，他就可以慢慢下降，要多慢就多慢。[59]

　　薩耳：真是一個巧妙的裝置！然而我覺得，為了得到完全的解釋，很可以再進行一些其他的考慮，不過我現在不應該在這一特殊課題上扯得太遠，因為你們正在等著聽我關於另外一些關於材料破裂強度的想法；那些材料和繩子及多數木材不同，是並不顯示纖維結構的。按照我的估計，這些材料的內聚力是由一些其他原因造成的。這些原因可以分為兩類。一類是人們談得很多的所謂大自然對真空的厭惡。但是這種「真空恐懼」還不夠，還必須在一種膠性物質或黏性物質的形式下引入另一種原因；這種物質把物體的各組成部分牢牢地束縛在一起。

　　首先我將談談真空，用確定的實驗來演證它的力（virtù）的質和量。如果你們拿兩塊高度磨光的和平滑的大理石板、金屬板或玻璃板並把它們面對面地放在一起，其中一塊就會十分容易地在另外一塊上滑動，這就肯定地證明它們之間並不存在任何黏滯性的東西。但是當你試圖分開它們並把它們保持在一個固定的距離上時，你就會發現二板顯示出那樣一種對分離的厭惡性，以致上面一塊將把下面一塊帶起來，並使它無限期地懸在空中，即使下面一塊是大而重的。

　　這個實驗表示了大自然對真空的厭惡，甚至在外邊的空氣衝進來填滿二板間的區域所需要的短暫時間內也是厭惡的。人們也曾觀察到，如果二板不是完全磨光的，它們的接觸就是不完全的，因此當你試圖把它們慢慢分開時，唯一的阻力就是由重量的力提供的。然而，如果拉力是突然的，則下板也將升起，然後又很快地落回，這時它已跟隨了上板一小段時間，這就是由於二板的不完全接觸而留在二板之間的少量空氣在膨脹中以及周圍的空氣在衝進來填充時所需的時間。

顯示於二板之間的這種阻力，無疑也存在於一個固體的各部分之間，而且也包含在它們的內聚力之中，至少是部分地並作爲一種參與的原因而被包含在內聚力之中。[60]

　　薩格：請讓我打斷你一下，因爲我要說說我剛剛偶然想到的一些東西，那就是，當我看到下面的板怎樣跟隨上面的板，以及它是多麼快地被抬起時，我覺得很肯定的是，和也許包括亞里斯多德本人在內的許多哲學家的見解相反，眞空中的運動並不是瞬時的。假若它是瞬時的，以上提到的二板就會毫無任何阻力地互相分開，因爲同一瞬間就將足以讓它們分開並讓周圍的媒質衝入並充滿它們之間的眞空了。下板隨上板升起的這一事實就允許我推想，不僅眞空中的運動不是瞬時的，而且在兩板之間確實存在一個眞空，至少是存在了很短的一段時間，足以允許周圍的媒質衝入並塡充這一眞空；因爲假若不存在眞空，那就根本不需要媒質的任何運動了。於是必須承認，有時一個眞空會由激烈的運動（violenza）所引起，或者說和自然定律相反（儘管在我看來任何事情都不會違反自然而發生，只除了那永遠不會發生的不可能的事情）。

　　但是這裏卻出現另一困難。儘管實驗使我確信了這一結論的正確性，我的思想卻對這一效應所必須歸屬的原因不能完全滿意。因爲二板的分離領先於眞空的形成，而眞空是作爲這一分離的後果而產生的；而且在我看來，在自然程式中，原因必然領先於結果，即使它們顯得是在時間點與前後相隨的，而且，既然每一個正結果必有一個正原因，我就看不出兩板的附著及其對分離的阻力（這是實際的事實）怎麼可以被認爲以一個眞空爲其原因而當時眞空尚未出現呢。按照哲學家的永遠正確的公理，不存在之物不能引起任何結果。

　　辛普：注意到你接受亞里斯多德的這一公理。我幾乎不能想像你會拒絕他的另一條精彩而可靠的公理，那就是，大自然只執行那種無阻力地發生的事情；而且在我看來，你可以在這種說法中找到你的困難的解。既然大自然厭惡眞空，它就將阻止眞空將作爲必然後果而出現的那種事情。因此就有，大自然阻止兩板的分離。[61]

　　薩格：現在，如果承認辛普里修所說的就是我的困難的一種合適的解答，那麼，如果我可以再提起我以前的論點的話，則在我看來這種對眞空的阻力本身就應該足以把不論是石頭還是金屬，還是其各部分更加有力地結合在一起，而對分離阻力更強的任何其他固體的各部分保持在一起了。如果一種結果只有一種原因，或者可以指定更多的原因，而它們可以歸結爲一種，那麼爲什麼這種確實存在的眞空不是一個所有各種阻力的充分原因呢？

　　薩耳：我不想現在就開始討論這一眞空是否就足以把一個固體的各個部分保持在一起，但是我向你們保證，在兩塊板子的事例中作爲一種充分原因而起作用的眞空，只有它並不足以把一個大理石或金屬的固體圓柱的各部分保持在一起，如果這個柱體在被猛力拉動時會分散開來的話。那麼現在，如果我找出一種方法，可以區分這種依賴於眞空的眾所周知的阻力和可以增大內聚力的其他種類的阻力，而且我還向你們證明只有前一種阻力並不是差不多足以說明這樣一種後果，你們能不能承認我們必須引用另一種原因呢？請幫幫他，辛普里修，因爲他不知道回答什麼了。

　　辛普：當然，薩格利多的猶豫想必是由於別的原因，因爲對於一個同時是如此清楚和如此合乎邏輯的結論來說，是不可能有任何疑問的。

　　薩格：你猜對了，辛普里修。我是在納悶，如果每年從西班牙來的 100 萬金幣不足以支付軍餉的話，是不是必須採用和小金幣不同的其他方式來發軍餉？⑥

　　但是，請說下去，薩耳維亞蒂。假設我承認你的結論，請向我們指明你那把眞空的作用和其他的原因區分開來的方法，並且請通過測量它來向我們證明它是多麼不足以引起所討論的結果。

　　薩耳：你的好天使保佑你！我將告訴你們怎樣把眞空的力和別的

⑥ 讀了下文薩耳維亞蒂所說的話，就能明白此處的說法了。——英譯者

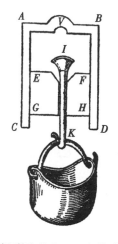

力分開。為此目的，讓我們考慮一種連續物質，它的各部分缺少對分離的阻力，由眞空而來的力除外。例如水就是這種情況，這是我們的院士先生在他的一本著作中已經充分證明了的一件事實。每當一個水柱受到一個拉力並 [62] 對各部分的分離表現一個阻力時，這個阻力就可以僅僅歸因於眞空的阻力。爲了進行這樣一個實驗，我曾經發明了一個裝置。我可以用一幅草圖而不是只用言語來更好地說明它。設 *CABD* 代表一個圓筒的截面，柱體用金屬製成，或更合用地用玻璃製成，中空，而且精確地加過工。筒中插入一個完全配合的木柱，其截面用 *EGHF* 來代表，而且木柱可以上下運動。柱體的中軸上鑽有一孔，以容納一根鐵絲，鐵絲的 *K* 端有一個鉤，而其上端 *I* 處裝有一個錐形的頭。木柱上端有一凹陷，當鐵絲在 *K* 端被向下拉時，該凹陷正好容納錐形頭 *I*。

現在把木柱 *EH* 插入中空的柱 *AD* 中，但不要插到頭，而是留下三四指寬的空隙。這一空隙要灌上水。其方法是將容器放好，使管口 *CD* 向上，拉下塞子 *EH*，同時使鐵絲的錐形頭 *I* 離開木柱頂端的凹陷。於是當把木塞推下時，空氣立刻就沿著並非密接裝配的鐵絲逸出。空氣逸出以後，將鐵絲拉回，於是它就很密切地停在木柱的錐形凹陷中。將容器倒轉，其口向下。在鉤 *K* 上掛一容器，容器中裝上任何重物質的沙粒，其量足以使塞子的上表面 *EF* 和本來僅僅由於眞空而與它密接的水的下表面相分離。然後，稱量帶鐵絲的塞子以及容器及其內容的重量，我們就得到眞空的力 (forza del vacuo)。[63] 如果在一個大理石柱體或玻璃柱體上連接一個砝碼，使它和柱體本身的重量恰恰等於上面提到的重量，而且斷裂發生了，那麼我們就將有理由說，僅憑眞空就把大理石或玻璃的各部分保持在了一起，但是如果砝碼不足，而只有在增加了例如 4 倍重量才發生斷裂，那麼我們就不得不說，

真空只提供五分之一的總阻力（resistenza）。

辛普：誰也不能懷疑這一裝置的巧妙，不過它還是表現出許多使我懷疑其可靠性的困難。因為，誰能向我們保證空氣不會爬到玻璃和塞子之間去呢，即使它們是用亞麻或其他柔軟材料很好地墊住的？我也懷疑，用蠟或松脂來潤滑錐體 I 是否就足以使它緊貼在底座上。另外，水的各部分會不會膨脹而伸長呢？為什麼空氣或霧氣或一些別的稀薄物質不會穿透到木材的乃至玻璃本身的孔隙中去呢？

薩耳：辛普里修確實很巧妙地給我們指出了困難，他甚至部分地建議了怎樣阻止空氣穿透木材或通過木材和玻璃之間的間隙。但是現在請讓我指出，隨著我們經驗的增多，我們將瞭解這些相關的困難是否真的存在。因為，如果正像在空氣的事例中那樣，水就其本性來說也是可以膨脹的，儘管只有在很嚴格的處理下才會膨脹，我們就會看到活塞下降；而且如果我們在玻璃器皿的上部加一個小小的凹陷，如圖中的 V 所示，那麼空氣或任何其他有可能穿透玻璃或木材中的小孔的稀薄的氣態物質，就將通過水而聚集在這個接收點 V 處，但是如果這些事情並不發生，我們就可以相信我們的實驗是很小心地完成了的，從而我們就可以發現水並不伸長而玻璃並不允許無論多麼稀薄的物質穿透它。

薩格：謝謝這些討論。我已經學到了某一結果的原因，這是我考慮了很久而且已經對理解它不抱希望的。有一次我看到一個裝有水泵的水槽，而得到的錯誤印象是水可以比用普通的大桶更省力地或更大量地被取出。[64] 水泵平臺的上部裝有吸水管和閥門，水就是這樣被吸上來的，而不是像在把吸水管裝在下部的水泵的情況那樣水是被推上來的。這個水泵工作得很好，只要水槽中的水高於某一水平面，但是在這一水平面以下，水泵就無法工作了。當我第一次注意到這個現象時，我認為機器出了毛病，但是當我叫進工人來修它時，他卻告訴我說毛病不在機器上而是在水上，水面降得太低了，無法用這樣一個水泵把它吸上來；而且他還說，不論用一個水泵還是用任何按吸力原理工作的其他機器，都不可能把水提升到大約比 18 腕尺更高一絲一

毫；不論水泵是大是小，這都是提升的極限。直到這時，我一直很糊塗。雖然我知道，一根繩子，或者一根木棒或鐵棒，如果夠長，則當上端被固定住時都會被自身的重量所拉斷，但是我從來沒有想到過，同樣的事情也會發生在一個水柱上，而且只有發生得更容易。而且事實上難道不是嗎？在水泵中被吸引的就是一個上端被固定的水柱，它被拉伸而又拉伸，直到達到一個點，那時它就會像一根繩子那樣因為自己的重量而斷掉了。

薩耳：這恰恰就是它起作用的方式。這一確定的 18 腕尺的升高對任何水量都是適用的，不論水泵是大是小，乃至像一根稻草那麼細。因此我們可以說，通過稱量一根 18 腕尺長的管子中的水的重量，不論其直徑多大，我們就將得到直徑相同的一個任意物質的固體柱的真空阻力。而既已說到這裏，那就讓我們看看多麼容易求得直徑任意的金屬、石頭、木頭、玻璃等等的圓柱可以被它自己的重量拉伸多長而不斷裂。[65]

例如取一根任意長短、粗細的銅絲，把它的上端固定住，而在下端加上一個越來越大的負荷，直到銅絲最後斷掉。例如，設最後的負荷是 50 磅。那麼就很明顯，譬如說銅絲本身的重量是 ⅛ 盎司，那麼，如果把 50 磅加 ⅛ 盎司的銅拉成同樣粗細的絲，我們就得到同樣粗細的銅絲可以支持其本身重量的最大長度。假設被拉斷的銅絲是 1 腕尺長而 ⅛ 盎司重，那麼，既然它除自重以外還能支持 50 磅，亦即還能支持 4800 倍的 ⅛ 盎司，於是可見，所有的銅絲，不論粗細，都能支持自己的重量直到 4801 腕尺，再長了就不行。那麼，既然一根銅棒直到 4801 腕尺的長度可以支持自己的重量，和其餘的阻力因素相比，依賴於真空的那一部分斷裂阻力（resistanza）就等於一個水柱的重量，該水柱長為 48 腕尺，並和銅柱一樣粗細。例如，如果銅重為水重的 9 倍，則任何銅棒的斷裂強度（resistenza allo strapparsi），只要它是依賴於真空的，就等於 2 腕尺長的同一銅棒的重量。用同樣的方法，可以求出任何物質的絲或棒能夠支持其本身重量的最大長度，並能同時發現真空在其斷裂強度中所占的成分。

薩格：你還沒有告訴我們，除了眞空部分以外，其餘的斷裂阻力是依賴於什麼的，把固體的各部分粘合在一起的那種膠性或黏性的物質是什麼呢？因爲我不能想像一種粘膠，在高度加熱的爐子中歷時兩三個月而不會被燒掉，或者說，歷時 10 個月或 100 個月它就必然會被燒掉。因爲，如果金、銀或玻璃在一段長時間內被保持在熔化狀態，然後從爐子裏被取出，那麼當冷卻時，它們的各部分就會立即重新結合起來並且和以前那樣互相結合在一起。不僅如此，而且對於玻璃各部分膠合的過程來說的任何困難，對於膠質各部分膠合的過程來說也存在；換句話說，把它們如此牢固地膠合在一起的到底是什麼呢？
[66]

薩耳：剛才我表示了希望你的好天使將會幫助你。現在我發現自己的心情仍相同。實驗肯定地表明，除非用很大的力，否則兩塊板不能被分開，其原因就是它們被眞空的阻力保持在一起；對於一個大理石柱或青銅柱的兩大部分，也可以說同樣的話。既然如此，我就看不出爲什麼同樣的原因不能解釋這些物質的較小部分之間乃至最小的顆粒之間的內聚力。現在，既然每一結果必須有一個眞實而充分的原因而且我找不到其他的膠合物，我是不是有理由試圖發現眞空是不是一種充分的原因呢？

辛普：但是有鑒於你已經證明大眞空對固體兩大部分的分離所提供的阻力，比起把各個最小的部分結合在一起的內聚力來事實上是很小的，你爲什麼還不肯認爲後者是某種和前者很不相同的東西呢？

薩耳：當薩格利多指出，每一單個士兵是用由普通納稅得來的大大小小的硬幣發餉，而甚至 100 萬金幣也可能不夠給整個軍隊發餉時，他已經回答了這個問題。誰曉得有沒有一些小眞空，正在影響著最小的顆粒，從而把同一塊物質中的相鄰部分結合在一起呢？讓我告訴你某種事情，這是我剛剛想到的，我不能把它作爲一種絕對事實而提供出來，而是把它作爲一種偶然的想法而提供出來；這還是不成熟的，還需要更仔細的考慮。你們可以隨便看待它，並按照你們認爲合適的方式來看待其餘的問題。有些時候，我曾經觀察到火怎樣進入這

種或那種金屬的最小粒子之間，而且我曾經觀察到，當把火取走時，這些粒子就以和從前一樣的黏性重新結合起來，在金的事例中毫不減少其數量，而在其他金屬的事例中也減少很少，即使各部分曾經分離了很久，這時我就曾經想到，此事的解釋可能在於一個事實，就是說，極其微細的火粒子，當進入了金屬中的小孔時（小孔太小，以致空氣或許多其他流體的最小粒子都無法進入），將充滿金屬粒子之間的真空地區，將消除同樣這些真空作用在各粒子上的吸引力，正是這種吸引力阻止了各粒子的分散。[67] 這樣一來，各粒子就能自由地運動，於是物體（massa）就變成液體，而且將保持爲液體，只要火粒子還留在裏面；但是如果火粒子離開了，把從前的真空地區留下了，那麼原來的吸引力（attrazzione）就會復原，而各部分就又互相黏合起來。

當回答辛普里修所提出的問題時，我們可以說，儘管每單個的真空是極其微小的，從而是很容易被克服的，但是它們的數目卻非常地大，以致它們的總阻力可以說幾乎沒有限度地倍增。通過把很多很多的小力（debolissimi momenti）加在一起而得到的合力的性質和量，顯然可以用一個事實來表明，那就是，掛在巨纜上的幾百萬磅重的重物，當南風吹來時將被克服而舉起來，因爲風中帶著無數的懸浮在薄霧中的水原子，⑦ 它們運動著通過空氣而透入緊張纏繩的各纖維之間，儘管所懸重物的力是驚人巨大的。當這些微粒進入很小的孔中時，它們就使繩索粗脹起來，這樣就使繩索縮短而不可避免地把重物（mole）拉高。

薩格：毫無疑問，任何阻力，只要不是無限大，都可以被很多的小力所克服。例如，數目極多的螞蟻可以把裝有糧食的大船抬上岸來。而且既然經驗每天都告訴我們一隻螞蟻可以叼動一粒米，那就很清楚，船上的米粒數目不是無限的，而是低於某一個界限的。如果你取有 4 倍或 6 倍之大的另一個數，而且你讓相應數目的螞蟻開始工作起

---

⑦ 現代人當然認爲「水原子」是不通的，但是當時還沒有「分子」的概念。——中譯者

來，它們就會把那個龐然大物弄上岸來，包括船隻在內。這確實需要數目驚人的螞蟻，但是據我看來，把金屬的那些最小粒子結合在一起的那許多真空，情況正是如此。

薩耳：但是即使這要求一個無限大的數目，你們還會認為它是不可能的嗎？

薩格：不，如果金屬的質量（mole）是無限大的。不然的話……[68]

薩耳：不然的話怎麼樣？現在我們既然達到了一些悖論，讓我們看看我們能否證明在一個有限的範圍內有可能發現數目無限的真空。與此同時，我們將至少得到亞里斯多德本人稱之為神奇的那些問題中最驚人的問題的一個解；我指的是他的《力學問題》（*Questions in Mechanics*）。這個解可能並不比他本人所給出的更不清楚或更不肯定，而且和最博學的芒西格諾爾・第・幾瓦拉⑧如此巧地鑽研過的解十分不同。

首先必須考慮一個命題，這是別人沒有處理過的，但是問題的解卻依賴於它，而且如果我沒弄錯的話，由此即將導出其他新的和可驚異的事實。為了清楚起見，讓我們畫一個準確的圖（見下頁）。在 G 點周圍畫一個等邊、等角的多邊形，邊數任意，例如六邊形 $ABCDEF$。和這個圖相似並和它同心，畫另外一個較小的圖，我們稱之 $HIKLMN$。將較大圖形的 AB 邊向 S 點無限延長；同樣，將較小圖形的對應邊 HI 沿相同方向向 T 點延長，於是直線 HT 就平行於 AS，然後通過中心畫直線 GV 平行於另外兩條直線。[69]

畫完以後，設想大多邊形帶著小多邊形在直線 AB 上滾動。很明顯，如果 AB 邊的端點 B 在滾動開始時保持不動，則點 A 將上升、點 C 將下降而描繪 $\overarc{CQ}$，直到 BC 邊和等於 BC 的直線 BQ 重合時為止。但是在這種滾動中，較小多邊形上的點 L 將上升到直線 IT 以

---

⑧ Monsignor di Guevara，泰阿諾的主教，生於 1561 年，逝於 1641 年。──英譯者

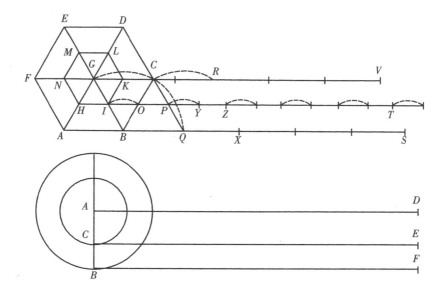

上，因爲 *IB* 對 *AS* 來說是傾斜的；而且它不會回到直線 *IT* 上來，直
到點 *C* 達到位置 *Q* 時爲止。點 *I* 在描繪了位於 *C* 上方的 $\overset{\frown}{IO}$ 以後，
將在 *IK* 邊達到位置 *OP* 的同時達到位置 *O*。在此期間，中心點 *G* 已
經走過了 *GV* 上方的一段路程，但是直到它走完了 $\overset{\frown}{GC}$ 時才會回到直
線 *GV* 上。完成了這一步驟，較大的多邊形就已經靜止，其 *BC* 邊和
直線 *BQ* 相重合，而較小多邊形的 *IK* 邊則和直線 *OP* 相重合，後者
走過了位置 *IO* 而不曾碰到它；中心點 *G* 在走過了平行線 *GV* 上方
的全部路程以後也已經達到了位置 *C*。最後，整個圖形將採取和第一
個位置相似的位置，於是，如果我們繼續進行這種滾動而進入第二個
步驟，大多邊形的 *DC* 邊就會和位置 *QX* 相重合，而小多邊形的 *KL*
邊在首先越過了 $\overset{\frown}{PY}$ 以後也落到了 *YZ* 上。而仍然留在直線 *GV* 上
方的中心點在跳過了區間 *CR* 以後也回到了該直線的 *R* 點。在一次完
整滾動的末尾，較大的多邊形將已在直線 *AS* 上不間斷地經過了等於
它的邊長的六條直線；較小的多邊形也已經印過了等於它的邊長的六

條直線，但卻是由五條中間的弧隔開的，那些弧的弦代表著 HT 上沒被多邊形接觸過的部分；中心點 G 除六個點外從來沒有接觸直線 GV。由此可以清楚地看出，小多邊形所經過的空間幾乎等於大多邊形所經過的空間；也就是說，直線 HT 近似於直線 AS，所差的只是其中每條弧的弦長，如果我們理解為 HT 包括那些被越過的五條弧的話。[70]

現在，我在這些六邊形的事例中已經作出的這些論述，必須被理解為對於其他的多邊形也適用，不論邊數是多少，只要它們是相似的、同心的和固定連接的就行了；這樣，當大多邊形滾動時，小多邊形也會滾動，不論它是多麼小。你們也必須理解，這兩個多邊形所描繪的直線是近似相等的，如果我們認為小多邊形所經過的空間包括那些小多邊形的邊從來沒有接觸過的區間的話。

設一個大的多邊形，譬如說一個有著 1000 條邊的多邊形，完成一次完全的滾動，並畫出一段等於它的周長的直線；與此同時，小多邊形將經過一段近似相等的距離，由 1000 段小的線段組成，其中每一線段等於小多邊形的一個邊長；各線段之間隔著 1000 個小的間隔；和那些與多邊形邊長相等的線段相反，我們將把這些間隔叫做「空的」。到此為止，問題沒有任何困難或疑問。

但是現在假設，圍繞任一中心，例如 A 點，我們畫出兩個同心的和固定連接的圓，並且假設，在二圓的半徑上的點 C 和點 B 上，畫它們的切線 CE 和 BF，並且通過中心點 A 畫一條直線 AD 和二切線平行；於是，如果大圓沿直線 BF 完成一次完全的滾動，BE 不僅等於大圓的周長，而且也等於其他兩條直線 CE 和 AD，那麼請告訴我，那個較小的圓將做些什麼，而圓心又將做些什麼？至於圓心，它肯定通過並接觸整個的直線 AD，而小圓的圓周，則將用它的那些接觸點來量出整個的直線 CE，正像上面所提到的那些多邊形的做法一樣。唯一的不同在於，直線 HT 並不是每一點都和較小多邊形的邊相接觸，而是有些空的段落沒被觸及，其數目等同於和各邊相接觸的那些線段的數目。但是，在這裏的圓的事例中，小圓的圓周從來沒離開直線

CE，從而該直線上並沒有任何未被觸及的部分，而且也沒有任何時候是圓上的點不曾和直線相接觸的。那麼，小圓怎麼可能走過一段大於它的周長的距離呢，除非它會跳躍？

薩格：我覺得似乎可以這樣說：正如圓心被它自己攜帶著沿直線 AD 前進時是一直和該線相接觸那樣（儘管它是單一的點），小圓圓周上的各點，當小圓被大圓帶著前進時，將滑過直線 CE 上的一些小部分。[71]

薩耳：有兩個理由說明不可能是這樣。第一，因為沒有根據認為某一個接觸點，例如 C，將不同於另一個接觸點而會滑過直線 CE 上的某一部分。但是，假如沿 CE 的這種滑動確實發生，它們的數目就應該是無限的，因為接觸點（既然僅僅是點）的數目是無限的；然而無限多次的有限滑動將構成一條無限長的線，而事實上直線 CE 卻是有限的。另一個理由是，當較大的圓在滾動中連續地改變其接觸點時，較小的圓必須做相同的事，因為 B 是從那裏可以畫一條通過 C 而向 A 的直線的唯一的點。由此可見，每當大圓改變其接觸點時，小圓也必相應地改變其接觸點：小圓上沒有任何點和直線 CE 上的多於一個的點相接觸。不僅如此，而且甚至在多邊形的滾動中，較小多邊形的周長上也沒有任何一個點和周長所經過的直線上的多於一個的點相重合；當你們想起直線 IK 是和直線 BC 相平行的，從而直線 BC 和 BQ 相重合時 IK 將一直在 IP 的上方，而且除了正當 BC 佔據位置 BQ 的那一瞬間以外，IK 將不會落在 IP 上時，這一點立刻就會清楚了；在那一瞬間，整條直線 IK 和 OP 相重合，而隨後立刻就上升到 OP 的上方。

薩格：這是一個很複雜的問題，我看不到任何的解。請給我們解釋一下吧。

薩耳：讓我們回到關於上述那些多邊形的討論；那些多邊形的行為是我們已經瞭解了的。唔，在有著 100000 條邊的多邊形的事例中，較大多邊形的周長所經過的直線，也就是說，由它的 100000 條邊線一條接一條地展開而成的那條直線，等於由較小多邊形的 100000 條邊所

描繪而成的那條直線，如果我們把夾在中間的那 100000 個空白間隔也包括在內的話。那麼，在圓的事例中，也就是在有著無限多條邊的多邊形的事例中，由較大的圓的連續分佈的 (continuamente disposti) 那無限多條邊所印成的那條直線，也等於由較小的圓的無限多條邊所印成的直線，但是要注意到這後一條直線上是夾雜了一些空白間隔的，而且，既然邊數不是有限而是無限的，中間交替夾著的空白間隔的數目也就是無限的。[72] 於是較大的圓所畫過的直線，就包括著完全填滿了它的無限多個點，而較小的圓所畫出的直線則包括著留下空檔兒而只是部分地填充了它的無限多個點。在這裏我希望你們注意，在把一條直線分成有限多個即可以數出來的那麼多個部分以後，是不能把它們排成比它們連續地而無空檔地連接起來時更長的直線的。但是，如果我們考慮直線被分成無限多個無限小而不可分割的部分，我們就將能夠設想，通過插入無限多個而不是有限多個無限小的和不可分割的空檔，直線將無限地延長。

現在，以上所說的關於簡單的直線的這些話，必須被理解爲也適用於面和體的事例，這時假設，這些面和體是由無限多個而不是有限多個原子所組成的。這樣一個物體，一旦被分成有限多個部分，就不能重新組裝得比以前佔據更大的空間，除非我們在中間插入有限個空的空間，也就是沒被構成那個固體的物質所佔據的空間。但是如果我們設想，通過某種極端的和最後的分析，物體分解成了它的原始的要素，其數爲無限，那麼我們就將能夠把它們設想爲在空間無限擴展的，不是通過插入有限多個，而是通過插入無限多個空虛的空間。例如，可以很容易地設想一個小金球擴展到一個很大的空間中，而未經引入有限數目的眞空，這時永遠假設金是由無限多個不可分割的部分構成的。

辛普：我覺得你正在走向由某一位古代哲學家所倡導的那種眞空。

薩耳：但是你沒有提到，「他否認了神聖的造物主」，這是我們院士先生的一位敵手在類似的情況下提出的一種不恰當的說法。

辛普：我注意到了，不無憤慨地注意到了那個壞脾氣的敵人的仇恨。我不再多提那些事了，這不僅是為了自己的好形象，而且也因為我知道這些事對一個像你這樣虔誠而篤信的、正統而敬神的人的好脾氣而有條理的心神來說是多麼地不愉快。

但是，回到我們的課題，你的以上論述給我留下了許多我無法解決的困難。其中第一個困難就是，如果兩個圓的周長等於兩條直線 CE 和 BF，後者被認為是一個「連續區」，而前者則夾有無限多個空點，我就不知道怎麼能夠說由圓心畫出的並由無限多個點構成的直線 AD，等於只是單獨一個點的圓心。除此以外，這種由點建成線的方法，由不可分而得出的可分，由無限而得出的有限，給我提供了一種很難避免的困難，而且引入一個被亞里斯多德如此決定性的反駁了的真空的必要性，也提供了同樣的困難。[73]

薩耳：這些困難是實在的，而且並不是只有這麼一些。但是讓我們記住，我們對付的是無限之物和不可分割之物，二者都超越了我們有限的理解；前者由於它們的巨大，後者因為它們的微小，儘管如此，人們還是不能避免討論它們，即使必須用一種糾纏的方式來進行討論。

因此，我也願意不揣冒昧地提出我的一些想法；它們雖然不一定是很有說服力的，但是由於它們的新奇性，卻可能被證明為使人驚訝的。但是這樣一段插話也許會使我們離題太遠，從而可能使你們覺得是不合時宜的和不太愉快的。

薩格：請讓我們享受那種由和朋友們談論而得來的益處和特權吧，特別是當談論的是自由選擇的而不是強加給我們的課題時；這種事情大大不同於對付那些僵死的書本，它們引起許多疑問卻一個也不能解決。因此，請和我們共享我們的討論所引發的你的那些思想吧，因為我們並沒有什麼迫切的事務，從而有的是時間來追究已經提到的那些話題，而辛普里修所提出的反駁更是不應該被忽視的。

薩耳：好的，既然你們這麼想聽。第一個問題就是，單獨一個點怎麼可能等於一條直線？既然現在我不能做更多的事，我就將通過引

入一種類似的或更大的非或然性來試圖消除或至少是減小一種非或然性，正如有時一種驚異會被一種奇蹟所沖淡那樣。

我的辦法是指給你們看兩個面和兩個固體，固體分別放在作為底座的面上，所有這四者都連續而又均勻地縮小，所取的方式是它們的剩餘部分永遠保持各自相等，而直到最後，面和固體各自不再相等，一組收縮為一條很長的線，而另一組收縮成單獨一個點；也就是說，後者收縮成單獨一個點，而前者收縮成無限多個點。[74]

薩格：這種說法使我覺得實在奇妙，但是讓我們聽聽解釋和論證。

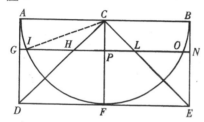

薩耳：既然證明純粹是幾何性的，我們將需要一個圖。設 AFB 是一個半圓，其圓心位於 C。在半圓周圍畫長方形 $ADEB$，並從圓心向 D 和 E 作直線 CD 和 CE。設想半徑 CF 被畫得垂直於直線 AB 或 DE，並設想整個圖形以此半徑為軸而轉動。很顯然，於是長方形 $ADEB$ 就描繪一個圓柱，半圓 AEB 就將描繪一個半球，而 $\triangle CBE$ 就將描繪一個圓錐。其次讓我們把半球取走，而把圓錐和圓柱的其餘部分留下；由於它的形狀，我們將把留下的部分稱為一個「碗」。首先我們將證明，碗和圓錐是相等的；其次我們將證明，平行於碗的底部（即以 DE 為直徑而 F 為圓心的那個圓）而畫出的一個平面，即其遺跡為 GN 的那個平面，和碗相交於 G、I、O、N 各點，而和錐體相交於 H、L 各點，使得用 CHL 來代表的那一部分錐體永遠等於其截面用三角形 GAI 和 BON 來代表的那一部分碗。除此以外，我們即將證明，錐體的底，也就是以 HL 為直徑的那個圓，等於形成碗的這一部分之底面的那個環形面積，或者也可以說，等於其寬度為 GI 的一條帶狀面積。（順便指出，數學定義的性質只在於一些名詞的引用，或者如果你願意，也可以說是語言的簡化，其目的是避免你們和我現在遇到那種煩人的囉嗦，只因為我們沒有約定把

這種環形面積叫做「環帶」，而把那尖銳的固體部分叫做「錐尖」。）

[75] 現在，不論你們喜歡把它們叫什麼，只要理解一點就夠了；那就是，不論在什麼高度上畫出的平面，只要它平行於底面，亦即平行於以 DE 為其直徑的那個圓，它就會永遠切割兩個固體，使圓錐的 CHL 部分等於碗的上部，同樣，作為這些固體之底面的那兩個面積，即環形帶和圓 HL 也是相等的。在這兒，我們就得到上述的奇蹟了：當切割平面向直線 AB 靠近時，兩個固體被切掉的部分永遠相等，而且它們的底面積也永遠相等。而且當切割平面靠近頂部時，兩塊固體（永遠相等）以及它們的底面（面積永遠相等）最後就會消失，其中一對退化成一個圓周，而另一對則退化成單獨一個點，這就是碗的上沿和錐體的尖。現在，既然當這些固體減小時它們之間的相等性是保持到最後的，我們就有理由說，在這種減小過程的終極和最後，它們仍然相等，而且其中一個不可能無限地大於另一個。因此這就表明，我們可以把一個大圓的圓周和單獨一個點等同起來。而且，對二固體為真的這一點，對二者的底面也為真；因為這些底面在減小的整個過程中也保持了它們之間的相等關係，而最後終於消失了，一個消失為一個圓的圓周，而另一個則消失為單獨一個點。那麼，有鑒於它們是相等之量的最後的痕跡和殘餘，我們能不能說它們是相等的呢？另外也請注意，即使這些器皿大得足以容得下巨大的天空半球，那裏的上沿和錐體的頂部也還是保持相等並最後消失；前者消失為一個具有最大天體軌道尺寸的圓周，而後者消失為單獨一個點。因此，不違背以上的論述，我們可以說一切圓周，不論多麼不同，都彼此相等，而且都等於單獨一個點。

薩格：這種表達使我覺得它是那樣地聰明而新穎，以致即使能夠，我也不願意反對它；因為，用一種遲鈍的說教式的攻擊來破壞這樣美麗的一種結構，將不乏犯罪之感。但是，為了使我們完全滿意，請給我們幾何地證明在那些固體之間以及它們的底面之間永遠存在相等的關係；因為我想，有鑒於建築在這一結果上的哲學論證是何等地微妙，我想那種證明也不會不是很巧妙的。[76]

薩耳：證明既短又容易。參閱著前面的圖，我們看到，既然 *IPC* 是一個直角，半徑 *IC* 的平方就等於兩個邊 *IP*、*PC* 的平方之和，但是半徑 *IC* 等於 *AC* 而也等於 *GP*，而 *CP* 等於 *PH*。由此可見，直線 *GP* 的平方就等於 *IP* 和 *PH* 的平方和；或者，兩端乘以 4，我們就得到直徑 *GN* 的平方就等於 *IO* 和 *HL* 的平方和。而且，既然圓的面積正比於它們的直徑的平方，那就得到，直徑爲 *GN* 的圓的面積等於直徑爲 *IO* 和 *HL* 的兩個圓的面積之和。因此，如果我們取掉直徑爲 *IO* 的圓的共同面積，剩下來的圓 *GN* 的面積就將等於直徑爲 *HL* 的圓的面積。第一部分就這麼多。至於其他部分，我們目前暫不論證，部分地因爲想要知道的人們可以參閱當代阿基米德即盧卡·瓦勒里奧[9] 所著的 *De centro gravitatis solidorum* 第二卷的命題十二，他爲了不同的目的使用了這一命題，而且部分地也因爲，爲了我們的目的，只要看到下述事實也就夠了：上述的兩個面永遠是相等的，而且當它們均勻地縮小時，它們就會退化，一個退化爲單獨一個點，而另一個則退化爲一個比任何可以指定的圓更大的圓的圓周；我們的奇蹟就在這裏。[10]

薩格：證明是巧妙的，而且由此而得出的推論是驚人的。現在，讓我們聽聽關於辛普里修所提出的其他困難的一些議論，如果你有什麼特殊的東西要說的話；然而在我看來，那似乎是不可能的，因爲問題已經被那麼徹底地討論過了。[77]

薩耳：但是我確實有些特殊的東西要說，而且首先要重複一下我剛剛說過的話，那就是，無限性和不可分割性就其本性來說是我們所無法理解的；那麼試想當結合起來時它們將是什麼。不過，如果我們想用一些不可分割的點來建造一條線，我們就必須取無限多個這樣的

---

[9] Luca Valerio，傑出的義大利數學家，約 1552 年生於弗拉拉，1612 年被選入林塞科學院，於 1618 年逝世。——英譯者

[10] 參閱上文。——英譯者

點，從而就必然要同時處理無限的和不可分割的東西。聯繫到這一課題，許多想法曾經在我的心中閃過。其中有一些可能是更加重要的，我在片刻的激動下無從想起，但是在我們討論的過程中，有可能我會在你們心中，特別是在辛普里修的心中喚醒一些反對意見和困難問題，而這些意見和問題又會使我記起一些東西；如果沒有這樣的刺激，那些東西是可能蟄伏在我的心中睡大覺的。因此，請允許我按照習慣的無拘無束來介紹某些我們的人類幻想，因爲，和那種超自然的眞理相比，我們確實可以這樣稱呼它們——那種超自然的眞理給我們以一種眞實而安全的方法來在我們的討論中做出決定，從而是黑暗而可疑的思想道路上的一種永遠可靠的指南。

促使人們反對由不可分的量來構成連續量（continuo d'in-divisibili）的主要理由之一就是，一個不可分量和另一不可分量相加，不能得出一個可分量，因爲如果可以，那就會使不可分量變成可分的。例如，如果兩個不可分量，例如兩個點，可以結合起來而形成一個可分量，例如一段可分的線，那麼，一段甚至更加可分的線就可以通過把3個、5個、7個或任何奇數個的點結合起來而形成。然而，旣然這些線可以分割成兩個相等的部分，那就變得可以把恰好位於線中間的那個不可分的點切開了。爲了答覆這一種或類型相同的其他反對意見，我們的回答是，一個可分的量，不可能由2個或10個或100個或1000個不可分的量來構成，而是要有無限多個那樣的量。

辛普：這裏就出現了一個在我看來是無法解決的困難。旣然很清楚的是我們可以有一條線比另一條線更長，其中每一條線都包含著無限多個點，我們就不得不承認，在同一個類中，我們可以有某種比無限多還多的東西，因爲長線中的無限多個點比短線中的無限多個點更多。這種賦予一個無限的量以比另一個無限的量以更大的值的做法是完全超出了我的理解力的。[78]

薩耳：這就是當我們用自己的有限心思去討論無限性時即將出現的那些困難之一，這時我們賦予了無限量以一些我們本來賦予有限量的性質，但是我認爲這是錯誤的，因爲我們不能說無限的量中某一個

大於或小於或等於另一個。爲了證明這一點，我想到了一種論證，我願意把它用一個問題的形式提給提出這一困難的辛普里修。

我相信你知道數中哪些是平方數和哪些不是。

辛普：我完全明白，一個平方數就是另一個數和自己相乘的結果，例如 4、9 等等就是平方數，它們是由 2、3 等等和自己相乘而得出的。

薩耳：很好。而且你也知道，正如這些乘積被稱爲「平方數」一樣，這些因數是被稱爲「邊」或「根」的。另一方面，那些並不包含兩個相等因數的數就是非平方數了。因此，如果我斷言，所有的數，包括平方數和非平方數在內，比所有的平方數更多，我說的是不是眞理呢？

辛普：肯定是的。

薩耳：如果我進一步問有多少個平方數，人們可以回答說和相應的根一樣多，因爲每一個平方數都有它自己的根，每一個根都有它自己的平方數，而任何平方數都不可能有多於一個的根，而任何根也不可能有多於一個的平方數。

辛普：正是這樣。

薩耳：但是如果我問總共有多少個根，那就不可否認是和所有的數一樣多，因爲任何一個數都是某一平方數的根。承認了這一點，我們就必須說，有多少數就有多少平方數，因爲平方數恰好和它們的根數一樣多，而且所有的數都是根。不過在開始時我們卻說過，所有的數比所有的平方數要多得多，因爲大部分數都不是平方數。不僅如此，當我們過渡到較大的數時，平方數所占的比例還越來越小。例如，到 100 爲止，我們有 10 個平方數，所占的比例爲 $\frac{1}{10}$；到 10000 爲止，我們就只有 $\frac{1}{100}$ 的數是平方數了；到 100 萬，就只有 $\frac{1}{1000}$ 了；另一方面，在無限多的數中，如果有人能夠想像這樣的東西的話，他就必須承認有多少數就有多少平方數，二者一樣多。[79]

薩格：那麼，在這種情況下，人們應該得出什麼結論呢？

薩耳：按我所能看到的來說，我們只能推測說所有的數共有無限

多個，所有的平方數也有無限多個，而且各平方數的根也有無限多個，既不是平方數的個數少於所有數的個數，也不是後者大於前者；而最後，「等於」、「大於」和「小於」的性質是不適用於無限的量而只適用於有限的量的。因此，當辛普里修引用長度不同的幾條線，並且問我怎麼可能較長的線並不比較短的線包含更多的點時，我就回答他說，一條線並不比另一條包含更多或更少的點，也不是它們恰好包含數目相同的點，而是每條線都包含著無限多個點。或者，如果我回答他說，一條線上的點數等於平方數的數目，另一條線上的點數大於所有數的個數，而另一條短線上的點數則等於立方數的個數，我能否通過在一條線上比在另一條上擺上更多的點而同時又在每一條線上保持無限多的點來使辛普里修滿意呢？關於第一個困難，就說這麼多吧。

薩格：請等一會兒，讓我在已經說過的一切上再加一個我剛剛想到的概念。如果以上的說法是對的，那就似乎既不能說一個無限大的數比另一個無限大的數更大，而且甚至不能說它比一個有限的數更大，因為，假如無限大數，例如大於 100 萬，那就會得到結論說，當從 100 萬過渡到越來越大的數時，我們就將接近於無限大；但是情況並非如此，相反地，我們走向的數越大，我們離無限大（這個性質）就越遠，因為數越大，它所包含的平方數就（相對地）越少；但是，正如我們剛才同意了的那樣，無限大中的平方數的個數，不能少於一切數的總個數，因此，過渡到越來越大的數，就意味著遠離無限大。⑪[80]

薩耳：這樣，從你的巧妙論證，我們就被引到一個結論，就是說，「大於」、「小於」和「等於」這些賦性，在無限大量的相互比較或無限大量和有限量的相互比較中是沒有地位的。

現在我過渡到另一種考慮。既然線和一切連續的量可以分成本身

⑪ 此處似乎出現了一點兒思想混亂，因為沒能區分一個數 n 和 n 以前那些數所形成的集合，也沒能區分作為一個數的無限大和作為所有數之集合的無限大。——英譯者

也是可分的一些部分，而無界限，我就看不出如何避免一個結論，即線是由無限多個不可分的量所構成的，因為可以無限進行的分了又分預先就承認了各部分是無限多的，不然的話分割就會達到一個結尾，而如果各部分的數目是無限大，我們就必須得出結論說它們的大小不是有限的，因為無限多個有限的量將給出一個無限的量。於是我們就得到，一個連續量是由無限多個不可分割的量所構成的。

辛普：但是如果我們可以無限地分成有限的部分，有什麼必要引入非有限的部分呢？

薩耳：能夠無休止地繼續分成有限的部分（in parti quante）這一事實本身，就使我們有必要認為那個量是由無限多個小得無法測量的要素（di infiniti non quanti）所構成的。現在，為了解決這個問題，我將請你們告訴我，在你們看來，一個連續量可能是由有限多個還是由無限多個有限的量構成的？

辛普：我的答案是，它們的數目既是無限的又是有限的，在趨勢上是無限的，但在實際上是有限的（infinite, in potenza; e finite, in atto）；這就是說，在分割以前在趨勢上是無限的，但在分割以後就在實際上是有限的了；因為部分不能說是存在於尚未分割或尚未標誌出來的物體中；如果還沒有分割或標誌，我們就說它們在趨勢上是存在的。

薩耳：因此，一條線，譬如說 20 尺長的一條線，就不能被說成實際上包括 20 個 1 尺長的部分，除非在被分成了 20 個相等的部分以後；在分割以前，它就被認為只是在趨勢上包含著它們。如果事實像你所說的那樣，那麼請告訴我，分割一旦完成，原始量的大小是增大了、減小了，還是沒有變呢？

辛普：它既不增大也不減小。

薩耳：這也是我的意見。因此，有限的部分（parti quante）在一個連續量中的存在，不論是實際地還是趨勢地存在，都不會使該量變大或變小；但是，完全清楚的是，如果實際地包括在整個量中的有限部分的個數是無限多的，它們就會使該量成為無限大。由此可見，有

限部分的數目，雖然只是趨勢地存在，也不能是無限大，除非包含著它們的那個量是無限大，而且反過來說，如果量是有限的，它就不能包含無限個有限部分，不論是在實際上還是在趨勢上。[81]

　　薩格：那麼，怎麼可能無限制地把一個連續量分割成其本身永遠是可以分割的部分呢？

　　薩耳：你的關於實際和趨勢的區分似乎使得很容易用一種方法做到用另一種方法不能做到的事。但是我將力圖用另一種方式把這些問題調和起來；至於一個有限連續量（continuo terminato）的有限部分是有限多個還是無限多個，我卻和辛普里修有不同的意見，認為它們的數目既不是有限的又不是無限的。

　　辛普：我永遠想不到這種答案，因為我不曾想到在有限和無限之間會有任何中間步驟以致這種認為事物非有限即無限的分類或區分會是有毛病或有缺陷的。

　　薩耳：我也覺得是這樣。而如果我們考慮分立的量，我就認為在有限量和無限量之間有第三個對應於任一指定數的中間名詞，因此，如果像在現在這個事例中一樣問起一個連續量的有限部分在數目上是有限的還是無限的，最好的回答就是它們既非有限也非無限，而是對應於任何指定的數目，為了使這一點成為可能的，一個必要條件就是，那些部分不應被包括在一個有限的數中，因為在那種情況下它們就不會對應於一個更大的數，而且它們在數目上也不能是無限的，因為任何指定的數都不可能是無限大，從而我們隨著提問者的意願對任何給定的直線指定 100 個部分、1000 個部分、10 萬個部分，而事實上是我們想要的任意多個部分，只要它不是無限大。因此，對哲學家們，我承認連續量包括著他們所想要的任意有限個數的部分，而且我也承認，它包括著它們，不論是在實際上還是在趨勢上，隨他們的便。但是我必須接著說，正如一條 10 噚（canne）長的線包含著 10 條 1 噚長的線或 40 條 1 腕尺（braccia）長的線或 80 條半腕尺長的線等。一樣，它也包含著無限多個點，隨便你說那是在實際上或在趨勢上，因為，辛普里修，在這種細節方面，我謹遵你的意見和判斷。[82]

　　辛普：我止不住要讚賞你的議論，但是我只怕一條線中所包含的點和有限部分之間的這種平行論將不能被證實為令人滿意，而且你將發現把一條給定的線分割成無限多個點不會像哲學家們把它分成 10 段 1 噚長的線或分成 40 段 1 腕尺長的線那樣容易；不僅如此，而且這樣的分割在實際上也是完全不可能的，因此，這就是那種不能歸結為實際的趨勢之一。

　　薩耳：一件事情只能很費力地或很費時地做成，並非就是不可能做成，因為，我想你自己並不能很容易地把一條線分成 1000 段，而且更不容易把它分成 937 段或任何很大的質數段。但是，假如我能完成你認為不可能的那種分割，像別人把一條線分成 40 段那樣容易，你是否更願意在我們的討論中承認那種分割的可能性呢？

　　辛普：一般說來，我大大欣賞你的方法；而且對於你的問題，我回答說，如果能夠證明把一條線分解為點並不比把它分割成 40 段更加困難，那就充分得不能再充分了。

　　薩耳：我現在要談些也許會使你大吃一驚的事；這指的就是把一條線分成它的無限小的部分的可能性，所用的程序就是人們把同一條線分成 40 段、60 段或 100 段的程度，那就是把它分成 2 段、4 段……若有人認為按照這種方法就可以達到無限多個點，他就大大地錯了；因為，如果把這種程式推行到永遠，這裏仍然會存在有限個還沒有被分割的部分。

　　事實上，利用這樣一種方法，還遠遠不能達到不可分割性這一目標，相反地，這將離目標越來越遠。如果有人認為通過繼續實行這種分割並加倍增多那些部分就會接近無限大，在我看來他就是離目標越來越遠。我的理由如下：我們在上面的討論中得出的結論是，在無限多個數中平方數和立方數必須和全部的自然數（tutti i numeri）一樣多，因為它們和它們的根一樣多，而它們的根就構成全部自然數。其次，我們已經看到，所取的數越大，平方數的分佈就越稀少，而立方數的分佈就更加稀少，因此就很明顯，我們所過渡到的數越大，我們就越從無限大倒退。由此可見，既然這種過程把我們帶得離所尋求的

結果越來越遠，如果向後轉，我們就將發現，任何數都可以說是無限大，而無限大就必須是 1。在這裏，所要求的關於無限大數的條件確實都得到了滿足。我的意思就是，1 這個數，本身包含著同樣多的平方數和立方數以及自然數（tutti i numeri）。[83]

辛普：我不能十分把握這些話的意義。

薩耳：問題中沒有任何困難，因為 1 同時就是一個平方數、一個立方數、一個平方數的平方，以及所有其他的乘冪（dignita），而且也不存在平方數或立方數的任何本質特點是不屬於 1 的；例如，平方數的一個特點是二數之間有一個比例中項；試任意取一個平方數作爲第一項，而取 1 作爲另一個平方數，那麼你就永遠會找到一個是比例中項的數。試考慮兩個平方數 9 和 4，這時 3 就是 9 和 1 之間的比例中項，而 2 就是 4 和 1 之間的比例中項；在 9 和 4 之間我們有比例中項 6。立方數的一種性質是，它們之間有兩個比例中項。以 8 和 27 爲例，它們之間有 12 和 18，而在 1 和 8 之間，我們有 2 和 4；而在 1 和 27 之間，有 3 和 9。因此我們得到結論說，1 是唯一的無限大數，這些就是我們的想像無法把握的那些奇蹟中的幾種；那些奇蹟應該警告我們不要犯某些人的錯誤，他們企圖通過把我們對有限數應用的同樣一些性質賦予無限數來討論無限數，而有限數和無限數的性質是並無共同之處的。

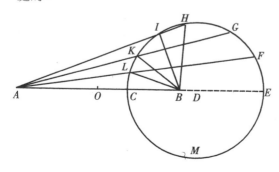

關於這一課題，我必須告訴你們一種驚人的性質，這是我現在剛想到的，而且這將解釋當一個有限量過渡到無限時它的品格即將經歷的那種巨大的變化。讓我們畫一條直線 AB，其長度爲任意，設點 C 把直線分成不相等的兩部分。於是我說，如果從端點 A 和 B 畫出一對

對的線,而且如果每一對線的長度之比等於線段 AC 和 CB 之比,則各對線的交點將位於同一個圓上。[84]例如,從 A 和 B 畫起的線 AL 和 BL 相交於點 L,其長度之比等於 AC 和 BC 之比,而交於點 K 的一對線 AK 和 BK 也互相有相同的比值;同樣 AI、BI、AH、BH、AG、BG、AF、BF、AE、BE 等一對一對的線的交點 L、K、I、H、G、E、F 也都位於同一個圓上。因此,如果我們設想點 C 連續地運動,而從它畫向固定端點 A 和 B 的直線保持起初那兩段直線 AC 和 CB 的長度之比,則我立刻即將證明,點 C 將描繪一個圓。而且 C 趨近於我們可以稱之為 O 的中點時,它所描繪的圓就將無限地增大,但是 C 趨近於端點 B 時,圓就將越來越小。因此,如果運動是像以上所描述的那樣,則位於線段 OB 上的無限多個點將描述每一種大小的圓,有些圓比蝨子的瞳孔還要小;另外一些則比天體的黃道還要大。現在,如果我們挪動位於兩端 O 和 B 之間的那些點,它們就都將描繪圓,那些靠 O 很近的點將描繪很大的圓;但是,如果我們挪動 O 點本身,而且仍然按照以上所說的規律來挪動它,就是說,從 O 畫向端點 A 和 B 的直線保持著原始線段 AO 和 OB 之比,那麼將得到一條什麼種類的線呢?一個圓將畫得比其他圓中最大的圓還要大,因此這是一個無限大的圓。但是,從 O 開始也將畫出一條直線,垂直於 BA 並伸向無限遠處,永遠不像其他的圓那樣轉回來和它最初的起點相遇;對點 C 來說,隨著它的有限運動,既已描繪了上面的半圓 CHL,就將開始描繪下面的半圓 EMC,這樣就回到了出發點。[85]但是,點 O 既已開始像直線 AB 上的所有各點那樣描繪它的圓(因為另一部分 OA 上的點也描繪它們的圓,最大的圓是由最靠近 O 的點所描繪的),就不能回到它的出發點了,因為它所描繪的圓是一切圓中最大的,即無限大圓 O;事實上,它描繪的是作為無限大圓之圓周的一條無限長的直線。現在請想想一個有限圓與一個無限大圓之間存在著多大的差異啊,因為後者那樣地改變了它的品格,以致它不但失去了它的存在,而且實際上是失去了它的存在的可能性。我們已經清楚地理解,不可能存在像一個無限大圓之類的東西,同樣也不可能存在

無限大球、無限大體以及任何形狀的無限大面。現在，關於從有限過渡到無限時的轉變，我們能說些什麼呢？而且，既然當我們在數中尋求無限時在 1 中找到了它，爲什麼我們應該感到更勉強呢？既已將一個固體打碎成許多部分，既已將它分解成最細的粉末並將它分解成它的無限小的不可分割的原子，我們爲什麼不能說這個固體已被簡化成單獨一個連續體（un solo continuo）呢？或許是一種流體像水或水銀或甚至是熔化了的金屬？我們不是見到過石頭熔化成玻璃或玻璃本身在強熱下變得比水更像流體嗎？

薩格：那麼我們就相信物質由於被分解爲它們的無限小的和不可分割的成分而變成流體嗎？

薩耳：我不能找出更好的方法來解釋某些現象；下述的現象就是其中之一。當我拿一種堅硬物質，例如石頭或金屬，並用一個錘子或細銼把它弄成最細的和無法感受的粉末時，很顯然，它的最細的粒子，當一個一個地考慮時，雖然由於它們太小而不是我們的視覺和觸覺所能感受的，但卻還是大小有限的，具有形狀的和可數的。也不錯的是，當它們一旦被堆成一堆時，它們就保持爲一堆，而且如果在堆上挖一個洞，則在一定限度內這個洞也將保持原狀，周圍的粒子並不會衝進去填充它；如果受到搖動，各粒子在外界擾動因素被取消後即將很快停止；同樣的效果在任何形狀甚至是球那樣的越來越大的粒子的堆中也被觀察到，例如在小米堆、麥子堆、鉛彈堆和每一種其他物質的堆中。[86] 但是，如果我們試圖在水中發現這些性質，我們卻找不到它們；因爲，一堆起來它們就會坍掉，除非受到某種容器或其他外在阻擋物的限制；當被掏空時，它就立刻衝進來填空；當受到擾動時，它會蕩漾很久並向遠處發出水波。

注意到水比最細的粉末還更少堅持性（consistenza），事實上是沒有任何堅持性，我覺得我們似乎可以很合理地得出結論說，可以由水分解而成的最小的粒子是和那些有限的、可分割的粒子很不相同的，事實上我所能發現的唯一不同，就在於前者是不可分割的，水的優良透明性也有益於這種看法，因爲最透明的水晶當被打碎、被研磨

而被分化成粉末時就會失去其透明性，磨得越細損失越大；但是在水的事例中，研磨是最高程度的，而我們卻有極度的透明性。金和銀當用酸類（acque forti）稀釋比用銼刀所能做到的更細時仍然保持其粉末狀，⑫而且不會變成流體，直到火的最小的粒子（gl'indivisibli）或太陽的光線消化了它們爲止，而且我認爲那是消化成它們的最後的、不可分割的和無限小的成分。

薩格：你所提到的光的這一現象，是我曾經多次很驚訝地注意過的現象之一。例如我曾看到，利用直徑不過是 3 掌（palmi）長的一個凹面鏡，就可以使鉛很快地熔化。看到拋光得並不太好而且只是球面形狀的一個小凹面鏡就能有如此能力去熔化鉛和引燃每一種爆炸性物質，我就想到，如果鏡面很大，拋光得很好，而且是拋物面形的，它就會同樣容易而迅速地熔化任何其他金屬。這樣的效果使我覺得用阿基米德的鏡子所完成的奇蹟是可信的。[87]

薩耳：談到用阿基米德的鏡子所引起的效果，那是他自己的書（我曾經懷著無限的驚訝讀過那些書）使我覺得不同作者所描述的一切效果都是可信的。如果還有任何懷疑，布奧納溫特拉‧卡瓦利瑞神父⑬最近發表的關於燃燒玻璃（specchio ustorio）的而且是我懷著讚賞讀過的書，將消除最後的困難。

薩格：我也已經見到這部著作並且懷著驚喜讀過了，而且因爲認識他本人，我已經確證了早先對他的看法，那就是，他註定要成爲我們這個時代的一流數學家之一。但是，現在，關於日光在熔化金屬方面的驚人效果，我們是必須相信這樣一種激烈作用不涉及運動呢，還

---

⑫ 伽利略說金和銀當用酸類處理了以後仍然保持其粉末狀，此語不知是何意。——英譯者

⑬ Father Buonaventura Cavalieri，伽俐略同時代人中最活躍的研究者之一，1598 年生於米蘭，1647 年歿於博洛尼亞，一位耶穌會的神父，第一位在義大利引用經度的人物，最早地定義了具有不相等的曲率半徑的透鏡的焦距。他的《不可分量法》（*Method of Indivisibles*）一書被認爲是「微分學」的先驅。——英譯者

是必須相信它是和最迅速的運動相伴隨的呢？

薩耳：我們注意到其他的爆炸和分解是和運動相伴隨的，而且是和最迅速的運動相伴隨的；請注意閃電的作用以及水雷和炸藥包中火藥的作用，也請注意夾雜了沉重而不純的蒸汽的炭火當受到風箱的煽動時多麼快地增大其使金屬液化的功力。因此我不理解，光雖然很純，它的作用怎麼可能不涉及運動，乃至最快的運動呢？

薩格：但是我們必須認為光是屬於什麼種類和多麼迅速呢？它是即時性的呢還是也像其他運動一樣需要時間呢？我們能不能用實驗來決定這一點呢？

辛普：日常的經驗證明光的傳播是即時性的，因為當我們看到遠處一個炮彈被發射時，火光傳到我們眼中並不需要時間，而聲音卻在一個可注意到的時段後才較慢地傳入耳中。

薩格：喏，辛普里修，我從這一件熟悉的經驗所能推知的唯一結論只是，聲音在到達我們的耳朵時傳播得比光更慢，這並不能向我說明光的到來是不是即時的，或者，它雖然傳得很快卻仍然要用時間。這一種觀察並不比另一種觀察告訴我們更多的東西，在後一種觀察中，人們宣稱「太陽一升上地平線，它的光就傳到了我們的眼中」；但是誰能向我保證這些光線不曾比達到我們的視覺更早地達到這一界限呢？〔88〕

薩耳：這些以及其他一些類似觀察的較小肯定性，有一次引導我設計了一種方法，可以用來準確地確定照明（即光的傳播）是否真正即時性的。聲音的速度是很快的，這一事實對我們保證光的運動不可能不是非常迅速的。我發明的方法如下：

讓兩個人各拿一個包含在燈籠中的燈，或拿一種可以接收的光源，而且通過手的伸縮，一個光源可以被遮住或使光射向另一個人的眼中。然後，讓他們面對面站在一個幾腕尺的距離處，並且練習操作直到熟練得能夠啟閉他們的光源，使得一個人在看到同伴的光的那一時刻立即打開他自己的光源。在幾次試驗之後，反應將相當地即時，使得一個光源的打開被另一個光源的打開所應和，而不會有可覺察的

誤差（svario），於是，一個人剛露出他的光源時，他就立刻看到另一個光源的顯露。當在這種近距離處得到了這種技巧以後，讓兩個實驗者帶著上述的裝備在一段兩三英里的距離站好位置，並且讓他們在夜間進行同樣的實驗，注意光源的啟閉是否像在近距離那樣發生。如果是的，我們就可以可靠地得出結論說光的傳播是即時的；但是如果在3 英里的距離處需要時間，而如果考慮到一道光的發出和另一道光的返回，這個時間實際是對應於 6 英里的距離，則這種推遲將是很容易觀察到的，如果實驗在更大的距離，例如在 8 英里或 10 英里的距離處進行，則可以應用望遠鏡；每一個觀察者都在他將在夜間進行實驗的地方調節好他自己的望遠鏡；那麼，雖然光不大從而在遠距離是不能被肉眼看到的，但它們還是很容易被遮住和被打開，因為借助於已經調好和已經固定的望遠鏡，它們將變得很容易被看到。

　　薩格：這個實驗使我覺得它是一種巧妙而可靠的發明。但是請告訴我們你從它的結果得出的是什麼結論。

　　薩耳：事實上，我只在不到 1 英里的短距離上進行了實驗，我沒有能夠由此很肯定地斷定對面的光的出現是不是即時的，但是如果不是即時的，它也是非常快的——我將說它是瞬間的，而且在目前，我將把它和我們在 10 英里以外看到的雲間閃電的運動相比較。我們看到這種電光的開始，我可以稱之為它的頭或源，位於一定距離處的雲朵之間，但是它立刻就擴展到周圍的雲朵，這似乎是一個論據，表示傳播至少是需要一點時間的；因為如果照明是即時的而不是逐漸的，我們就應該不能分辨它的源（不妨說是它的中心）和它的展開部分。我們在不知不覺中逐漸滑入的是一個什麼樣的海啊！關於真空和無限，以及不可分割和即時運動，即使借助於 1000 次討論，我們到底能否到達海岸啊？ [89]

　　薩格：確實這些問題離我們的心智頗遠。只要想想，當我們試圖在數中尋找無限大時，我們在 1 中找到了它；永遠可分割的東西是由不可分割的東西得出的；真空被發現為和充實的東西不可分割地聯繫著；確實，通常人們對這些問題的本性所持的看法已被如此地倒轉，

以致甚至一個圓的圓周變成了一條無限長的直線；這個事實，薩耳維亞蒂，如果我的記憶不錯的話，是你打算用幾何的方法來證明的。因此，請不要岔開，繼續往下講吧。

薩耳：聽你的吩咐，但是爲了最淸楚起見，請讓我首先證明下述問題：

已知一直線被分成長度比爲任意的不相等的兩段，試作一圓，使從直線二端點畫到圓周上任一點的直線和上述二線段有相同的長度比，從而從該線兩端畫出的這些線就都是等比值的。[90]

設 AB 代表所給直線，被點 C 分成任意不相等的兩段。問題是要作一圓，使得從端點 A 和 B 畫到圓周上任意點的兩段直線與二線段 AC 和 BC 具有相同的長度比；於是，從相同的端點畫出的那些直線就是等比值的。以 C 爲圓心，以二線段中較短的一段 CB 爲半徑作一圓。過點 A 作直線 AD，此線將在點 D 與圓相切並無限地延長向 E。畫出半徑 CD，此半徑將垂直於 AE。從 B 作直線垂直於 AC，這一垂直線將與 AE 相交於某點，因爲在 A 處的角是銳角；用 E 代表此一交點，並從該點作直線垂直於 AE，此線將和 AB 之延長線相交於一點 F。現在我說，這兩條垂線段 FE 和 FC 相等。因爲，如果把 E 和 C 連結起來，我們就將得到兩個三角形△DEC 和△BEC。在這兩個三角形中，一個三角形的兩個邊 DE 和 EC 分別等於另一三角形的兩個邊 BE 和 EC，而 DE 和 EB 都和圓相切於 D、B，而底線 DC 和 CB 也相等；於是二角 ∠DEC 和 ∠BEC 將相等。現在，既然 ∠BCE 和直角相差一個 ∠CEB，而 ∠CEF 則和直角相差一個 ∠CED，而且，既然所差之角相等，從而就有 ∠FCE 等於 ∠CEF，從而邊 FE 和 FC 相等。如果我們以 F 爲圓心而以 EF 爲半徑畫一個圓，則它將經過點 C；設 CFG 就是這樣的圓。這就是所求的圓。因爲，如果我們從端點 A 和 B 到圓周上任意點畫二直線，則它們長度比將等於二線段 AC 和 BC 的長度比。後二者會合於點 C。這一結論在交於 E 點的二直線 AE 和 BE 的事例中是顯然的，因爲△AEB 的 ∠E 被直線 CE 所等分，從而就有 $AC:CB = AE:BE$。同樣的結果也

可以針對終止於點 G 的二線 AG 和 BG 得出。因為，既然 $\triangle AEF$ 和 $\triangle EFB$ 是相似的，我們就有 $AE:FE=EF:FB$，或 $AF:FC=CF:FE$，從而 dividendo，$AC:CF=CB:BF$，或 $AC:FG=CB:BF$；此外，componendo，[14] 我們有 $AB:BG=CB:BF$ 以及 $AG:GB=CF:FB=AE:FB=AC:BC$。 證畢。[91]

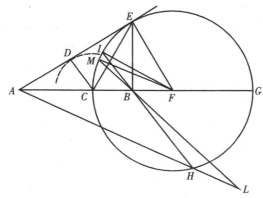

　　現在，在圓周上任取一點，例如 H，而二直線 AH 和 BH 在該點相交；按照同樣方式，我們將有 $AC:CB=AH:HB$。延長 HB 直到它在 I 點與圓周相遇並和 IE 相交；而既然我們已經求得 $AB:BG=CB:BF$，那就可得，$AB \cdot BF$ 等於 $CB \cdot BG$ 或 $IB \cdot BH$。由此即得 $AB:BH=IB:BF$。但是 B 處的角是相等的，從而 $AH:HB=IF:FB=EF:FB=AE:EB$。

　　此外，我還可以說，從端點 A 和 B 畫起並保持上述聯繫的直線不可能相交於圓 CEG 之內或之外的任何點。因為，假設它們能夠；設 AL 和 BL 為交於圓外一點 L 的這樣兩條線，延長 LB 直到它和圓相

⑭ 英譯者在此保留了兩個非英文單詞，我們也照樣保留（不認識，但以為並不影響閱讀，下同）。——中譯者

交於 M 並作直線 MF。如果 $AL{:}BL = AC{:}BC = MF{:}FB$，我們就會
有兩個三角形△ALB 和△MFB，其兩角旁的各邊將互成比例。頂角
∠B 處的兩個角相等，其餘的兩個角∠FMB 和∠LAB 都小於直角
（因為 M 處的直角以整個直徑 CG 而不僅僅是以其一部分 BF 為
底；而且點 A 處的另一個角是銳角，因為線 AL 和 AC 為同比值，從
而大於和 BL 為同比值的 BC）。由此可見，△ABL 和△MBF 相似，
從而 $AB{:}BL = MB{:}BF$，這就使得 $AB \cdot BF = MB \cdot BL$；但是已經
證明 $AB \cdot BF = CB \cdot BG$，因此即將得到，$MB \cdot BL = CB \cdot BG$；
這是不可能的。因此交點不可能落在圓外。用同樣的辦法我們可以證
明它也不可能落在圓內。因此所有的交點都位於圓周上。

　　但是，現在是時候了，我們可以回過頭去，通過向辛普里修證明
不僅並非不可能將一條線分解成無限多個點，而且此事和把它分成有
限個部分完全同樣容易，來答覆他的質疑了。我將在下述的條件下進
行此事。這種條件，辛普里修，我確信你是不會不同意的。那就是，
你不會要求我把這些點中的每一個都和其他點分開，然後在這張紙上
一個接著一個地給你看。因為我將感到滿意，如果你並不把一條線的
4 個或 6 個部分互相分開，而是只把分割的記號指給我看，或者把它們
折成角度來形成一個正方形或六邊形，因為那時我就確信你將認為分
割已經清楚而實際地被完成了。[92]

　　辛普：我肯定會那樣認為。

　　薩耳：現在，當你把直線彎出角度以形成多邊形，時而是正方形，
時而是八邊形，時而是一個有 40 條、100 條、1000 條邊的多邊形時，
如果所發生的變化足以使你認為當它為直線時只是在趨勢上存在的那
40 個、100 個和 1000 個部分成為在實際上存在，我是否同樣有理由
說，當我把直線彎成一個有著無限多條邊的多邊形，即一個圓時，我
就已經把按照你的說法當還是直線時僅僅在趨勢上存在的無限多個部
分弄成在實際上存在的了呢？而且也不容否認，無限多個點的分割確
實已經完成，正如當四方形已經彎出時四個部分的分割就已完成或當
千邊形已經弄好時 1000 個部分的分割就已完成一樣，因為在這種分割

中，和在 1000 條邊的或 10 萬條邊的多邊形的事例中的相同的條件已經得到了滿足。放在一條直線上的這樣一個多邊形用它的一條邊和直線相接觸，也就是用它的 10 萬條邊中的一條邊和直線相接觸，而當作爲具有無限多個邊的多邊形的圓和同一條直線相接觸時，也是用它的一條邊來和它相接觸的。那是和鄰近各點有所不同的一個單一的點，從而它就是被分離出來的和清楚的，其程度絕不次於多邊形的一條邊被從其他各邊中被分出的程度。而且，正如當一個多邊形在一個平面上滾動時會逐個地用它的邊的接觸來在平面上標誌出一條等於它的周長的直線那樣，在這樣的平面上滾動的一個圓，也會用它逐個出現的無限多個點的接觸來在平面上描繪出一條等於它的周長的直線。在開始時，辛普里修，我願意向逍遙學派承認他們意見的正確性。那就是說，一個連續量（il continuo）只能分割成一些還能繼續分割的部分，因此，不論分割和再分割進行得多遠，也永遠不會達到最後的結尾。但是我卻不那麼確信他們會同意我的看法，那就是，他們那些分割中沒有一個可能是最後的，因爲一個肯定的事實就是，永遠還會有「另一次」分割；最後的和終極的分割卻是那樣一次分割，它把一個連續量分解成無限多個不可分割的量；我承認，這樣一種結果永遠不能通過逐次分割成越來越多個部分來達成。[93] 但是，如果他們應用我所倡議的這種一舉而分割和分解整個無限大（tulla la infinità）的方法（這是一種肯定不應該被否認的技巧），我想他們就會滿意地承認，一個連續量是由絕對不可分割的原子構成的，特別是因爲也許比任何其他方法更好的這種方法使我們能夠避開許多糾纏的歧路，例如已經提到的固體中的內聚力以及膨脹和收縮的問題，而用不著強迫我們承認固體中的眞空區域，以及與之俱來的物體的可穿透性問題。在我看來，如果我們採用上述這種不可分割的組成的觀點，這兩種反駁意見就都可以避免。

辛普：我幾乎不知道逍遙學派人士將說些什麼，因爲你所提出的觀點將使他們覺得是全新的，從而我們必須這樣考慮他們。然而他們將發現這些問題的答案和解並非不可能，而我由於缺少時間和批判能

力，目前是不能解決這些問題的。暫時不討論這一問題，我願意聽聽這些不可分割量的引入將如何幫助我們理解膨脹和收縮而同時又避開真空和物體的可穿透性。

　　薩格：我也將很有興趣地聽聽這一同樣的問題，在我的頭腦中，這問題是絕非清楚的；如果我被允許聽聽辛普里修剛剛建議我們略去的東西，那就是亞里斯多德所提出的反對真空之存在的理由，以及你必須提出的反駁論證。

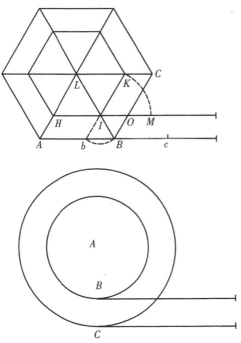

　　薩耳：這二者我都要講。第一，對於膨脹的產生，我們應用在大圓的一次滾動中由小圓描繪出來的那條線——一條大於小圓周長的直線；同理，為了解釋收縮，我們指出，在小圓的一次滾動中，大圓也將描繪一條直線，而這條直線是比該大圓的周長要短的。[94]

　　為了更好地理解這一點，我們開始考慮在多邊形的事例中發生的情況。現在應用和以前的圖相似的一個圖。圍繞公共中心 L，作兩個六邊形 ABC 和 HIK，並讓它們沿著平行線 HOM 和 ABc 而滾動。現在，固定住頂角 I，讓較小的六邊形滾動，直到邊 IK 到達平行線上；在這次運動中，點 K 將描繪 $\overset{\frown}{KM}$，而邊 KI 將和 IM 重合。讓我們看看，在此期間，大多邊形的邊 CB 幹了些什麼。既然滾動是繞著點 I 進行的，直線 IB 的端點 B 就將向後運動而在平行線 cA 下面描繪 $\overset{\frown}{Bb}$，於

是，當邊 KI 和直線 MI 重合時，邊 BC 將和 bc 重合，只前進了一個距離 Bc，但是卻在直線 BA 上後退了張在 Bb 上的那一部分。如果我們讓小多邊形的滾動繼續進行，它就將沿著它的平行線走過一條等於它的周長的直線，而大多邊形則將走過並畫出一條直線，比其周長短 bB 的幾倍，即比邊的數目少一倍；這條線近似地等於小多邊形所描繪的那條線，只比它長出一段距離 bB。現在我們在這兒毫無困難地看到，為什麼大多邊形在被小多邊形帶著向前滾動時不會用它的各條邊量出一條比小多邊形所滾過的直線長得多的直線，這是因為每條邊的一部分都重疊在它前面一個緊鄰的邊上。[95]

其次讓我們考慮兩個圓，其公共圓心為 A，並位於各自的平行線上，較小的圓和它的平行線相切於點 B；較大的圓相切於點 C。在這兒，當小圓開始滾動時，切點 B 並不會停一會兒，以便讓 BC 向後運動並帶著 C 點向後運動，就像在多邊形的事例中所發生的那樣；在該事例中，點 I 保持固定，直到邊 KI 和 MI 相重合而直線 IB 把端點 B 帶向後方而到 b，使得邊 BC 落在 bc 上，從而重疊在直線 BA 的一部分 Bb 上，這時前進了一個距離 Bc，等於 MI，即等於小多邊形的一條邊。重疊的部分等於大多邊形和小多邊形的邊長之差；由於這些重疊，每次運動的淨前進量就等於小多邊形的邊長，因此，在一次完全的滾動中，這些前進量就得出等於小多邊形周長的一條直線。

但是現在，按同樣的推理方式考慮圓的滾動，我們就必須注意到，任何多邊形的邊數都包括在一定的界限之內，而在圓上，邊數卻是無限大的；前者是有限的和可分割的，而後者是無限的和不可分割的。在多邊形的事例中，各頂角在一個時段中保持靜止，此時段和一次完整滾動的週期之比，等於一條邊和周長之比。同樣，在圓的事例中，無限多的頂角中一個頂角的延遲只是一個時刻，因為一個時刻只是一個有限時段中的那樣一個分數，就像一個點在包含無限個點的線段中所占的分數一樣。較大多邊形的各邊的後退距離，並不等於各邊中的一條邊，而是只等於這樣一條邊比較小多邊形的一條邊多出的部分，而淨前進距離則等於這一較短的邊；但是，在圓的事例中，邊或點 C

在 B 的暫態靜止中後退一個等於它比邊 B 超出之量的一個距離，這就造成一個等於 B 本身的前進量。總而言之，較大圓上的無限多條不可分割的邊，通過它們在較小圓上無限多個頂角在無限多次即時的停頓中作出的無限多個不可分割的後退距離，再加上無限多個前進距離，就等於較小圓上那無限多條邊——我說，所有這一切就構成一條直線，等於較小圓所畫出的距離；這條直線上包括著無限多個無限小的重疊，這就帶來一種加密或收縮，而並無任何有限部分的疊加或交叉穿透。[96]

這一結果並不能在被分成有限部分的一條直線的事例中，例如在任何多邊形的周長的事例中得出；那種周長在展成一條直線時除了通過各邊的重疊和互相穿透以外並不能被縮短。這種並無有限部分之重疊或互相穿透的無限多個無限小部分的收縮，以及前面提到的（見上文）通過不可分割的真空部分的介入而造成的無限多個不可分割部分的膨脹，在我看來就是關於物體的收縮和疏化的能說的最多的東西，除非我們放棄物質的互相穿透性並引入有限的真空區域的概念。如果你們發現這裏有些東西是你們認為有價值的，請應用它；如果不然，請把它和我的言論一起看成無稽之談，但是請記住，我們在這裏是在和無限的以及不可分割的事物打交道。

薩格：我坦白地承認，你的想法是靈妙的，而且它給我的印象是新穎而奇特的，但是，作為事實，大自然是否真正按照這樣一種規律而活動，我卻不能確定；然而，直到我找到更滿意的解釋時為止，我將堅持這種解釋。也許辛普里修能夠告訴我們一些東西，那是我還沒有聽說過的，那就是怎樣說明哲學家們對這一艱深問題做出的解釋；因為，確實，我迄今所曾讀過的一切關於收縮的解釋都是那樣的凝重，而一切關於膨脹的東西又都是那樣的飄忽，以致我這個可憐的頭腦既不能參透前者也不能把握後者。

辛普：我完全如入五里霧中，並且發現很難認准任一路徑，特別是這個新的路徑，因為按照這種理論，1 兩黃金可以疏化和膨脹到它的體積比地球還要大，而地球卻又可以濃縮得比核桃還要小；這種說法

我不相信，而且我也不相信你們相信它。你所提出的論證和演示是數學性的、抽象的和離具體物質很遠的；而且我也不相信當應用於物理的和自然的世界時這些規律將能成立。[97]

薩耳：我不能把不可見的東西弄成可見的，而且我想你們也不會要求這個。但是你們既然提到了黃金，我們的感官不是告訴我們說金屬可以被大大地延伸嗎？我不知道你們曾否觀察過那些擅長於拉製金絲的人們所用的方法；那種金絲，事實上只有表面才是金的，內部的材料是銀。他們拉絲的方法如下：他們取一個銀筒，或者如果你願意也可以用一個銀柱，其長度約爲半腕尺，其粗細約爲我們拇指的 3 倍或 4 倍；他們在這個銀柱外麪包以金片；金片很薄，幾乎可以在空氣中飄動；一共包上 8 或 10 層。一旦包好，他們就開始拉它；用很大的力通過一個拉絲板上的小孔一次一次地拉，經過的孔越來越小。拉了多次以後，它就被拉得像女子的頭髮那樣細了，或者甚至更細了，但是它的表面仍然是包了金的。現在請想想這種金材被延展到了何種程度，而且它被弄得多薄了啊！

辛普：我看不出，作爲一種後果，這種方法將造成你所暗示的那種金材的奇蹟式的薄度：第一，因爲原來包的有十來層金葉，它們有一個可覺察的厚度；第二，因爲在拉製中銀的長度會增大，但是它的粗細同時也減小，因此，既然一方面的尺寸就這樣補償另一方面的尺寸，從而表面積就不會增大得太多，以致在控制中必然會使金層比原來的減小得太多。

薩耳：你大錯特錯了，辛普里修，因爲表面積是和長度的平方根成正比而增加，這是我可以幾何地加以證明的一個事實。

薩格：請告訴我們這個證明，不僅是爲了我，而且也爲了辛普里修，如果你認爲我們能聽得懂的話。[98]

薩耳：我將看看我在片刻之內能不能想起來。在開始時，很顯然，原來的粗銀棒和拉出來的很長很長的絲是兩個體積相同的圓柱，因爲它們是用同一塊銀料製成的；因此，如果我確定出同一體積的兩個圓柱的表面積之比，問題就會解決。

其次我要說，體積相同的圓柱的表面積。忽略底面，相互之間的比值等於它們的長度的平方根之比。

試取體積相同的兩個圓柱，其長度爲 AB 和 CD；在它們之間，線段 E 是一個比例中項。於是我就宣稱，忽略各圓柱的底面積，圓柱 AB 的表面積和圓柱 CD 的表面積之比，等於長度 AB 和 E 之比，也就是等於 AB 的平方根和 CD 的平方根之比。在 F 處把圓柱 AB 截斷，使得長度 AF 等於 CD。既然體積相同的圓柱的底面積之比等於它們的長度的反比，那就得到，圓柱 CD 的圓形底面積和 AB 的圓形底面積之比，等於長度 BA 和 DC 之比；而且，既然圓面積正比於它們的直徑的平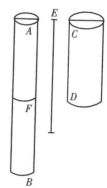

方，這種平方之比也就等於 BA 和 CD 之比。但是 BA 比 CD 等於 BA 的平方比 E 的平方，因此，這四個平方將構成一個比例式，從而它們的邊也是如此；於是 AB 比 E 就等於圓 C 的直徑比圓 A 的直徑。但是直徑之比又等於圓周之比，而圓周之比又正比於長度相等的圓柱側面積之比，由此可見直線 AB 比 E 就等於圓柱 CD 的側面積比圓柱 AF 的側面積。現在，既然長度 AF 比 AB 就等於 AF 的側面積比 AB 的側面積，而長度 AB 比直線 E 等於 CD 的側面積比 AF，於是 ex aequali in proportione perturbata，[15] 就得到，長度 AF 比 E 等於 CD 的面積比 AB 的面積，而 convertendo，圓柱 AB 的面積比圓柱 CD 的面積就等於線段 E 比 AF，也就是比 CD，或者說等於 AB 比 E，這就是 AB 比 CD 的平方根。　　　　證畢。[99]

如果我們現在把這一結果應用在手頭的事例上，並假設銀柱在包金時的長度爲半腕尺而其粗細約爲人的拇指的 3 倍或 4 倍，我們就會

[15] 見 *Euclid*（《歐幾里得》）卷五，定義 20，Tadhunter 版 p.137（倫敦，1877）。——英譯者

發現，當絲已被抽成像頭髮一樣細並已經抽到 2 萬腕尺的長度（而且也許更長）時，它的表面積已經增大了不少於 200 倍。因此，起初包在它上面的 10 層金葉已經被擴展到了 200 倍以上的面積；這就使我們確信，現在包在這麼多腕尺長銀絲的表面上的金層，其厚度不可能超過通常打製而成的金葉的二十分之一的厚度。現在試想它會薄到什麼程度，並想想除了各部分延伸外是否還有別的方法做到這一點；也請想想這種實驗是否意味著物理的物體（materie fisiche）是由無限小的不可分割的粒子構成的；這是得到更驚人和更有結論性的另外一些實例的支援的一種觀點。

　　薩格：這種演證是如此的美，以致它即使並不具備起初所期望的中肯性（雖然這是我的看法），它卻是很有力的──討論時所用的短短時間是並非虛擲的。

　　薩耳：這些幾何演證帶來明顯的收穫；既然你這樣喜歡它們，我將再給你一個連帶的定理，它可以回答一個極其有趣的問題。我們在前面已經看到高度或長度不同的同樣圓柱之間的關係如何；這時理解為包括的是側面積而不考慮上、下底面。定理就是：

　　側面積相同的正圓柱的體積，反比於它們的高度。[100]

　　設圓柱 AE 和 CF 的表面積相等，但是後者的高度 CD 卻並不等於前者的高度 AB；那麼我就說，圓柱 AF 的體積和圓柱 CF 的體積之比，等於高度 CD 和高度 AB 之比。現在，既然 CF 的表面積等於 AE 的表面積，那麼就有，CF 的體積小於 AE 的體積；因為，假如它們是相等的，則由上述命題可知，CF 的表面積將大於 AE 的表面積，而其差值將和圓柱 CF 的體積超過 AE 的體積的差值同樣大小。現在讓我們取一個

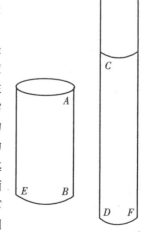

圓柱 *ID*，其體積等於 *AE* 的體積；於是，按照前面的定理，圓柱 *ID* 的表面積比圓柱 *AE* 的體積，就等於 *IF* 的高度比 *IF* 和 *AB* 之間的比例中項。但是，既然問題的一條假設是 *AE* 的表面積等於 *CF* 的表面積，而且既然 *ID* 的表面積比 *CF* 的表面積等於高度 *IF* 比高度 *CD*，那就得到，*CD* 是 *IF* 和 *AB* 之間的一個比例中項。不僅如此，既然圓柱 *ID* 的體積等於圓柱 *AE* 的體積，其中每一體積和圓柱 *CF* 的體積之比都應相同；但是，體積 *ID* 和體積 *CF* 之比等於高度 *IF* 和高度 *CD* 之比；由此即得，*AE* 的體積和 *CF* 的體積之比，等於長度 *IF* 和高度 *CD* 之比，也就是等於長度 *CD* 和長度 *AB* 之比。

證畢。

這就解釋了一個現象，而一般群眾是永遠帶著驚奇來看待這個現象的；那現象就是，如果我們有一塊布料，其一條邊的長度大於另一邊的長度，那麼，利用習見的木板作底，我們就可以用這塊料子做成一個糧食口袋，但是，當用布料的短邊作為口袋的高度而把長邊繞在木頭底上時，口袋的容量就大於用另一種辦法做成的口袋的容量。例如，設布料一邊的長度為 6 腕尺而另一邊的長度為 12 腕尺。當把 12 腕尺的一邊繞在木頭上而製成一個高度為 6 腕尺的口袋時，它就比把 6 腕尺的一邊繞在木頭上而製成的 12 腕尺高的口袋能裝下更多的東西。從以上已經證明的定理，我們不僅可以學到普遍的事實，即一個口袋比另一個口袋裝的東西更多，而且也可以得到關於多裝多少的更特殊的知識，就是說，容量之增加和高度之減少成比例，反之亦然。

[101] 例如，如果我們利用以上的圖形來表示布料長度為其寬度的 2 倍的情況，我們就看到，當用長邊作為縫線時，口袋的體積就恰好是另一種安排時的容量的一半。同理，如果我們有塊席子，尺寸為 7×25 腕尺，而我們用它做成一個籃子；當縫線是沿著長邊時，籃子的容量將是縫線沿短邊時的 7:25 倍。

薩格：我們是懷著很大的喜悅繼續聽講並從而得到了新的和有用的知識的。但是，就剛剛討論的課題來說，我確實相信，在那些並非已經熟悉了幾何學的人中，你幾乎不會在 100 個人中找得到 4 個人不

會在初看到時錯誤地認為有著相等表面積的物體在其他的方面也相同。談到面積，當人們像很常見的那樣試圖通過測定它們的邊界線來確定各城市的大小時，也是會犯同樣錯誤的，那時人們忘了一個城市的邊界線可能等於另一個城市的邊界線，而一個城市的面積卻遠遠大於另一個城市的面積。而且這一點不僅對不規則的面來說是對的，而且對規則的面來說也是對的；在規則面的事例中，邊數較多的多邊形總是比邊數較少的多邊形包圍一個較大的面積，從而最後，作為具有無限多個邊的多邊形的圓，就在一切等邊界的多邊形中包圍最大的面積。我特別高興地記得，當借助於一篇博學的評注來研習薩克玻斯考⑯球時，我曾見過這一演證。[102]

　　薩耳：很正確！我也見到過同樣的論述，這使我想到一種方法來指明可以如何通過一種簡短的演示來證明圓是一切等周長圖形中具有最大容量的圖形；而且，在其他的圖形中，邊數較多的比邊數較少的要包圍較大的面積。

　　薩格：由於特別喜歡特殊而不平常的命題，我請求你讓我們聽聽你的演證。

　　薩耳：我可以用不多的幾句話來做到這一點，即通過證明下述的定理來做到。

　　一個圓的面積是任意兩個相似的正多邊形面積的比例中項，其中一個是該圓的外切多邊形，而另一個則和該圓等周長。此外，圓的面積小於任何外切多邊形的面積而大於任何等周長多邊形的面積。再者，在這些外切多邊形中，邊數較多的多邊形的面積小於邊數較少的多邊形的面積，而具有較多邊數的等周長多邊形則較大。

　　設 A 和 B 為兩個相似多邊形，其中 A 和所給的圓外切，而 B 和該圓等周長。於是圓的面積就將是兩個多邊形的面積之間的一個比例中項。因為，如果我們用 AC 來代表圓半徑，而且記得圓的面積等於一個直角三角形的面積，該三角形中直角旁的一條邊等於圓的半徑

⑯ Sacrobosco（John Holywood），小傳見《大英百科全書》，第十一版。——英譯者

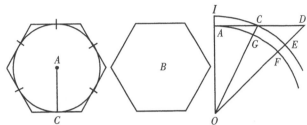

AC，而另一條邊等於圓的周長，而且同樣我們也記得多邊形 A 的面積等於另一個直角三角形的面積，[103] 其直角旁的一條邊也等於 AC，而另一條邊則等於多邊形本身的周長；這樣就很明顯，外切多邊形和圓的面積之比就等於它的周長和圓的周長之比，或者說和多邊形 B 的周長（按定義即等於圓的周長）之比。但是，既然多邊形 A 和 B 是相似的，它們的面積之比就等於它們的周長平方之比；由此可見，圓 A 的面積是兩個多邊形 A 和 B 的面積之間的一個比例中項。而且既然多邊形 A 的面積大於圓 A 的面積，那就很顯然，圓 A 的面積大於等周長多邊形 B 的面積，從而就大於和圓具有相同周長的任何正多邊形的面積。

　　現在我們證明定理的其餘部分，也就是要證明，在和所給圓外切的多邊形的事例中，邊數較少的多邊形比邊數較多的多邊形面積更大，但是另一方面，在等周長多邊形的事例中，邊數較多的多邊形卻比邊數較少的多邊形面積較大。在以 O 爲圓心、以 OA 爲半徑的圓上畫切線 AD，並在切線上取線段，例如 AD，使它等於外切五邊形的邊長的一半，另取 AC 使它代表一個七邊形的邊長的一半；畫直線 OGC 和 OFD；然後以 O 爲圓心、以 OC 爲半徑畫 $\overset{\frown}{ECI}$。現在，既然 $\triangle DOC$ 大於扇形 EOC，而且扇形 COI 和 $\triangle COA$ 之比大於扇形 EOC 和扇形 COI 之比，也就是大於扇形 FOG 和扇形 GOA 之比。因此，componendo et permutando，$\triangle DOA$ 和扇形 FOA 之比就大於 $\triangle COA$ 和扇形 GOA 之比，而且 10 個這樣的 $\triangle DOA$ 和 10 個這樣的扇形 EOA 之比大於 14 個這樣的 $\triangle COA$ 和 14 個這樣的扇形 GOA 之比，這就是說，五邊形和圓之比大於七邊形和圓之比。因此五邊形的面積大於七邊形的面積。[104]

　　但是現在讓我們假設，五邊形和七邊形都和所給的圓有相同的周長。這時我要說，七邊形將比五邊形包圍一個更大的面積。因為，既然圓的面積是外切五邊形面積和等周長五邊形面積之間的一個比例中項，而且它同樣也是外切七邊形面積和等周長七邊形面積之間的一個比例中項，而且我們也已證明外切五邊形大於外切六邊形[⑰]，那麼由此即得，這個外切五邊形和圓之比大於外切七邊形和圓之比；這就是說，圓和它的等周長五邊形之比大於它和等周長七邊形之比。因此，等周長五邊形就小於它的等周長七邊形。　　　　　　　　　證畢。

　　薩格：一種非常巧妙和非常優美的證明！但是，我們是怎樣當討論辛普里修所提出的反對意見時陷入了幾何學的呢？他提出的是一種很有力的反對意見，特別是那種涉及密度的意見使我感到特別困難。

　　薩耳：如果收縮和膨脹（condensazione e rarefazzione）是相反的運動，那麼對於每一次巨大的膨脹，我們就應該找到相應巨大的收縮。但是，當我們天天看到巨大的膨脹在發生，幾乎是即時地發生時，我們的驚訝就增大了。試想，當少量的火藥燃燒成很大一團火光時，出現的是多大的膨脹啊！也想想它所產生的光是多麼厲害地幾乎是無限地膨脹啊！也請想想，假如這種火和這種光要重新濃縮回來，那將是多麼大的收縮啊！這種濃縮實在是不可能的，因為僅僅在一小會兒以前它們還一起存在於這一很小的空間中呢。你們經過觀察將發現上千種這樣的膨脹，因為它們比收縮更加明顯，既然濃密的物質更加具體而容易被我們的感官所覺察。[105] 以木頭為例，我們可以看到它燃燒成火和光，但是我們卻看不到火和光重新結合起來而形成木頭；我們看到果實、花朵以及其他千萬種固體大部分解體為氣味，但是我們卻看不到這些散亂的原子聚集到一起而形成芳香的固體。但是，在感官欺騙了我們的地方，理智必然出來幫忙，因為它將使我們能夠理解在極其稀薄而輕微的物質的凝縮中所涉及的運動，正如理解在固體

⑰ 此處恐有誤，因前後討論的都是五邊形和七邊形的比較。——中譯者

的膨脹和分解中所涉及的運動一樣的清楚。此外，我們也要試著發現怎樣就能在可以發生脹縮的物體中造成膨脹和收縮，而並不引用眞空，也不放棄物質的不可穿透性；但是這並不排除存在一些物質的可能性，那些物質並不具備這一類性質，從而並不會引起你們稱之爲「不妥當」或「不可能」的那些後果。而且最後，辛普里修，爲了照顧你的哲學，我曾經費了心力來找出關於膨脹和收縮可以怎樣發生的一種解釋，而並不要求我們承認物質的可穿透性，也不必引用眞空，那些性質都是你所否認的和不喜歡的；假若你欣賞它們，我將不會如此起勁地反對你。現在，或是承認這些困難，或是接受我的觀點，或是提出些更好的觀點吧。

　　薩格：我在否認物質的可穿透性方面相當同意逍遙派哲學家們。至於眞空，我很想聽到對亞里斯多德論證的一種全面的討論；在他的論證中，亞里斯多德反對了眞空，我想聽聽你，薩耳維亞蒂，在答覆時有些什麼話要說。我請求你，辛普里修，請告訴我們那位哲學家的確切證明，而你，薩耳維亞蒂，請告訴我們你的答辯。

　　辛普：就我所能記憶的來說，亞里斯多德猛烈反對了一種古代觀點，即認爲眞空是運動的必要先決條件，即沒有眞空就不可能發生運動。和這種觀點相反，亞里斯多德論證了，正如我們即將看到的那樣，恰恰是運動現象使得眞空的概念成爲站不住腳的了。他的方法是把論證分成兩部分。他首先假設重量不同的物體在同一種媒質中運動，然後又假設同一個物體在不同的媒質中運動。[106] 在第一種事例中，他假設重量不同的物體在同一種媒質中以不同的速率而運動，各速率之比等於它們的重量之比；例如，一個重量爲另一物體重量之 10 倍的物體，將運動得像另一物體的 10 倍那樣快。在第二種事例中，他假設在不同媒質中運動的同一個物體的速率，反比於那些媒質的密度；例如，假如水的密度爲空氣密度的 10 倍，則物體在空氣中的速率將是它在水中的速率的 10 倍。根據這第二條假設，他證明，既然眞空的稀薄性和充以無論多稀薄的物質的媒質的稀薄性相差無限多倍，在某時在一個非眞空中運動了一段距離的任何物體，都應該即時地通過一個眞

空；然而即時運動是不可能的，因此一個眞空由運動而造成也是不可能的。

薩耳：你們看到，這種論證是 ad hominem（有成見的），就是說，它是指向那些認爲眞空是運動之先決條件的人的。現在，如果我承認這種論證是結論性的，並且也同意運動不能在眞空中發生，則被絕對地而並不涉及運動地考慮了的眞空假設並不能因此而被推翻。但是，爲了告訴你們古人的回答有可能是什麼樣的，也爲了更好地理解亞里斯多德的論證到底有多可靠，我的看法是咱們可以否認他那兩條假設。關於第一條，我大大懷疑亞里斯多德曾否用實驗來驗證過一件事是不是眞的；那就是，兩塊石頭，一塊的重量爲另一塊的重量的 10 倍，如果讓它們在同一個時刻從一個高度落下，例如從 100 腕尺高處落下，它們的速率會如此地不同，以致當較重的石頭已經落地時另一塊石頭還下落得不超過 10 腕尺。

辛普：他的說法似乎他曾經做過實驗，因爲他說：「我們看到較重的……」喏，「看到」一詞表明他曾經做了實驗。[107]

薩格：但是，辛普里修，做過實驗的我可以向你保證，一個重約一二百磅或更重一些的炮彈不會比一個重不到半磅的步槍子彈超前一手掌落地，如果它們兩個同時從 200 腕尺高處落下的話。

薩耳：但是甚至不必進一步做實驗，就能利用簡短而肯定的論證來證明，一個較重的物體並不會比一個較輕的物體運動得更快，如果它們是用相同的材料做成的，或者總而言之是亞里斯多德所談到的那種物體的話。但是，辛普里修，請告訴我，你是不是承認每一個下落的物體都得到一個由大自然確定的有限速率，而這是一個除非使用力（violenza）或阻力就不可能增大或減小的速度呢？

辛普：毫無疑問，當同一個物體在單獨一種媒質中運動時有一個由大自然決定的確定速度，而且這個速度除非加以動量（impeto）就不會增大，而且除非受到阻力的阻滯也不會減小。

薩耳：那麼，如果我們取兩個物體，它們的自然速度不相同，很顯然，當把這兩個物體結合在一起時，較快的那個物體就會部分地受

到較慢物體的阻滯，而較慢的物體就會在一定程度上受到較快物體的促進。你同意不同意我這個見解呢？

辛普：你無疑是對的。

薩耳：如果這是對的，而且如果一塊大石頭以譬如一個速率 8 而運動，而一塊較小的石頭以一個速率 4 而運動，那麼，當它們被連接在一起時，體系就將以一個小於 8 的速率而運動；但是當兩塊石頭被綁在一起時，那就成爲一塊比以前以速率 8 而運動的石頭更大的石頭。這個更重的物體就是以一個比較輕物體的速率更小的速率而運動的，這是一個和你的假設相反的效果。於是，你看，從你那個認爲較重物體比較輕物體運動得更快的假設，我怎樣就能推斷較重物體運動得較慢。[108]

辛普：我完全迷糊了。因爲在我看來，當輕小的石頭被加在較大的石頭上時就增加了它的重量，而通過增加重量，我卻看不出怎麼不會增大它的速率，或者，起碼不會減小它的速率。

薩耳：在這裏，辛普里修，你又錯了，因爲說較小的石頭增大較大石頭的重量是不對的。

辛普：眞的，這我就完全不懂了。

薩耳：當我指出你正在它下面掙扎的那個錯誤時，你不會不懂的。請注意，必須分辨運動的重物體和靜止的同一物體。放在天平上的一塊大石頭，不僅在有另一塊石頭放在它上面時會獲得附加的重量，而且即使當放上一把麻絲時，它的重量也會增大 6 盎司或 10 盎司，就看你放上的麻絲多少而定。但是，如果你把麻絲綁在石頭上並讓它從某一高度處自由落下，你是相信那麻絲將向下壓那石頭而使它的運動加速呢，還是認爲運動會被一個向上的分壓力所減慢呢？當一個人阻止他肩上的重物運動時，他永遠會感受到肩上的壓力；但是，如果他和重物同樣快地下落，那重物怎麼能壓他呢？難道你看不出來嗎？這就像你試圖用長矛刺一個人，而他正在用一個速率跑開一樣；如果他的速率和你追他的速率一樣甚至更大，你怎能刺得到他呢？因此你必須得出結論說，在自由的和自然的下落中，小石頭並不壓那大

石頭，從而並不會像在靜止時那樣增加大石頭的重量。[109]

辛普：但是，如果我們把較大的石頭放在較小的石頭上面，那又怎麼樣呢？

薩耳：小石頭的重量將會增大，如果較大的石頭運動得更快的話；但是我們已經得到結論說，當小石頭運動得較慢時，它就在一定程度上阻滯那較大石頭的速率，於是，作為比兩塊石頭中較大的一塊更重的物體，兩塊石頭的組合體就將運動得較慢，這是和你的假設相反的一個結論。因此我們推斷，大物體和小物體將以相同的速率而運動，如果它們的比重相同的話。

辛普：你的討論實在令人讚歎，但是我仍然覺得很難相信一個小彈丸會和一個大炮彈同樣快地下落。

薩耳：為什麼不說一個沙粒和一扇石磨同樣快地下落？但是，辛普里修，我相信你不會學別的許多人的樣兒，他們曲解我的討論，拋開它的主旨而緊緊抓住我的言論中那些毫無真理的部分，並用這種秋毫之末般的疏忽來掩蓋另一個纜繩般的錯誤。亞里斯多德說：「100 磅重的鐵球從 100 腕尺的高處落下，當 1 磅的球還未下落 1 腕尺時就會到達地面。」我說，它們將同時落地。你們根據實驗，發現大球比小球超前 2 指。就是說，當大球已經落地時，小球離地還有 2 指的寬度。現在你們不會用這 2 指來掩蓋亞里斯多德的 99 腕尺了，也不會只提到我的小誤差而對亞里斯多德的大錯誤默不作聲了。亞里斯多德宣稱，重量不同的物體在相同的媒質中將以正比於它們的重量的速率而運動（只要它們的運動是依賴於重力的）。他用一些物體來演示了這一點，在那些物體中有可能覺察純粹的和不摻假的重力效應，而消去了另外一些考慮，例如重要性很小的（minimi momenti）數字，大大依賴於只改變重力效應的媒質的那些影響。例如我們觀察到，在一切物質中密度為最大的金，當被打製成很薄的片時，將在空氣中飄動，同樣的事情也發生在石頭上，當它被磨成很細的粉時。但是，如果你願意保留普遍的比例關係，你就必須證明，同樣的速率比在一切重物的事例中都是得到保持的，而一塊 20 磅重的石頭將 10 倍於 2 磅重的石頭那

樣快地運動。但是我宣稱，這是不對的，而且，如果它們從 50 腕尺或 100 腕尺的高處落下，它們將在同一時刻到地。[110]

辛普：假如下落不是從幾碗尺的高處而是從幾千腕尺的高處開始的，結果也許不同。

薩耳：假如這是亞里斯多德的意思，你就可以讓他承擔另一個可以成為謬誤的差錯；因為，既然世界上沒有那樣一個可供應用的純粹高度，亞里斯多德顯然就沒有做過那樣的實驗，而正如我們所看到的那樣，當他談到那樣一種效應時，他卻願意給我們一種印象，就像他已經做過那實驗似的。

辛普：事實上，亞里斯多德沒有應用這一原理，他用的是另一原理，而我相信，那原理並不受同一些困難的影響。

薩耳：但是這一原理和另一原理同樣地不對，而且我很吃驚，你本人並沒有看出毛病，而且你也沒有覺察到那種說法是不對的；就是說，在密度不同和阻力不同的媒質，例如水和空氣中，同一個物體在空氣中比在水中運動得要快，其比例是空氣密度和水密度之比。假如這種說法是對的，那就可以推知，在空氣中會下落的任何物體，在水中也必下落。但是這一結論是不對的，因為許多物體是會在空氣中下降的，但是在水中不僅不下降而且還會上升。

辛普：我不明白你這種討論的必要性；除此以外，我願意說，亞里斯多德只討論了那些在兩種媒質中都下降的物體，而不是那些在空氣中下降而在水中卻上升的物體。[111]

薩耳：你為哲學家提出的這些論證是他本人肯定避免的，以便不會使他的第一個錯誤更加糟糕。但是現在請告訴我，水或不管什麼阻滯運動的東西的密度（corpulenza）是不是和阻滯性較小的空氣的密度有一個確定的比值呢？如果是的，請你隨便定一個值。

辛普：這樣一個比值確實存在；讓我們假設它是 10；於是，對於一個在兩種媒質中都下降的物體來說，它在水中的速率將是它在空氣中的速率的十分之一。

薩耳：我現在考慮一個在空氣中下降但在水中並不下降的物體，

譬如說一個木球，而且我請你隨你高興給它指定一個在空氣中下降的速率。

辛普：讓我們假設它運動的速率是 20。

薩耳：很好。那麼就很清楚，這一速率和某一較小速率之比等於水的密度和空氣的密度之比；而且這個小的速率是 2。於是，實實在在，如果我們確切地遵循亞里斯多德的假設，我們就應該推斷，在比水阻滯性差 10 倍的物質，即空氣中，將會以一個速率 20 而下降的木球，在水中將以一個速率 2 而下降，而不是像實際上那樣從水底浮上水面；除非你或許會願意回答說（但我不相信你會那樣），木球在水中的升起是和它的下降一樣以一個速率 2 而進行的。但是，既然木球並不沉到水底，我想你和我都同意，認為我們可以找到一個不是用木頭而是用另一種其他材料製成的球，它確實會在水中以一個速率 2 而下降。

辛普：毫無疑問我們能，但那想必是一種比木頭重得多的材料。

薩耳：正是如此。但是如果這第二個球在水中以一個速率 2 而下降，它在空氣中下降的速率將是什麼呢？如果你堅持亞里斯多德的法則，你將回答說它在空氣中將以速率 20 而運動；但是 20 是你自己已經指定給木球的速率，由此可見，木球和另一個更重的球將以相同的速率通過空氣而運動。但是現在哲學家怎樣把這一結果和他的另一結果調和起來呢？那另一結果就是，重量不同的物體以不同的速率通過同一媒質而運動——各該速率正比於各該物體的重量。但是，且不必更深入地進入這種問題，這些平常而又顯然的性質是怎樣逃過了你的注意的呢？［112］你沒有觀察過兩個物體在水中落下，一個的速率是另一個的速率的 100 倍，而它們在空氣中下落的速率卻那樣地接近相等，以致一個物體不會超前另一個物體到百分之一嗎？例如，用大理石製成的卵形體將以雞蛋速率之 100 倍的速率而在水中下降，但是在空氣中從 20 腕尺的高處下降時二者到地的先後會相差不到 1 指。簡短地說，在水中用 3 個小時下沉 10 腕尺的一個重物，將只用一兩次脈搏的時間在空氣中走過 10 腕尺；而且如果該重物是一個鉛球，它就很容

易在水中下沉 10 腕尺,所用的時間還不到在空氣中下降同一距離所用時間的 2 倍。而且在這裏,我敢肯定,辛普里修,你找不到不同意或反對的任何依據。因此,我們的結論是,論證的主旨並不在於反對眞空的存在;但它如果是的,它也將只把範圍相當大的眞空反對掉;那種眞空,不論是我,還是我相信也有古人,都不相信在自然界是存在的,儘管它們或許可能用強力 (violenza) 來造成,正如可以從各式各樣的實驗猜到的那樣;那些實驗的描述將占太多的時間。

薩格:注意到辛普里修的沉默,我願意藉此機會說幾句話。既然你已經清楚地論證了重量不同的物體並不是以正比於其重量的速度而在同一種媒質中運動,而是全都以相同的速率運動的,這時的理解當然是,各物體都用相同的材料製成,或者至少具有相同的比重,而肯定不是具有不同的比重,因爲我幾乎不認爲你會要我們相信一個軟木球和一個鉛球以相同的速率而運動;而且,既然你已經清楚地論證了通過阻力不同的媒質而運動著的同一個物體並不會獲得反比於阻力的速率,我就很好奇地想知道在這些事例中實際上觀察到的比值是什麼。[113]

薩耳:這是一些有趣的問題,關於它們我已經考慮了很多。我將告訴你們處理的方法以及我最後得到的結果,既已確定了關於在不同阻滯性媒質中運動的同一物體將獲得反比於各媒質之阻力的速率的那一命題的不實性,且已否證了所謂不同重量的物體在同一媒質中將獲得正比於物體重量的速度的那種說法 (這時的理解是它也適用於只在比重上有所不同的物體),然後我就開始把這兩個事實結合起來,並且考慮如果把重量不同的物體放入阻力不同的媒質中就會出現什麼情況;於是我發現,在阻力較大,即較難克服的媒質中,速率的差別也較大。這種差值是這樣的:在空氣中速率幾乎沒有差別的兩個物體,在水中卻發現一個物體的速率等於另一物體的下落速率的 10 倍。此外,也有一些物體在空氣中很快地下落,當被放在水中時,卻不僅不會下沉而且還會保持靜止或甚至升到水面上來:因爲,可以找到一些種類的木頭,例如節疤或樹根,它們在水中保持靜止,而在空氣中卻

很快地下落。

　　薩格：我曾經很耐心地試著把一些沙粒加在蠟球上，直到它得到和水相同的比重，從而將在這種媒質中保持靜止。但是，不論多麼小心，我還是沒能做到此點。確實，我不知道到底有沒有一種固體物質，它的比重本來就和水的比重很近似地相等，以致當被放在水中的任意地方時它都將保持靜止。[114]

　　薩耳：在這種以及上千種其他的操作中，人是被動物所超過的。在你的這一問題中，人們可以從魚類學到很多東西；魚是很善於保持它們的平衡的，不僅在一種水中，而且在顯著不同的水中──或是由於本身的性質，或是由於某種偶然的泥沙或鹽分的混入，都可以引起顯著的變化。魚類保持自身平衡的能力是那樣地完美，以致它們能夠在任意位置上保持不動。我相信，它們做到這一點是通過大自然專門提供給它們的一種儀器，那是肚子裏的一個鰾，有一條細管和嘴相通，通過這個管子，它們能夠隨意地吐出鰾中的一部分空氣；通過上升到水面，它們可以吸進更多的空氣；就這樣，它們可以隨心所欲地讓自己比水重一些或輕一些並保持平衡。

　　薩格：利用另一種方法，我能夠騙過我的朋友們。我對他們誇口說，我能做一個蠟球，使它在水中保持平衡。在容器的底部，我放上一些鹽水，在鹽水上面再放一些淨水。然後我向他演示，球停止在水的中部，而當把它按到水底或拿到水面時，它卻不停在那些地方而是要回到中部去。

　　薩耳：這一實驗並不是沒有用處的。因為當醫師們測試水的質地時，特別是測試它們的比重時，他們就會使用一個這類的球。他們把球調節好，使它在某一種水中既不上升也不下沉。然後，在測試比重（peso）稍有不同的水時，如果這種水較輕球就會下沉，如果水較重球就會上浮。這種實驗可以做得相當準確，以致可以在 6 磅水中只多加 2 顆鹽粒就足以使沉到水底的球浮到水面上來。為了演示這一實驗的準確性，並且清楚地演示水對分割的非阻滯性，我願意更多地說，比重的顯著變化，不但可以通過某種較重物質的溶解來產生，而且也

可以通過簡單地加熱或冷卻來產生，而且水對這種過程相當敏感，以致在 6 磅水中簡單地加入 4 滴稍熱或稍冷的水，就足以使球下沉或上浮：當熱水被加入時球就下沉，而當冷水被加入時它就上浮。現在你們可以看出那些哲學家們是何等地錯誤了；他們賦予水以黏滯性或各部分之間的某種其他的內聚力，它們對各部分的分離和對透入發生阻力。[115]

薩格：關於這個問題，我曾在我們的院士先生的一部著作中看到許多有說服力的論證，但是有一個很大的困難是我自己至今還不能排除的；那就是，假如水的粒子之間並無黏性或內聚力，一些大水珠兒怎麼能夠獨自存在於白菜葉上而不散開或坍掉呢？

薩耳：雖然掌握了真理的人們是能夠解決所提出的一切反駁的，我卻不想自詡有這樣的能力，但是我的無能卻不應該被允許去掩蔽真理。在開始時，請允許我承認我並不明白這些大水珠兒怎麼就能夠獨自存在而經久不散，儘管我肯定地知道這不是由於水的粒子之間有什麼內在黏性；由此就必能得知，這種結果的原因是外在的。除了已經提出的證明原因並非內在的實驗以外，我還可以給出另一個實驗，這是很有說服力的。如果在被空氣包圍時使自己保持在一堆中的那些水粒子是由於一種內在的原因而這樣做的，則當被另一種媒質所包圍時它們將更加容易得多地保持在一起；在那種媒質中，它們比在空氣中顯示更小的散開趨勢。這樣的媒質將是比空氣重的任何流體，例如酒；因此，如果把一點兒酒倒在一個水珠兒的周圍，那酒就應該逐漸升高直至將它完全淹沒，而由內聚力保持在一起的那些水粒子則不會互相散開。[116]

但這並不是事實；因為，酒一碰到水，水不等酒把它蓋住就立即散開而展布到了酒的下面，如果那是紅酒的話。因此，這一結果的原因是外在的，而且可能要到周圍的空氣中去尋找。事實上，在空氣和水之間，似乎存在一種相當大的對抗性，正如我在下述實驗中已經觀察到的那樣。取一玻璃球，上有小孔，大小如稻草的直徑。我在球上澆上水，然後把它翻過來，使孔朝下，儘管水很重而傾向於下降，空

氣很輕而性好上升,但是二者都不動,一方拒不下降,另一方也不通
過水而上升,雙方都呈頑固而保守的狀態。另一方面,我剛把一杯比
水輕得多的紅酒倒在玻璃孔附近,立刻就看到一些紅色的條紋通過水
而緩緩上升,而水也同樣緩慢地通過酒而下降,二者並不混合;直到
最後,球中灌滿了酒,而水則全都到了下面的容器中。現在,除了說
水和空氣之間有一種我不瞭解的不可調和性以外,我們還能說什麼
呢?但是,也許……

辛普:對於薩耳維亞蒂所顯示的這種反對使用「反感」一詞的巨
大反感,我覺得幾乎要笑出聲來,不過無論如何,對於解釋困難,這
還是非常適合的。

薩耳:很好,如果使辛普里修高興,咱們就讓「反感」一詞算是
我們那個困難的解釋吧。從這一插話回過頭來,讓咱們重提我們的課
題。我們已經看到,不同比重的物體之間的速率差,在那些阻滯性最
強的媒質中最為顯著;例如,在水銀這種媒質中,金不僅比鉛更快地
沉到底下,而且還是能夠下沉的唯一物質,所有別的金屬,以及石頭,
都將上升而浮在表面。另一方面,在空氣中,金球、鉛球、銅球、石
球以及其他重材料所做之球的速率之差都是那樣地小,以致在一次
100 腕尺的下落中,一個金球不會超前於一個銅球到 4 指的距離。既已
觀察到這一點,我就得到結論說,在一種完全沒有阻力的媒質中,各
物質將以相同的速率下落。

辛普:這是一個驚人的敍述,薩耳維亞蒂。但是我永遠不會相信,
在眞空中,假如運動在那樣的地方是可能的,一團羊毛和一塊鉛將以
相同的速度下落。[117]

薩耳:稍微慢一點,辛普里修。你的困難不是那麼深奧的,而且
我也不是那麼魯莽,以致保證你相信我還沒有考慮這個問題並找到它
的適當解。因此,為了我的論證並為了你的領悟,請先聽聽我所要說
的話。我們的問題是要弄清楚,什麼情況會出現在一種沒有阻力的媒
質中運動的不同重量的物體上,因此,速率的唯一差值就是由重量的
不同而引起的那種差值。既然除了完全沒有空氣也沒有任何不論多麼

堅韌或柔軟的其他物體的空間以外，任何媒質都不可能給我們的感官
提供我們所尋求的證據，而且那樣的空間又得不到，我們就將觀察發
生在最稀薄和阻力最小的媒質中的情況，並將它和發生在較濃密和阻
力較大的媒質中的情況相對比。因為，如果作為事實，我們發現在不
同比重的物體中速率的改變隨著媒質的越來越柔和而越來越小，而且
到了最後，在一種最稀薄的雖然還不是完全眞空的媒質中，我們發現，
儘管比重（peso）的差別很大，速率的差值卻很小，乃至幾乎不可覺
察，我們就有理由在很高的或然性下相信，在眞空中，一切物體都將
以相同的速率下落。注意到這一點，讓我們考慮在空氣中發生的情況；
在這種媒質中，為了確切，設想輕物體就是一個充了氣的膀胱。當被
空氣所包圍時，膀胱中氣體的重量將很小，乃至可以忽略，因為它只
是稍被壓縮了一點兒。因此，物體的重量是很小的，只是一塊皮的重
量，還不到和吹脹的膀胱同樣大小的一塊鉛的重量的千分之一。現在，
辛普里修，如果我們讓這兩個物體從 4 腕尺或 6 腕尺的高處落下，你
認為鉛塊將領先膀胱多遠？你可以確信鉛塊會運動得有膀胱的 3 倍或
2 倍那麼快，雖然你也許會認為它運動得有 1000 倍那樣地快。

辛普：在最初 4 腕尺或 6 腕尺的下落中，可能會像你說的那樣，
但是在運動繼續了一段長時間以後，我相信鉛塊已把膀胱落在後面，
距離可能不止是全程的 $\frac{9}{12}$，甚至可能是 $\frac{8}{12}$ 或 $\frac{10}{12}$。[118]

薩耳：我完全同意你的說法，而且並不懷疑在很長的距離上鉛塊
可能走過了 100 英里而膀胱只走了 1 英里；但是，親愛的辛普里修，
你提出來反對我的說法的這種現象，恰恰正是將會證實我的說法的一
個現象。讓我再解釋一次，在不同比重的物體中觀察到的速率的變化，
不是由比重之差所引起，而是依賴於外在的情況的，而且特別說來，
是依賴於媒質的阻力的，因此，如果媒質被取走，各物體就將以相同
的速率下落；而且，我是根據一件事實來推得這一結果的，那事實是
你剛才已經承認，而且是很眞實的，那就是，在重量相差甚大的物體
的事例中，當經過的距離增大時，它們的速率相差越來越大，這是不
可能出現的事情，假如效果依賴於比重之差的話。因為，既然這些比

重保持恆定，所經距離之間的比值就應該保持恆定，而事實卻是，這種比值是隨著運動的繼續而不斷增大的。例如，一個很重的物體在下落 1 腕尺的過程中不會比一個較輕的物體領先全路程的 1/10，但是在一次 12 腕尺的下落中，重物體卻會比輕物體領先全路程的 1/3，而在一次 100 腕尺的下落中，則領先 90/100，如此等等。

辛普：很好。但是，按照你的論證思路，如果比重不同的物體的重量差不能引起它們的速率之比的變化，其根據是各物體的比重並不變化，那麼，我們也假設媒質並不變化，它又怎能引起那些速度之比值的變化呢？

薩耳：你用來反對我的說法的這一意見是巧妙的，從而我必須回答它。我從指出一點開始，各物體有一種固有的傾向，要以一種恆定地和均勻地加速了的運動前往它們的共同重心，也就是前往地球的中心，因此，在相等的時間階段內，它們就得到相等的動量和速度的增量。你必須瞭解，這是說的每當一切外界的和偶然的阻力都已被排除時的情況；但是其中有一種阻力是我們永遠無法排除的，那就是下落物體所必須通過和排開的媒質。這種沉默的、柔和的、流體的媒質用一種阻力來反對通過它的運動，該阻力正比於媒質必須給經過的物體讓路的那種速度，而正如我已經說過的那樣，該物體按其本性就是不斷加速，因此它在媒質中就遇到越來越大的阻力，從而它的速率增長率就越來越小，直到最後，速率達到那樣一點，那時媒質的阻力已經大得足以阻止任何進一步的加速，於是物體的運動就變成一種均勻的運動，而且從那以後就會保持恆定了。因此，媒質的阻力有所增加，不是由於它的基本性質有什麼變化，而是由於它給那個加速下落的物體讓路的快慢有所變化。[119]

現在，注意到空氣對膀胱的微小動量（momento）的阻力是多麼大，以及它對鉛塊之很大重量（peso）的阻力又是多麼小，我就確信，假若媒質被完完全全地排除掉，膀胱所得到的好處就會很大，而鉛塊所得到的好處卻會很小，於是它們的速率就會成為相等的了。現在採取這樣一個原理：設有一種媒質，由於真空或其他什麼原因，對運動

的速率並無阻力，則在這種媒質中，一切下落的物體將得到相等的速率。有了這一原理，我們就能夠根據它來確定各物體的速率比，不論是相同的還是不同的物體，運動所經過的媒質也可以是同一種媒質，或是不同的充滿空間從而有阻力的媒質。這種結果，我們可以通過觀察媒質的重量將使運動物體的重量減低多少來求得；那個重量就是下落物體在媒質中爲自己開路並把一部分媒質推開時所用的手段；這種情況在眞空中是不會發生的，從而在那種地方，不能預期有來自比重差的（速率）差。而且旣然已知媒質的作用使物體的重量減小，所減的部分等於被排開的媒質的重量，那麼我們就可以按此比例減低下落物體的速率來達成我們的目的，那一速率被假設爲在無阻力媒質中是相等的。[120]

例如，設鉛的重量爲空氣重量的 1 萬倍，而黑檀木的重量則只是空氣重量的 1000 倍。在這裏，我們有兩種物質，它們在無阻力媒質中的下落速率是相等的。但是，當空氣是這種媒質時，它就會使鉛的速率減小 $\frac{1}{10000}$，而使黑檀木的下降速率減小 $\frac{1}{1000}$，也就是減小 $\frac{10}{10000}$。因此，假如空氣的阻力效應被排除，鉛和黑檀木就將在相同的時段中下落相同的高度；但是在空氣中，鉛將失去其原有速率的 $\frac{1}{10000}$，而黑檀木將失去其原有速率的 $\frac{10}{10000}$。換句話說，如果物體開始下落時的高度被分成 1 萬份，則鉛到達地面而黑檀木則落後 10 份，或至少 9 份。那麼，是不是清楚了？一個鉛球從 200 腕尺高的塔上落下，將比一個黑檀球領先不到 4 英寸。現在，黑檀木的重量是空氣重量的 1000 倍，但是這個吹脹了的膀胱則只有 4 倍；因此，空氣將使黑檀球的固有的、自然的速率減小 $\frac{1}{1000}$，而使膀胱的自然速率減小 $\frac{1}{4}$（在沒有阻力時，鉛和黑檀木的下落速率相等）。因此，當從塔上下落的黑檀球到達地面時，膀胱將只走過了全程的 $\frac{3}{4}$。⑱ 鉛重是水重的 12 倍，但象牙重只是水重的 2 倍。

⑱ 按：這一類的議論對於加速運動並不適用，只不過是大致的說法而已。以後不另注。
——中譯者

這兩種物質的下落速率，當完全不受阻滯時是相等的，而在水中則鉛的下落速率將減小 $\frac{1}{12}$，象牙的減小 $\frac{1}{3}$。因此，當鉛已經穿過了 11 腕尺的水時，象牙將只穿過了 6 腕尺的水。利用這一原理，我相信我們將得到實驗和計算的符合，比亞里斯多德的符合要好得多。

用同樣辦法，我們可以求得同一物體在不同的流體媒質中的速率比，不是通過比較媒質的不同阻力，而是通過考慮物體的比重對媒質比重的超出量。例如，錫重爲空氣重的 1000 倍，而且是水重的 10 倍，因此，如果我們把錫的未受阻速率分成 1000 份，空氣就將奪走其中的 1 份，於是它就將以一個速率 999 下落，而在水中，它的速率就將是 900，注意到水將減少其重量的 $\frac{1}{10}$，而空氣則只減少其重量的 $\frac{1}{1000}$。
[121]

再取一個比水稍重的物體來看，例如橡木。一個橡木球，譬如說它的重量爲 1000 打蘭。假設同體積的水的重量爲 950，而同體積的空氣的重量爲 2；那麼就很清楚，如果此球的未受阻速率爲 1000，則它在空氣中的速率將是 998，而在水中的速率則只是 50，注意到水將減少物體重量 1000 中的 950，只剩下 50。

因此，這樣一個物體在空氣中將運動得幾乎像在水中運動的 20 倍那樣快，因爲它的比重比水的比重大 $\frac{1}{20}$。而且我們在這兒還必須考慮一個事實，那就是，只有比重大於水的比重的那些物質，才能在水中下降——這些物質從而就一定比空氣重幾百倍。因此，當我們試圖得出在空氣中和在水中的速率比時，我們可以假設空氣並不在任何可觀察的程度上減低物體的自由重量（assoluta gravità）從而也就並不減小其未受阻速率（assoluta velocità），這並不會造成任何可覺察的誤差。旣已這樣容易地得出這些物質的重量比水的重量的超出量，我們就可以說，它們在空氣中的速率和它們在水中的速率之比，等於它們的自由重量（totale gravità）和它們的重量對水的重量的超出量之比。例如，一個象牙球重 20 盎司；同體積的水重 17 盎司；由此即得，象牙在空氣中的速率和在水中的速率之比近似地等於 20:3。

薩格：我在這一實在有趣的課題中已經前進了一大步；對於這個

課題，我曾經枉自工作了很久，爲了把這些理論付諸實用，我們只要找到一個相對於水並從而相對於其他重物質來確定空氣比重的方法就可以了。

辛普：但是，如果我們發現空氣具有輕量而不是具有重量，我們對以上這種在其他方面是很巧妙的討論又將怎麼說呢？

薩耳：我將說它是空洞的、徒勞的和不足掛齒的。但是你能懷疑空氣有重量嗎，當你有亞里斯多德的清楚證據，證明除了火以外，包括空氣在內的所有元素都有重量時？作爲這一點的證據，他舉出一個事實：一個皮囊當吹脹時比癟著時要重一些。

辛普：我傾向於相信，在吹脹的皮囊或膀胱中觀察到的重量增量不是起源於空氣的重量，而是起源於在這些較低的地方摻雜在空氣中的許多濃密蒸汽。我將把皮囊中重量的增量歸屬於這些蒸汽。[122]

薩耳：我寧願你沒有這樣說，尤其不希望你把它歸諸亞里斯多德，因爲如果談到元素，他曾經用實驗來說服我相信空氣有重量，而且他要對我說：「拿一個皮囊，把它裝滿重的蒸汽並觀察它的重量怎樣增加。」我就會回答說，皮囊將會更重，如果裏邊裝了糠的話；而且我會接著說，這只能證明糠和濃蒸汽是有重量的，至於空氣，我們仍然處於同樣的懷疑中。然而，亞里斯多德的實驗是好的，命題也是對的，但是對某一種考慮從其表面價值來看卻不能說同樣的話；這種考慮是由一位哲學家提出的，他的名字我記不起來了，但是我知道我讀到過他的論證，那就是說，空氣具有比輕量更大的重量，因爲它把重物帶向下方比把輕物帶向上方更加容易。

薩格：眞妙！那麼，按照這種理論，空氣比水要重得多，因爲所有的重物通過空氣都比通過水更容易下落，而所有的輕物通過水都比通過空氣更容易上浮；而且，還有無數的重物是通過空氣下落而在水中卻上升，並有無數的物質是在水中上升而在空氣中下落的。但是，辛普里修，關於皮囊的重量是起源於濃蒸汽還是起源於純空氣的問題卻並不影響我們的問題；我們的問題是要發現各物體怎樣通過我們的含有蒸汽的大氣而運動。現在回到使我更感興趣的問題，爲了知識的

更加全面和徹底，我願意不僅僅是加強我關於空氣有重量的信念，而且如果可能也想知道它的比重有多大。因此，薩耳維亞蒂，如果你能在這一點上滿足我的好奇，務請不吝賜教。[123]

薩耳：亞里斯多德用皮囊做的實驗，結論性地證明了空氣具有正的重量，而不是像某些人曾經相信的那樣具有輕量；「輕量」可能是任何物質都不會具有的一種性質。因爲，假若空氣確實具有那種絕對的和正的輕量，經過壓縮，它就應該顯示更大的輕量，從而就顯示一種更大的上升趨勢，但是實驗卻肯定地證明了相反的情況。

至於別的問題，即怎樣測定空氣的比重的問題，我曾經應用了下述方法。我拿了一個細頸的相當大的玻璃瓶，並且給它裝了一個皮蓋兒。把皮蓋兒緊緊地綁在瓶頸上，在蓋子的上面我插入並且緊緊地固定了一個皮囊的閥門，通過閥門，我用一個打氣筒把很多的空氣壓入到玻璃瓶中。而既然空氣是很容易壓縮的，那就可以把 2 倍或 3 倍於瓶子體積的空氣壓入瓶中。在此以後，我拿一個精密天平，並利用沙粒來調節砝碼，很精確地稱量了這一瓶壓縮空氣的重量。然後我們打開閥門，讓壓縮空氣逸出，然後再把大瓶子放回到天平上，並且根據曾用作砝碼的沙粒發現瓶子已經可覺察地減輕了。然後我把沙粒重新取下來放到旁邊，並且盡可能地把天平調平。在這些條件下，毫無疑問那些被放在一邊的沙粒就代表那些被壓入瓶中然後又放走的空氣的重量。但是歸根結蒂，這個實驗告訴我的只是，壓縮空氣的重量和從天平上取下的沙粒的重量相同；但是，當進而要求準確而肯定地知道空氣的重量和水的重量或和任何沉重物質的重量之比時，沒有首先測量壓縮空氣的體積（quantità）我是不能希望做到這一點的。爲了進行這種測量，我設計了如下的兩種方法。

按照第一種方法，先取一個和以上所述的瓶子相似的細頸瓶，瓶口內插一皮管，緊緊地綁在瓶口上；皮管的另一端和裝在第一個瓶子上的閥門相接，並且緊束於其上。在這第二個瓶子的底上有一個孔，孔中插一鐵棒，使得可以任意地打開上述閥門，讓第一個瓶中的過量空氣一被稱過重量就可以逸出。但是第二個瓶子中必須裝滿水。按上

述方式準備好了一切以後，用鐵棒打開閥門，於是空氣就將沖入裝水的瓶中並通過瓶底的孔將其排出。很顯然，這樣排出的水的體積就等於從第一個瓶中逸出的空氣的體積（mole e quantità）。將被排出的水放在旁邊，稱量空氣所由逸出的那個瓶子的重量（在此以前，當壓縮空氣還在裏邊時，假設此瓶的重量已被稱量過）。按上述方式取走過量的沙粒。於是就很顯然，這些沙粒的重量就等於一個體積（mole）的空氣的重量，而此體積就等於被排出的和放在旁邊的那些水的體積。這些水我們是可以稱量的，於是就可以確切地測定同體積的水的重量爲空氣重量的多少倍。我們將發現，和亞里斯多德的意見相反，這不是 10 倍，而是正如我們實驗所證實那樣，更接近於 400 倍。[124]

第二種方法更加快捷，而且只用上述那樣裝置的一個容器就可以做成。在這兒，並不向容器所自然包含的空氣中添加任何空氣，但是水卻被壓進去而不讓任何空氣逸出。這樣引入的水必然會壓縮空氣。在盡可能多地向容器中壓入水以後，譬如已經占了 ¾ 的空間，這是不需要費多大事的，然後把容器放在天平上，精確地測定其重量；然後讓容器的口仍然朝上，打開閥門讓空氣逸出；這樣逸出的空氣確切地和包含在瓶中的水具有相同的體積。再稱量容器的重量。由於空氣的逸出，重量應已減小。這種重量的損失，就代表和容器中的水體積相等的那些空氣的重量。

辛普：沒人能否認你這些設計的聰明和巧妙；但是，它們在顯得給了我完全的心智滿足的同時，卻在另一方面使我迷惑。因爲，既然當各元素在它們的正當位置上時是既無重量又無輕量的，那麼我就不明白，怎麼可能譬如說其重量爲 4 打蘭沙子的這一部分空氣竟然在空氣中具有和它平衡的那些沙的重量。因此，在我看來，實驗不應該在空氣中做，而應該在一種媒質中做；在那種媒質中，空氣可以顯示它的沉重性，如果它眞有那種性質的話。[125]

薩耳：辛普里修的反駁肯定是中肯的，因此它就必然不是無法回答的就是需要一個同樣清楚的答覆的。完全顯然的是，在壓縮狀態下和沙子具有相等重量的空氣，一旦被允許逸出到它自己的元素中就失

去這一重量，而事實上沙子卻還保留著自己的重量。因此，對於這個
實驗來說，那就有必要選擇一個地方，以便空氣也像沙子那樣在那兒
有重量；因為，正如人們常說的那樣，媒質將減少浸在它裏邊的任何
物質的重量，其減少之量等於被排開的媒質的重量；因此，空氣在空
氣中就會失去它的全部重量。因此，如果這個實驗應該做得很精確，
那就應該在真空中做，因為在真空中每一個重物體都顯示其動量而不
受任何的減弱。那麼，辛普里修，如果我們到真空中去稱量一部分空
氣的重量，你會不會滿意並確信其結果呢？

辛普：當然是的，但是這卻是在希望或要求不可能的事情。

薩耳：那麼，如果為了你的緣故，我完成了這種不可能的事，你
的感謝想必是很大的了。不過我並不是要向你推銷什麼我已經給了你
的東西；因為在前面的實驗中，我們已經在真空中而不是在空氣或其
他媒質中稱過空氣了。任何流體媒質都會減小浸入其中的物體的重
量，辛普里修，這一事實起源於媒質對它的被打破、被推開和終於被
舉起所做出的反抗。其證據可以在流體沖過去重新充滿起先被物體佔
據的任何空間時的那種急迫性中看出；假如媒質並不受到這樣一種浸
入的影響，它就不會對浸入的物體發生反作用。那麼現在請告訴我，
當你有一個瓶子，在空氣中，充有自然數量的空氣，然後開始向瓶中
壓入更多的空氣時，這種額外的負擔會不會以任何方式分開或分割或
改變周圍的空氣呢？容器是不是或許會脹大，使得周圍的媒質被排
開，以讓出更多的地方呢？肯定不會！〔126〕因此就可以說，這種額
外充入的空氣並不是浸在周圍的媒質中，因為它沒有在那裏佔據任何
空間，正像在真空中一樣。事實上，它正是在一個真空中的，因為它
擴散到了一些空隙之中，那些空隙並沒有被原有的、未壓縮的空氣所
完全填滿。事實上，我看不出被包圍的媒質和周圍的媒質之間的任何
不同，因為周圍的媒質並沒有壓迫那被包圍的媒質，而且反過來說，
被包圍的媒質也沒有對周圍的媒質作用任何壓力；同樣的關係也存在
於真空中任何物質的事例中，同樣也存在於壓縮到瓶內的額外數量的
空氣的事例中。因此，被壓縮空氣的重量就和當它被釋放到真空中時

的重量相同。當然不錯，用做砝碼的那些沙子的重量，在眞空中要比在自由空氣中稍大一些。因此我們必須說，空氣的重量稍大於用作砝碼的沙子的重量；也就是說，所大的量等於所占的體積和沙子的體積相等的那些空氣在眞空中的重量。[19]　[127]

辛普：在我看來，上述的實驗還有些不足之處；但是我現在完全滿足了。

薩耳：我所提出的這些事實，直到這一點爲止，而且在原理上還包括另一事實，那就是，重量差，即使當它很大時也在改變下落物體的速率方面並無影響，因此，只要就重量而論，物體都以相等的速率下落。我說，這一想法是如此的新，而且初看起來是離事實如此之遠，以致如果我們沒有辦法把它弄得像太陽光那樣清楚，那就還不如不提到它了。但是，一旦把它說出來，我就不能省略用實驗和論據來確立它。

[19] 在這兒，在原版的一個注釋本中，發現了伽利略的下列補筆：

[**薩格**：一段解決一個奇妙問題的很巧妙的討論，因爲它簡單明瞭地演示了通過在空氣中的簡單稱量來求得一個物體在眞空中的重量的方法。其解釋如下：當一個重物體浸在空氣中時，它就失去一點兒重量，等於該物體所占體積中的空氣的重量。因此，如果不膨脹地在物體上加上它所排開的空氣並稱量其重量，就能求得該物體在眞空中的絕對重量，因爲，在不增加體積的條件下，已經補償了它在空氣中失去的重量。

因此，當我們把一些水壓入已包含了正常量的空氣的容器中而不允許這些空氣有任何逸出時，那就很顯然，正常量的空氣將被壓縮而凝聚到一個較小的空間中，以便給壓進來的水讓地方；於是就很顯然，水的重量將增加一個值，等於同體積的空氣的重量。於是，所求得的水和空氣的總重量，就等於水本身在眞空中的重量。

現在，記下整個容器的重量並讓壓縮的空氣逸出，稱量剩餘的重量。這兩個重量之差就等於與水同體積的壓縮空氣的重量。其次，求出水本身的重量並加上壓縮空氣的重量，我們就得到水本身在眞空中的重量。爲了求得水的重量，我們必須把它從容器中取出並稱量容器本身的重量，再從水和容器的總重量中減去這個值。很顯然，餘數就是水本身在空氣中的重量。]　——英譯者

　　薩格：不只是這個事實，而且還有你的許多別的觀點都是和普遍被接受了的見解及學說相去如此之遠，以致假如你要發表它們，你就將會激起許許多多的敵視，因爲人的本性就是不會帶著善意來看待他們自己領域中的發現（無論是眞理的發現還是謬誤的發現），當那發現是由他們以外的別人做出的時。他們稱他爲「學說的革新者」。這是一個很不愉快的稱號；他們希望用這個稱號來砍斷那些他們不能解開的結，並用地雷來摧毀那些耐心的藝術家們用習見的工具建造起來的樓臺殿閣。但是，對於並無那種思想的我們來說，[128] 你到現在已經舉出的實驗和論證是完全讓人滿意的；然而，如果你有任何更直接的實驗或更有說服力的論證，我們是樂於領教的。

　　薩耳：爲了確定兩個重量相差很大的物體會不會以相同的速率從高處下落而做的實驗，帶來了某種困難，因爲如果高度相當大，下落物體必須穿過和排開的媒質所造成的阻力在很輕物體的小動量的事例就比在重物體的大力（violenza）的事例中更大，以致在很長的距離上，輕物體將被落在後面；如果高度很小，人們就很可能懷疑到底有沒有差別；而且如果有的話，差別也將是不可覺察的。

　　因此我就想到，用一種適當方式來重複觀察小高度上的下落，使得重物體和輕物體先後到達共同終點之間的時間差可以被積累起來，以使其總和成爲一個不僅可以觀察而且易於觀察的時間階段。爲了利用盡可能低的速率以減小阻滯性媒質對重力的簡單效應所引起的變化，我想到了讓各物體沿著一個對水平面稍微傾斜的斜面下落。因爲，在這樣一個斜面上，正如在一個垂直的高度上一樣，是可以發現不同重量的物體如何下落的；而且除此以外，我也希望能排除由運動物體和上述斜面的接觸而可能引起的阻力。因此我就取了兩個球，一個鉛球和一個軟木球，前者約比後者重 100 倍，並且用相等的細線把它們掛起來，每條線長約四五腕尺。[129]

　　把每一個球從垂直線拉開，我在同一個時刻放開它們，於是它們就沿著以懸線爲半徑的圓周下落，經過了垂直位置，然後沿著相同的路徑返回。這種自由振動（per lor medesime le andate e le tornate）

重複 100 次，清楚地證明了重物體如此相近地保持輕物體的週期，以致在 100 次乃至 1000 次擺動中重球也不會領先於輕球一個瞬間（minimo momento），它們的步調竟保持得如此完美。我們也可以觀察媒質的效應；通過對運動的阻力，媒質減小軟木球的振動比減小鉛球的振動更甚，但是並不改變二者的頻率；甚至當軟木球所經過的圓弧不超過 5°或 6°，而鉛球所經過的圓弧則是 55°或 60°時，振動仍然是在相等的時間內完成的。

辛普：如果是這樣，爲什麼鉛球的速率不是大於軟木的速率呢，既然在相同的時段內前者走過了 60°的圓弧而後者只走過了幾乎不到 6°的圓弧？

薩耳：但是，辛普里修，當軟木被拉開 30°而在一個 60°的弧上運動，鉛球被拉開 2°而只在一個 4°的弧上運動時，如果它們在相同的時間內走完各自的路程，你又怎麼說呢？那時豈不是軟木運動得成比例地更快一些嗎？不過實驗的事實就是這樣。但是請看這個：在把鉛擺拉開了譬如說 50°的一個弧並把它放開以後，它就擺過垂直位置幾乎達到 50°，這樣它就是在描繪一個將近 100°的弧；在回來的擺動中，它描繪一個稍小的弧，而在很多次這樣的振動以後，它最後就歸於靜止。每一次振動，不論是 90°、55°、20°、10°或 4°，都佔用相同的時間；從而運動物體的速率就不斷地減小，因爲它在相等的時段內走過的弧越來越小。

完全同樣的情況也出現在用相同長度的線掛著的軟木擺上，只除了使它歸於靜止所需的振動次數較少，因爲，由於它較輕，它反抗空氣阻力的能力就較小；儘管如此，各次振動不論大小卻都是在相等的時段內完成的；這一時段不但在它們自己之間是相等的，而且也是和鉛擺的相應時段相等的。由此可見，有一點是眞實的：如果當鉛擺劃過一個 55°的弧時軟木擺只劃過一個 10°的弧，軟木擺就運動得比鉛擺慢；但是另一方面，而且另一點也是眞實的：軟木擺也可能劃過一個 55°的弧，而鉛擺則只劃過一個 10°的弧。因此，在不同的時候，我們有時得到的是軟木球運動得較慢，有時得到的是鉛球運動得較慢。

但是，如果這些相同的物體在相等的時間內劃過相等的弧，我們就可以完全相信它們的速率是相等的。[130]

辛普：我在承認這一論證的結論性方面是猶豫的，因為你使兩個物體運動得時而快、時而慢、時而很慢，這樣就造成了混亂，使我弄不清楚它們的速率是否永遠相等。

薩格：如果你願意，薩耳維亞蒂，請讓我說幾句。現在，請告訴我，辛普里修，當鉛球和軟木球在同一時刻開始運動並且走過相同的斜坡，永遠在相等的時間內走過相等的距離時，你是否承認可以肯定地說它們的速率相等呢？

辛普：這是既不能懷疑也不能否認的。

薩格：現在的情況是，在擺的事例中，每一個擺都時而劃一個 60° 的弧，時而劃一個 55°、或 30°、或 10°、或 8°、或 4°、或 2° 的弧，如此等等；而且當它們劃一個 60° 的弧時，它們是在相等的時段內這樣做的，而且當弧是 55°、或 30°、或 10°、或任何其他度數時，情況也相同。因此我們得出結論說，鉛球在一個 60° 的弧上的速率，等於軟木球也在一個 60° 的弧上振動時的速率；在 55° 弧的事例中，這些速率也彼此相等；同樣在其他弧的事例中也是如此。但這並不是說，出現在 60° 弧上的速率和出現在 55° 弧上的速率相同，也不是說 55° 弧上的速率等於 30° 弧上的速率；其餘類推。但是弧越小速率也越小。觀察到的事實是同一個運動物體要求相同的時間來走過一個 60° 的大弧或是一個 55° 的或甚至很小的 10° 的弧；所有的這些弧，事實上是在相同的時段內被走過的。因此，確實不錯的就是，當它們的弧減小時，鉛和軟木都成比例地減小各自的速率（moto），但是這和另一事實並不矛盾，那事實就是，它們在相等的弧上保持相等的速率。[131]

我說這些事情的理由，主要就是因為我想知道我是不是正確地理解了薩耳維亞蒂的意思，而不是我認為辛普里修需要一種比薩耳維亞蒂已經給出的解釋更加清楚的解釋；他那種解釋，就像他的一切東西那樣，是極其明澈的；事實上是那樣地明澈，以致當他解決一些不僅在外表上而且在實際上和事實上都是困難的問題時，他就用每個人都

共有的和熟悉的那些推理、觀察和實驗來解決。

正如我已經從各種資料得悉的那樣，用這樣的方式，他曾經向一位受到高度尊敬的教授提供了一個貶低他的發現的機會，其理由就是那些發現都是平凡的，而且是建立在一種低劣和庸俗的基礎上的，就彷彿那不是驗證科學的一種最可讚歎的和最值得稱許的特色一樣；而驗證科學正是從一切人都熟知、理解和同意的一些原理發源和滋長出來的。

但是，讓我們繼續這種快意的談論。如果辛普里修滿足於理解並同意不同下落物體的固有重量（interna gravitá）和在它們中間觀察到的速率差並無關係，而且一切物體，只要在它們的速率依賴於它的程度上，將以相同的速率運動；那麼，薩耳維亞蒂，請告訴我們，你怎樣解釋運動的可覺察的和明顯的不等性吧，並請回答辛普里修所提出的反駁（這是我也同意的一種反駁），那就是，一個炮彈比一個小彈丸下落得更快。從我的觀點看來，在質料相同的物體通過任何單一媒質而運動的事例中，可以預期速率差將是很小的，而事實上大物體卻將在一次脈搏的時間下降一段距離，而那段距離卻是較小的物體在 1 個鐘頭或 4 個乃至 24 個鐘頭之內也走不完的；例如在石頭和細沙的事例中，特別是那些很細的沙，它們造成渾濁的水，而且在許多個鐘頭內不會下落一兩腕尺，那是不太大的石頭將在一次脈搏的時間內就能走過的。[132]

薩耳：媒質對具有較小的比重的物體產生一種較大的阻力的那種作用，已經通過指明那種物體經受一種重量的減低來解釋過了。但是，為了解釋同一種媒質怎麼會對用同一種物質製成、形狀也相同而只是大小不同的物體產生那麼不同的阻力，卻需要一種討論，比用來解釋一種更膨脹的形狀或媒質的反向運動如何阻滯運動物體之速率的那種討論更加巧妙。我想，現有問題的解，就在於通常或幾乎必然在固體表面上看到的那種粗糙性或多孔性。當物體運動時，這些粗糙的地方就撞擊空氣或周圍的其他媒質。此點的證據可以在和一個物體通過空氣的快速運動相伴隨的那種颼颼聲中找到；即使當物體是盡可能的圓

滑時，這種颼颼聲也是存在的，不但能聽到颼颼聲，而且可以聽到嘶嘶聲和呼嘯聲，當物體上有任何可覺察的凹陷或突起時。我們也觀察到，一個在車床上轉動的圓形固體會造成一種空氣流。但是，我們還需要什麼更多的東西呢？當一個陀螺在地上以其最高的速率旋轉時，我們不是能聽到一種尖銳的嗡嗡聲嗎？當轉動速率漸低時，這種嗡嗡聲的調子就會降低，這就是表面上這些小的凹凸不平之處在空氣中遇到阻力的證據。因此，毫無疑問，在下落物體的運動中，這些凹凸不平之處就撞擊周圍的流體而阻滯速率，而且它們是按照表面的大小而成比例地這樣做的；這就是小物體和大物體相比的事例。

辛普：請等一下，我又要糊塗了。因為，雖然我理解並且承認媒質對物體表面的摩擦會阻滯它的運動，而且如果其他條件相同，則表面越大受到的阻力也越大，但是我看不出你根據什麼說較小物體的表面是較大的。此外，如果像你說的那樣，較大的表面會受到較大的阻力，則較大的固體應該運動得較慢，而這卻不是事實。但是這一反駁可以很容易地用一種說法來回答，就是說，雖然較大的物體有一個較大的表面，但它也有一個較大的重量，和它相比，較大表面的阻力並不大於較小表面的阻力和物體較小重量的對比，因此，較大物體的速率並不會變得較小起來。因此，只要驅動重量（gravitá movente）和表面的阻滯能力（facolta ritardante）成比例地減小，我就看不出預期任何速率差的理由。[133]

薩耳：我將立刻回答你的反駁。當然，辛普里修，你承認，如果有人取兩個相等的物體，即相同材料和相同形狀的物體，從而它們將以相等的速率下落，如果他按照比例減小其中一個物體的重量和表面（保持其相似的形狀），他就不會因此而減小這個物體的速率。

辛普：這種推斷似乎和你的理論並不矛盾，那理論就是說，物體的重量對該物體的加速或減速並無影響。

薩耳：在這方面我和你完全同意；從這個見解似乎可以推知，如果物體的重量比它的表面減小得更快，則運動會受到一定程度的減速，而且這種減速將正比於重量減量超過表面減量的值而越來越大。

辛普：我毫不含糊地同意這一點。

薩耳：現在你必須知道，辛普里修，不可能按照相同的比例減小一個物體的表面和重量而同時又保持其形狀的相似性。因爲，很顯然，在一個漸減的固體的事例中，重量是正比於物體的體積而變小的，而既然體積的減小永遠比表面的減小更快，因此，當相同的形狀得到保持時，重量就比表面減小得更快。但是，幾何學告訴我們，在相似固體的事例中，兩個體積之比大於它們的面積之比，而爲了更好的理解，我將用一個特例來表明這一點。

例如，試取一個立方體，其各邊的長度爲 2 英寸，從而每一個面的面積爲 4 平方英寸，而總面積即 6 個面的面積之和，應爲 24 平方英寸；現在設想立方體被鋸開 3 次，於是就被分成 8 個更小的立方體，每邊各長 1 英寸，每個面爲 1 平方英寸，從而表面的總面積是 6 平方英寸而不再是較大立方體的 24 平方英寸，因此很顯然，小立方體的表面積是大立方體表面的 ¼，即 6 和 24 之比，但是，小立方體的體積卻只是大立方體的體積的 ⅛。因此，體積，從而還有重量，比表面減小得要快得多。如果我們再把小立方體分成 8 個另外的立方體，則這些另外的立方體的總表面積將是 1.5 平方英寸，這只是原來那個立方體的表面積的 ¹⁄₁₆，但是它的體積卻只是原體積的 ¹⁄₆₄。[134] 於是，通過兩次分割，你們看到，體積的減小就是表面積的減小的 4 倍。而且，如果分割繼續下去，直到把固體分成細粉，我們就會發現，這些最小顆粒之一的重量已經減小了表面積減小量的千千萬萬倍。而且，我在立方體的事例中已經演證了的這種情況在一切相似物體的事例中也成立；在那種事例中，體積和它的表面積是成 1.5 冪次比例的。那麼就請觀察一下由於運動物體的表面和媒質相接觸而引起的阻力在小物體的事例中比在大物體的事例中要大多少倍吧。而且當考慮到細塵粒的很小表面上的凹凸不平之處也許並不小於仔細拋光的較大固體表面上的凹凸不平之處時，就會看到一個問題是何等的重要，那就是，媒質應該十分容易流動，對於被推開並不表現阻力，很容易被小力所推開。因此，辛普里修，你看，當我剛才說，相比之下，小固體的表面比大

固體的表面要大時，我並沒有錯。

辛普：我被完全說服了；而且，請相信我，如果我能夠重新開始我的學習，我將遵循柏拉圖的勸告而從數學開始，因為數學是一種學問，它非常小心地前進，不承認任何東西是已經確立的，除非它已經得到牢固的證明。

薩格：這種討論給我們提供了很大的喜悅；但是，在接著討論下去以前，我想聽你解釋一下我未之前聞的一個說法，就是說，相似的固體是在它們的表面積之間彼此處於 1.5 冪次的比例關係中的，因為，雖然我已經意識到和理解了那個命題，即相似固體的表面積在它們的邊長方面是一種雙重比例關係，而它們的體積則是它們的邊長的三重比例關係，但是我還不曾聽人提到過固體的體積和它的表面積之間的比例關係。[135]

薩耳：你自己已經給你的問題提供了答案，並且排除了任何懷疑。因為，如果一個量是任一事物的立方，而另一個量是這一事物的平方，由此豈不得出，立方量是平方量的 1.5 次冪嗎？肯定是如此。現在，如果表面積按線性尺寸的平方而變，而體積按這些尺寸的立方而變，我們豈不是可以說體積與表面積成 1.5 冪次的比例關係嗎？

薩格：完全是這樣。而現在，雖然關於正在討論的主題還有一些細節是我可以再提出問題的，但是，如果我們一次又一次岔開，那就會很久才達到主題，它和在固體對破裂的阻力中發現的各種性質有關，因此，如果你們同意，咱們還是回到咱們起初打算討論的課題上來吧。

薩耳：很好，但是我們已經討論了的那些問題是如此地數目眾多和變化多端，而且已經費了我們的許多時間，以致今天剩下的時間已經不多了，不足以用在還有許多幾何證明有待仔細考慮的我們的主題上了。因此，我願意建議咱們把聚會推遲到明天，這不僅僅是為了剛才提到的理由，而且也是為了我可以帶些紙張來，我已經在紙上有次序地寫下了處理這一課題之各個方面的一些定理和命題，那些東西只靠記憶我是不能按照適當的次序給出的。

薩格：我完全同意你的意見，而且更加高興，因爲這樣今天就會剩下一些時間，可以用來對付我的一些和我們剛才正在討論的課題有關的困難。一個問題就是，我們是否應該認爲媒質的阻力足以破壞一個由很重的材料製成、體積很大而呈球形的物體的加速度。我說**球形**，爲的是選擇一個包圍在最小表面之內的體積，從而它所受的阻滯最小。[136]

另一個問題處理的是擺的振動，這可以從多種觀點來看待，首先就是，是不是一切的振動，大的、中等的和小的，都是在嚴格的和確切的相等時間內完成的；另一個問題就是要得出用長度不等的線懸掛著的擺的振動時間之比。

薩耳：這些是有趣的問題，但是我恐怕，在這兒也像在所有其他事實的事例中一樣，如果我們開始討論其中的任何一個，它就會在自己的後面帶來許多其他的問題和新奇的推論，以致今天就沒有時間討論所有的問題了。

薩格：如果這些問題也像前面那些問題一樣地充滿了興趣，我就樂於花費像從現在到黃昏的小時數一樣的天數來討論它們；而且我敢說，辛普里修也不會對這種討論感到厭倦。

辛普：當然不會，特別是當問題屬於自然科學而且還沒有被別的哲學家處理過時。

薩耳：現在，當提起第一個問題時，我可以毫不遲疑地斷言，沒有任何足夠大而其質料又足夠緊密的球，致使媒質的阻力雖然很小卻能抵消其加速度並且在一定時間以後把它的運動簡化成均勻運動；這種說法得到了實驗的有力支援。因爲，假如一個下落物體隨著時間的繼續會得到你要多大就多大的速率，沒有這樣的速率在外力（motore esterno）的作用下可以大得使一個物體將會先得到它然後又由於媒質的阻力而失去它。例如，假如一個炮彈在通過空氣下落了一個 4 腕尺的距離並已經得到了譬如說 10 個單位（gradi）的速率以後將會擊中水面，而且假如水的阻力不足以抵消炮彈的動量（impeto），炮彈就會或是增加速率或是保持一種均勻運動直到它達到了水底。但是觀察到的

事實卻並非如此；相反地，即使只有幾腕尺深的水，它也會那樣地阻滯並減低那運動，使得炮彈只能對河底或湖底作用微小的衝擊。[137]

那麼就很清楚，如果水中的一次短程下落就足以剝奪一個炮彈的速率，那麼這個速率就不能重新得到，即使通過一次 1000 腕尺的下落。一個物體怎麼可能在一次 1000 腕尺的下落中得到它將在一次 4 腕尺的下落中失去的東西呢？但是，需要什麼更多的東西呢？我們不是觀察到，大炮賦予炮彈的那個巨大動量，由於通過了不多幾腕尺的水而被大大地減小，以致炮彈遠遠沒有破壞戰艦，而只是打了它一下嗎？甚至空氣，雖然是一種很鬆軟的媒質，也能減低下落物體的速率，正像很容易從類似的實驗瞭解到的那樣。因爲，如果從一個很高的塔頂上向下開一槍，子彈對地面的打擊將比從只有 4 腕尺或 6 腕尺的高處向下開槍時打擊要小；這是一個很清楚的證據，表明從塔頂射下的槍彈，從它離開槍管的那一時刻就不斷地減小它的動量，直到它到達地面時爲止。因此，從一個很大的高度開始的一次下落將不足以使一個物體得到它一度通過空氣的阻力而損失的動量，不論那動量起初是怎樣得來的。同樣，在一個 10 腕尺的距離處從一枝槍中發射出來的子彈對一堵牆壁造成的破壞效果，也不能通過同一個子彈從不論多大的高度上的下落來複製。因此我的看法是，在發生在自然界中的情況下，從靜止開始下落的任何物體的加速都達到一個終點，而媒質的阻力最後將把它的速率減小到一個恆定值，而從此以後，物體就保持這個速率。

薩格：這些實驗在我看來是很能適應目的的；唯一的問題是，一個反對者會不會堅持要在很大而又很重的物體（moli）的事例中反對這個事實，或是斷言一個從月球上或從大氣邊沿上落下的炮彈將比僅僅從炮口射出的炮彈造成更重的打擊。[138]

薩耳：許多反駁肯定會被提出，它們並不是全都可以被實驗所否定的。然而，在這個特例中，下述的考慮必須被照顧到，那就是，從一個高度下落的一個沉重物體，在到達地面時，很可能正好得到了把它帶回原高度所必需的那麼多動量；正如在一個頗重的擺的事例中可

以清楚地看到的那樣，當從垂直位置被拉開 50°或 60°時，它就恰好得到足以把它帶回到同一高度的速率和力量，只除了其中一小部分將因在空氣中的摩擦而損失掉。為了把一個炮彈放在適當的高度上，使它恰好得到離開炮口時火藥給予它的動量，我們只需用同一門炮把它沿垂直方向射上去；然後我們就可以觀察它在落回來時是不是給出和在近處從炮中射出時相同的打擊力；我的意見是，那打擊會弱得多。因此，我想，空氣的阻力將阻止它通過從靜止開始而從任何高度的自然下落來達到膛口速度。

現在我們來考慮關於擺的其他問題；這是一個在許多人看來都極其乏味的課題，特別是在那些不斷致力於大自然的更深奧問題的哲學家們看來，儘管如此，這卻是我並不輕視的一個問題。我受到了亞里斯多德的榜樣的鼓舞，我特別讚賞他，因為他做到了討論他認為在任何程度上都值得考慮的每一個課題。

在你們的提問下，我可以向你們提出我的一些關於音樂問題的想法。這是一個輝煌的課題，有那麼多傑出的人物曾經在這方面寫作過，其中包括亞里斯多德本人，他曾經討論過許多有趣的聲學問題。因此，如果我在某些容易而可理解的實驗的基礎上來解釋聲音領域中的一些可驚異的現象，我相信是會得到你們的允許的。[139]

薩格：我將不僅是感謝地而且是熱切地迎接這些討論。因為，雖然我在每一種樂器上都得到喜悅，而且也曾對和聲學相當注意，但是我卻從來沒能充分理解為什麼某些音調的組合比另一些組合更加悅耳，或者說，為什麼某些組合不但不悅耳而且竟會高度地刺耳。其次，還有那個老問題，就是說，調好了音的兩根弦，當一根被弄響時，另一根就開始振動並發出自己的音；而且我也不理解和聲學中的不同比率（forme delle consonanze），以及一些別的細節。

薩耳：讓我們看看能不能從擺得出所有這些困難的一種滿意的解答。首先，關於同一個擺是否果真在確切相同的時間內完成它的一切大的、中等的和小的振動，我將根據我已經從我們的院士先生那裏聽到的闡述來進行回答。他曾經清楚地證明，沿一切弦的下降時間是相

同的，不論弦所張的弧是什麼，無論是沿一個 180°的弧 （即整個直徑）還是沿一個 100°、60°、10°、2°、½°或 4'的弧。這裏的理解當然是，這些弧全都終止在圓和水平面相切的那個最低點上。

如果現在我們考慮不是沿它們的弦而是沿弧的下降，那麼，如果這些弧不超過 90°，則實驗表明，它們都是在相等的時間內被走過的；但是，對弦來說，這些時間都比對弧來說的時間要大；這是一種很驚人的效應，因為初看起來人們會認為恰恰相反的情況才應該是成立的。因為，既然兩種運動的終點是相同的，而且兩點間的直線是它們之間最短的距離，看來似乎合理的就是，沿著這條直線的運動應該在最短的時間內完成，然而情況卻不是這樣，因為最短的時間 （從而也就是最快的運動） 是用在以這一直線為弦的弧上的。

至於用長度不同的線掛著的那些物體的振動時間，它們彼此之間的比值是等於線長的平方根的比值；或者，也可以說，線長之比等於時間平方之比；因此，如果想使一個擺的振動時間等於另一個擺的振動時間的 2 倍，就必須把那個擺的長度做成另一個擺的長度的 4 倍。同樣，如果一個擺的懸線長度是另一個擺的懸線長度的 9 倍，則第一個擺每振動 1 次第二個擺就會振動 3 次；由此即得，各擺的懸線長度之比等於它們在相同時間之內的振動次數的反比。[140]

薩格：那麼，如果我對你的說法理解得正確的話，我就很容易量出一條繩子的長度，它的上端固定在任何高處的一個點上，即使那個點是看不到的，而我只能看到它的下端。因為，我可以在這條繩子的下端固定上一個頗重的物體，並讓它來回振動起來，如果我請一位朋友數一數它的振動次數，而我則在同一時段內數一數長度正好為 1 腕尺的一個擺的振動次數，然後知道了每一個擺在同一時段所完成的振動次數，就可以確定那根繩子的長度了。例如，假設我的朋友在一段時間內數了 20 次那條長繩的振動，而我在相同的時間內數了那條恰好 1 腕尺長的繩子的 240 次振動。取這兩數即 20 和 240 的平方，即 400 和 57600，於是我說，長繩共包含 57600 個單位，用該單位來量我的擺，將得 400。既然我的擺長正好是 1 腕尺，將用 400 去除 57600，於是就

得到 144。因此我就說那繩共長 144 腕尺。

薩耳：你的誤差不會超過一個手掌的寬度，特別是如果你們數了許多次振動的話。

薩格：當你從如此平常乃至不值一笑的現象推出一些不僅驚人而新穎，而且常常和我們將會想像的東西相去甚遠的事實時，你多次給了我讚賞大自然之富饒和充實的機會。我曾經千百次地觀察過振動，特別是在教堂中；那裏有許多掛在長繩上的燈，曾經不經意地被弄得動起來；但是我從這些振動能推斷的，最多不過是，那些認爲這些振動由媒質來保持的人或許是高度不可能的。因爲，如果那樣，空氣就必須具有很大的判斷力而且除了通過完全有規律地把一個懸掛的物體推得來回運動來作爲消遣以外幾乎就無事可做。但是我從來不曾夢到能夠知道，同一個物體，當用一根 100 腕尺長的繩子掛起來並向旁邊拉了一個 90°的乃至 1°或 ½°的弧時，將會利用同一時間來經過這些弧中的最小的弧或最大的弧；而且事實上，這仍然使我覺得是不太可能的。現在我正在等著，想聽聽這些相同的簡單現象如何可以給那些聲學問題提供解———這種解至少將是部分地令人滿意的。[141]

薩耳：首先必須觀察到，每一個擺都有它自己的振動時間；這時間是那樣確切而肯定，以致不可能使它以不同於大自然給予它的週期（altro periodo）的任何其他週期來振動。因爲，隨便找一個人，請他拿住繫了重物的那根繩子並使他無論用什麼方法來試著增大或減小它的振動頻率（frequenza），那都將是白費工夫的。另一方面，卻可通過簡單的打擊來把運動傳給一個即使是很重的處於靜止的擺；按照和擺的頻率相同的頻率來重複這種打擊，可以傳給它以頗大的運動。假設通過第一次推動，我們已經使擺從垂直位置移開了，譬如說移開了半英寸；然後，當擺已經返回並且正要開始第二次移動時，我們再加上第二次推動，這樣我們就將傳入更多的運動；其他的推動依此進行，只要使用的時刻合適，而不是當擺正在向我們運動過來時就推它（因爲那將消減而不是增長它的運動）。用許多次衝擊（impulsi）繼續這樣做，我們就可以傳給擺以頗大的動量（impeto），以致要使它停下

來就需要比單獨一次衝擊更大的衝擊（forza）。

薩格：甚至當還是一個孩子時我就看到過，單獨一個人通過在適當的時刻使用那些衝擊，就能夠大大地撞響一個鐘，以致當 4 個乃至 6 個人抓住繩子想讓它停下來時，他們都被它從地上帶了起來，他們幾個人一起，竟不能抵消單獨一個人通過用適當的拉動所給予它的動量。[142]

薩耳：你的例證把我的意思表示得很清楚，而且也很適宜於，正如我才說的一樣，用來解釋七弦琴（cetera）或鍵琴（cimbalo）上那些弦的奇妙現象；那就是這樣一個事實，一根振動的弦將使另外一根弦運動起來並發出聲音，不但當後者處於和絃時是如此，甚至當後者和前者差八度音或五度音時也是如此。受到打擊的一根弦開始振動，並且將繼續振動，只要音調合適（risonanza），這些振動使靠近它的周圍的空氣振動並顫動起來；然後，空氣中的這些波紋就擴展到空間中並且不但觸動同一樂器上所有的弦，而且甚至也觸動鄰近的樂器上的那些弦。既然和被打擊的弦調成了和聲的那條弦是能夠以相同頻率振動的，那它在第一次衝擊時就獲得一種微小的振動；當接受到 2 次、3 次、20 次或更多次按適當的間隔傳來的衝擊以後，它最後就會積累起一種振顫的運動，和受到敲擊的那條弦的運動相等，正如它們的振動的振幅相等所清楚地顯示的那樣。這種振動通過空氣而擴展開來，並且不但使一些弦振動起來，而且也會使偶然和被敲擊的弦具有相同週期的任何其他物體也振動起來。因此，如果我們在樂器上貼一些鬃毛或其他柔軟的物體，我們就會看到，當一部鍵琴奏響時，只有那些和被敲響的弦具有相同的週期的鬃毛才會回應，其餘的鬃毛並不隨這條弦而振動，而前一些鬃毛也不對任何別的音調有所回應。

如果用弓子相當強烈地拉響中提琴的低音弦，並把一個和此弦具有相同音調（tuono）的薄玻璃高腳杯拿到提琴附近，那個杯子就會振動而發出可以聽到的聲音。媒質的振動廣闊地分佈在發聲物體的周圍，這一點可以用一個事實來表明。一杯水，可以僅僅通過指尖摩擦杯沿而發出聲音，因為在這杯水中產生了一系列規則的波動。同一現

象可以更好地觀察，其方法是把一隻高腳杯的底座固定在一個頗大的水容器的底上，水面幾乎達到杯沿；這時，如果我們像前面說的那樣用手指的摩擦使高腳杯發聲，我們就看到波紋極具規則地迅速在杯旁向遠方傳去。我經常指出過，當這樣弄響一個幾乎盛滿了水的頗大的玻璃杯時，起初波紋是排列得十分規則的，而當就像有時出現的那樣玻璃杯的聲調跳離了八度時，我就曾經注意到，就在那一時刻，從前的每一條波紋都分成了兩條，這一現象清楚地表明，一個八度音（forma dell'ottava）中所涉及的比率是 2。[143]

薩格：我曾經不止一次地觀察到同樣的事情，這使我十分高興而獲益匪淺。在很長的一段時間內，我曾經對這些不同的和聲感到迷惑，因為迄今為止由那些在音樂方面很有學問的人們給出的解釋使我覺得不夠確定。他們告訴我們說，全聲域，即八度音，所涉及的比率是 2，而半聲域，即五度音，所涉及的比率是 3:2，等等；因為使一個單弦測程器上的開弦發聲，然後把一個碼橋放在中間而使一半長度的弦發聲，就能聽到八度音；而如果碼橋被放在弦長的 ⅓ 處，那麼，當首先彈響開弦然後彈響 ⅔ 長度的弦時，就聽到五度音；因為如此，他們就說，八度音依賴於一個比率 2:1（contenuta tra'l due e l'uno），而五度音則依賴於比率 3:2。這種解釋使我覺得並不足以確定 2 和 ⅔ 作為八度音和五度音的自然比率，而我這種想法的理由如下：使一條弦的音調變高的方法共有三種，那就是使它變短、把它拉緊和把它弄細。如果弦的張力和粗細保持不變，人們通過把它減短到 ½ 的長度就能得到八度音；也就是說，首先要彈響開弦，其次彈響一半長度的弦。但是，如果長度和粗細保持不變，而試圖通過拉緊來產生八度音，卻會發現把拉伸砝碼只增加一倍是不夠的，必須增大成原值的 4 倍；因此，如果基音是用 1 磅的重量得到的，則八度泛音必須用 4 磅的砝碼來得到。

最後，如果長度和張力保持不變，而改變弦的粗細，[20] 則將發現，

---

[20]「粗細」的確切意義請見下文。————英譯者

為了得到八度音，弦的粗細必須減小為發出基音的弦的粗細的 ¼。而且我已經說過的關於八度音的話，就是說，從弦的張力和粗細得出的比率，是從長度得出的比率的平方，這種說法對於其他的音程（intervalli musici）也同樣好地適用。[144] 例如，如果想通過改變長度來得到五度音，就發現長度比必須是 2:3，換句話說，首先彈響開弦，然後彈響長度為原長的 ⅔ 的弦；但是，若想通過弦的拉緊或減細來得到相同的結果，那就必須用 ⅔ 的平方，也就是要取 ¼（dupla sesquiquarta）；因此，如果基音需要一個 4 磅的砝碼，則較高的音將不是由 6 磅的而是由 9 磅的砝碼來引發；同樣的規律對粗細也適用；發出基音的弦比發出五度音的弦要粗，其比率為 9:4。

注意到這些事實，我看不出那些明智的哲學家們為什麼取 2 而不取 4 作為八度音的比率，或者在五度音的事例中他們為什麼應用比率 ⅔ 而不用 ¼ 的任何理由。既然由於頻率太高而不可能數出一條發音弦的振動次數，我將一直懷疑一條發出高八度音的弦的振動次數是不是為發出基音弦的振動次數的兩倍，假若不是有了下列事實的話：在音調跳高八度的那一時刻，永遠伴隨著振動玻璃杯的波紋分成了更密的波紋，其波長恰好是原波長的 ½。

薩耳：這是一個很美的實驗，使我們能夠一個一個地分辨出由物體的振動所引發的波；這種波在空氣中擴展開來，把一種刺激帶到耳鼓上，而我們的意識就把這種刺激翻譯成聲音。但是，既然這種波只有當手指繼續摩擦玻璃杯時才在水中持續存在，而且即使在那時也不是恆定不變的而是不斷地在形成和消逝中，那麼，如果有人能夠得出一種波，使它長時間地，乃至成年累月地持續存在，以便我們很容易測量它們和計數它們，那豈不是一件好事嗎？

薩格：我向你保證，這樣一種發明將使我大為讚賞。[145]

薩耳：這種辦法是我偶然發現的，我的作用只是觀察它並賞識它在確證某一事情方面的價值，關於那件事情我曾經付出了深刻的思考；不過，就其本身來看，這種辦法是相當平常的。當我用一個銳利的鐵鑿子刮一塊黃銅片以除去上面的一些斑點並且讓鑿子在那上面活

動得相當快時，我在多次的刮削中有一兩次聽到銅片發出了相當強烈而清楚的尖嘯聲；當更仔細地看看那銅片時，我注意到了長長的一排細條紋，彼此平行而等距地排列著。用鑿子一次又一次地再刮下去，我注意到，只有當銅片發出嘶嘶的聲音時，它上面才能留下任何記號；當刮削並不引起摩擦聲時，就連一點記號的痕跡也沒有。多次重複這種玩法並且使鑿子運動得時而快、時而慢，嘯聲的調子也相應地時而高、時而低。我也注意到，當聲調較高時，得出的記號就排得較密，而當音調降低時，記號就相隔較遠。我也注意到，在一次刮削中，當鑿子在結尾處運動得較快時，響聲也變得更尖，而條紋也靠得更近，但永遠是以那樣一種方式發出變化，使得各條紋仍然是清晰而等距的。此外，我也注意到每當刮削造成嘶聲時，我就覺得鑿子在我的掌握中發抖，而一種顫動就傳遍我的手。總而言之，我們在鑿子的事例中所看到和聽到的，恰好就是在一種耳語繼之以高聲的事例中所看到和聽到的東西。因為，當氣體被發出而並不造成聲音時，我們不論在氣管中還是在嘴中都並不感受到任何運動，這和當發出聲音時特別是發出低而強的聲音時我們的喉頭和氣管上部的感受是不相同的。

有幾次我也曾經觀察到，鍵琴上有兩條弦和上述那種由刮削而產生的兩個音相合，而在那些音調相差較多的音中，我也找到了兩條弦是恰好隔了一個完美的五度音的音程的。通過測量由這兩種刮削所引起的各波紋之間的距離，我也發現包含了一個音的 45 條波紋的距離上包含了另一個音的 30 條波紋，二者之間正好是指定給五度音的那個比率。[146]

但是，現在，在進一步討論下去以前，我願意喚起你們注意這樣一個事實：在那調高音調的三種方法中，你稱之為把弦調「細」的那一種應該是指弦的重量。只要弦的質料不變，粗細和輕重就是按相同的比率而變的。例如，在腸弦的事例中，通過把一根弦的粗細做成另一根弦的粗細的 4 倍，我們就得到了八度音。同樣，在黃銅弦的事例中，一根弦的粗細也必須是另一根弦的粗細的 4 倍。但是，如果我們現在想用銅弦來得到一根腸弦的八度音，我們就必須把它做得不是粗

細爲 4 倍，而是重量爲腸弦重量的 4 倍。因此，在粗細方面，金屬弦
並不是粗細爲腸弦的 4 倍而是重量爲腸弦的 4 倍。因此，金屬絲甚至
可能比腸弦還要細一些，儘管後者所發的是較高的音。由此可見，如
果有兩個鍵琴被裝弦，一個裝的是金弦而另一個裝的是黃銅弦，如果
對應的弦各自具有相同長度、直徑和張力，就能推知裝了金弦的琴在
音調上將比裝了銅弦的琴約低 5 度，因爲金的密度幾乎是銅的密度的
2 倍。而且在此也應指出，使運動的改變（velocità del moto）受到
阻力的，也是物體的重量而不是它的大小，這和初看起來可能猜想到
的情況是相反的。因爲，似乎合理的是相信一個大而輕的物體在把媒
質推開時將受到比一個細而重的物體所受的更大的對運動的阻力，但
是在這裏，恰恰相反的情況才是眞實的。

現在回到原來的討論課題，我要斷言，一個音程的比率，並不是
直接取決於各弦的長度、大小或張力，而是直接取決於各弦的頻率之
比，也就是取決於打擊耳鼓並迫使它以相同頻率而振動的那種空氣波
的脈衝數。確立了這一事實，我們就或許有可能解釋爲什麼音調不同
的某兩個音會引起一種快感，而另外兩個音則產生一種不那麼愉快的
效果，而再另外的兩個音則引起一種很不愉快的感覺。這樣一種解釋
將和或多或少完全的諧和音及不諧和音的解釋相等價。後者所引起的
不愉快感，我想是起源於兩個不同的音的不諧和頻率，它們不適時地
（sproporzionatamente）打擊了耳鼓。特別刺耳的是一些音之間的不
調和性，各個音的頻率是不可通約的。設有兩根調了音的弦，把一根
弦用作開弦，而在另一根弦上取一段，使它的長度和總長度之比等於
一個正方形的邊和對角線之比，當把這兩根弦同時彈響時就得到一種
不諧和性，和增大的四度音及減小的五度音（tritono o semidiapente）
相似。[147]

悅耳的諧和音是一對一對的音，它們按照某種規律性來觸動耳
鼓；這種規律性就在於一個事實，即由兩個音在同一時段內發出的脈
衝在數目上是可通約的，從而就不會使耳鼓永遠因爲必須適應一直不
調和的衝擊來同時向兩個不同的方向彎曲而感到難受。

因此，第一個和最悅耳的諧和音就是八度音。因為，對於由低音弦向耳鼓發出的每一個脈衝，高音弦總是發出兩個脈衝；因此，高音弦發出的每兩個脈衝中，就有一個和低音弦發出的脈衝是同時的，於是就有半數的脈衝是調音的。但是，當兩根弦本身是調音的時，它們的脈衝總是重合，而其效果就是單獨一根弦的效果，因此我們不說這是諧和音。五度音也是一個悅耳的音程，因為對於低音弦發出的每兩個脈衝，高音弦將發出三個脈衝，因此，考慮到從高音弦發出的全部脈衝，其中就有三分之一的數目是調音的，也就是說，在每一對調和振動之間，插入了兩次單獨的振動；而當音程為四度音時，插入的就是三次單獨的振動。如果音程是二度音，其比率為 9/8，則只有高音弦的每九次振動才能有一次和低音弦的振動同時到達耳畔；所有別的振動都是不諧和的，從而就對耳鼓產生一種不愉快的效果，而耳鼓就把它詮釋為不諧和音。

辛普：你能不能費心把這種論證解釋得更清楚一些？ [148]

薩耳：設 AB 代表由低音弦發射的一個波的長度（lo spazio e la dilatazione d'una vibrazione），而 CD 代表一個發射 AB 之八度的高音弦的波長。將 AB 在中點 E 處分開。如果兩個弦在 A 和 C 處開始運動，則很清楚，當高音振動已經達到端點 D 時，另一次振動將只傳到 E；該點因為並非端點，故不會發射任何脈衝，但卻在 D 發生一次打擊。因此，當一個波從 D 返回到 C 時，另一波就從 E 傳向 B；因此，來自 B 和 C 的兩個脈衝將同時觸及耳鼓。注意到這些振動是以相同的方式重複出現的，我們就可以得出結論說，每隔一次來自 CD 的脈衝，就和來自 AB 的脈衝同音，但是，端點 A 和 B 上的每一次脈動，總是和一個永遠從 C 或永遠從 D 出發的脈衝相伴隨的。這一點是清楚的，因為如果我們假設波在同一時刻到達 A 和 C，那麼，當一個波從 A 傳到 B 時，另一個波將從 C 傳到 D 然後返回到 C，從而兩波將同時觸及 C 和 B；在波從 B 回到 A 的時間內，C 處的擾動就傳向

D 然後再回到 C，於是 A 和 C 處的脈衝就又一次是同時的。

　　現在，既然我們已經假設第一次脈動是從端點 A 和 C 同時開始的，那就可以推知，在 D 處分出的第二次脈動是在一個時段以後出現的，該時段等於從 C 傳到 D 所需的時段，或者同樣也可以說等於從 A 傳到 O 所需的時段；但是，下一次脈動，即 B 處的脈動，是和前一次脈動只隔了這一時段的一半的，那就是從 O 傳到 B 所需的時間。其次，當一次振動從 O 傳向 A 時，另一次振動就從 C 傳向 D，其結果就是，兩次脈動在 A 和 D 同時出現。這樣的循環一次接一次地進行，也就是說，低音弦的一個孤立的脈衝，插入在高音弦的兩個孤立脈衝之間。現在讓我們設想，時間被分成了很小的相等小段，於是，如果我們假設，在頭兩個這樣的小段中，同時發生在 A 和 C 的擾動已經傳到了 O 和 D 並且已經在 D 引起了一個脈衝；而且如果我們假設，在第三個時段和第四個時段中，一次擾動從 D 回到了 C，在 C 引起一個脈衝，而另一次擾動則從 O 傳到 B 再回到 O，在 B 引起一個脈衝；最後，如果在第五個時段和第六個時段中，擾動從 O 和 C 傳到 A 和 C，在後兩個點上各自引起一個脈衝，則各脈衝觸及人耳的順序將是這樣的：如果我們從兩個脈衝為同時的任一時期開始計時，則耳鼓將在過了上述那樣的兩個時段以後接收到一個孤立的脈衝；在第三個時段結束以後，又接收到另一個孤立的脈衝；同樣，在第四個時段的末尾，以及另兩時段以後，也就是在第六個時段的末尾，聽到兩個同音的脈衝。在這兒，循環就結束了，這可以稱之為「異常」，然後就一個循環又一個循環地繼續進行。[149]

　　薩格：我不能再沉默了，因為要表示我在聽到了你對一些現象如此全面的解釋時的巨大喜悅；在那些現象方面，我曾經是在很長的時間內茫無所知的。現在我已經懂得為什麼同音和單音並非不同；我理解為什麼八度音是主要的諧和音，但它卻和同音如此相似，以致常常被誤認為同音，而且我也理解它為什麼和其他的諧和音一起出現。它和同音相似，因為在同音中各弦的脈動永遠是同時的，而八度音中低音弦的那些脈動永遠和高音弦的脈動相伴隨，而在高音弦的脈動之間

卻按照相等的間隔插入了低音弦的脈動，而其插入的方式更不會引起擾亂；其結果就是，這樣一個諧和音是那樣地柔和而缺少火氣。但是五度音的特徵卻是它的變位的節拍以及高音弦的兩個孤立節拍和低音弦的一個孤立節拍在每兩個同時脈衝之間的插入；這三個孤立節拍是由一些時段分開的，該時段等於分開每一對同時節拍高音弦各孤立節拍的那個時段的一半。於是，五度音的效果就是在耳鼓上引起一種騷癢的感覺，使它的柔軟性變成一種快活感，同時給人以一種輕吻和咬的印象。

薩耳：注意到你已經從這些新鮮事物得到了這麼多喜悅，我必須告訴你一種方法，以便可以使眼睛也像耳朵那樣欣賞同一遊樂。用不同長度的繩子掛起三個鉛球或其他材料的重球，使得當最長的擺完成 2 次振動時最短的擺就完成 4 次振動，而中等長度的擺則完成 3 次振動；當最長的擺的長度為 16 個任意單位，中長的擺的長度為 9，而最短的擺的長度為 4，全都用相同的單位時，這種情況就會出現。

現在，把這些擺從垂直位置上拉開，然後在同一時刻放開它們；你將看到各條懸線在以各種方式相互經過時的一種新奇的關係，但是在最長的擺每完成 4 次振動時，所有三個擺將同時到達同一個端點；從那時起，它們就又開始這種循環。這種振動的組合，恰恰就是給出八度音之音程和中間五度音的音程的同樣組合。如果我們應用相同的儀器裝置而改變懸線的長度，但是卻永遠改變得使它們的振動和悅耳的音程相對應，我們就會看到這些懸線的不同的相互經過，但卻永遠是在一個確定的時段以後，而且是在一定次數的振動以後，所有的懸線，不論是三條還是四條，都會在同一時刻到達同一端點，然後又重複這種循環。[150]

然而，如果兩條或三條懸線的振動是不可通約的，以致它們永遠不會在同一時刻完成確定次數的振動，或者，雖然它們是可通約的，但是它們只有在一個很長的時段中完成了很大次數的振動以後才會同時回來，則眼睛將會被懸線相遇的那種不規則的順序弄得迷惑起來。同樣，耳朵也會因空氣波的波動的一種無規序列不按任何固定的秩序

觸擊耳鼓而感到難受。

但是，先生們，在我們沉迷於各種問題和沒有想到的插話的許多個小時中，我們是不是漫無目的呢？天已晚了，而我們還幾乎沒有觸及本打算討論的課題。確實，我們已經偏離主題太遠，以致我只能不無困難地記起我們的引論以及我們在以後的論證所要應用的假說和原理方面取得的少量進展了。

薩格：那麼，今天咱們就到此為止吧，為了使我們的頭腦可以在睡眠中得到休息，以便我們明天可以再來，而且如果你們高興的話，咱們就可以接著討論許多問題。

辛普：我明天不會不準時到這裏來，不僅樂於為你們效勞，而且也樂於和你們作伴。

第一天終
[151]

第二天

薩格：當辛普里修和我等著你來到時，我們正在試圖回憶你提出來做你打算得出結果的一種原理和基礎的那種考慮。這種考慮處理的是一切固體對破裂所顯示的抵抗力，它依賴於某種內聚力，此種內聚力把各部分黏合在一起，以致只有在相當大的拉力（potente attrazzione）下它們才會屈服和分開。後來我們又試著尋求了這一內聚力的解釋，主要是在真空中尋求的；這就是我們的許多離題議論的時機，這些議論佔用了一整天，並且把我們從原有的問題遠遠地引開了；那原有的問題，正像我已經說過的那樣，就是關於各固體對破裂所顯示的抵抗力（resistenza）。

薩耳：我很清楚地記得這一切。現在回到咱們的討論路線。不論固體對很大拉力（violentà attrazione）所顯示的這種抵抗力的本性是什麼，至少它的存在是沒有疑問的，而且，雖然在直接拉力的事例中這種抵抗力是很大的，但是人們卻發現，在彎曲力（nel violentargli per traverso）的事例中，一般說來抵抗力是較小的。例如一根鋼棒或玻璃棒可以支持 1000 磅的縱向拉力，而一個 50 磅的重物卻將完全足以折斷它，如果它是成直角地固定在一堵垂直的牆上的話。[152]

我們必須考慮的正是這第二種類型的抵抗力；我們試圖發現它在相同質料而不管形狀、長短和粗細是相似還是不相似的稜柱和圓柱中的比例是什麼。在這種討論中，我將認為一條力學原理是充分已知的；該原理已被證實為支配著我們稱之為槓桿的一根柱體的性能，就是

說，力和抵抗力之比等於從支點分別到力和抵抗力的距離的反比。

辛普：這是由亞里斯多德在他的《力學》（*Mechanics*）一書中最初演示了的。

薩耳：在時間方面，我願意承認他的創始權，但是在嚴格的演證方面，最高的位子卻必須歸於阿基米德，因為不僅是槓桿定律，而且還有大多數機械裝置的定律，都依賴於阿基米德在他關於平衡的書①中證明了的單獨一個命題。

薩格：既然這一原理對於你所要提出的一切證明都是基本的，你是不是最好告訴我們這一命題的一個全面而徹底的證明呢？除非那可能太費時間。

薩耳：是的，那將是相當合適的，但是我想，比較好的辦法是用一種和阿基米德所用的方式有些不同的方式來處理我們的課題，那就是首先僅僅假設，相等的重量放在等臂的天平上將形成平衡——這也是由阿基米德假設了的一條原理，然後證明，同樣真實的是，不等的重量當秤的兩臂具有和所懸重量成反比的長度時也形成平衡；換言之，這就等於說，不論是在相等的距離處放上相等的重量，還是在不等的距離處放上和距離成反比的重量，都會形成平衡。

為了把這一問題講清楚，設想有一稜柱或實心圓柱 *AB*，兩端各掛在桿（linea）*HI* 上，其懸線為 *HA* 和 *IB*；很顯然，如果我在天平樑的中點 *C* 上加一條線，則根據已設定的原理，整個的稜柱將平衡懸掛，因為一半的重量位於懸點 *C* 的這邊，而另一半重量則位於懸點 *C* 的那邊。[153] 現在設想稜柱被一個平面在 *D* 處分成不相等的兩部分，並設 *DA* 是較大的部分而 *DB* 是較小的部分；這樣分割以後，設想有一根線 *ED* 繫在點 *E* 上並且支援著 *AD* 部分和 *DB* 部分，以便這兩個部分相對於直線 *HI* 保持原位，而且既然稜柱和樑 *HI* 的相對位置保持不變，那就毫無疑問稜柱將保持其原有的平衡狀態。

---

① *Works of Archimedes*, T. L. Heath 英譯本，pp.189–220。——英譯者

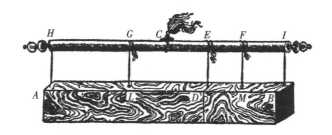

　　但是，如果現在兩端由懸線 *AH* 和 *DE* 掛住的這一部分稜柱是在中心處由單獨一根線 *GL* 掛住的，情況將仍然相同；同樣，如果另一部分 *DB* 在它的中心點上被一根線 *FM* 掛住，它也不會改變位置。假設現在把各線 *HA*、*ED* 和 *IB* 取走，只剩下 *GL* 和 *FM* 兩條線，則同樣的平衡仍然會存在，只要總懸點是位於 *C*。現在讓我們考慮，我們這裏有兩個重物體 *AD* 和 *DB*，掛在一個天平的樑 *GF* 的兩端 *G* 和 *F* 上，對點 *C* 保持平衡，於是線 *CG* 就是從 *C* 到重物 *AD* 之懸點的距離，而 *CF* 就是另一重物 *DB* 的懸掛距離。現在剩下來的，只是要證明這些距離之比等於二重量本身的反比；這就是說，距離 *GC* 比距離 *CF* 等於稜柱 *DB* 比稜柱 *DA* ——這一命題我們將證明如下：既然線 *GE* 是 *EH* 的一半而 *EF* 也是 *EL* 的一半，整個長度 *GF* 就將是全線 *HL* 的一半，因此就等於 *CI*。如果我們現在減去公共部分 *CF*，剩下的 *GC* 就將等於剩下的 *FI*，也就是等於 *FE*，而且如果我們在這些量上加上 *CF*，我們就將得到 *GF* 等於 *CF*；由此即得 $GE2.EF=FC2.CG$。但是 *GE* 和 *FE* 之比等於它們的 2 倍之比，即 *HE* 和 *EL* 之比，也就是等於稜柱 *AD* 和 *DB* 之比。因此，通過把一些比值相等起來，我們就得到，convertendo，距離 *GC* 和距離 *CF* 之比等於重量 *BD* 和重量 *DA* 之比，這就是我們所要證明的。[154]

　　如果以上這些都已清楚，我想你們就會毫不遲疑地承認稜柱 *AD* 和 *DB* 是相對於 *C* 點處於平衡的，因為整個物體 *AB* 的一半是在懸點 *C* 的右邊，而其另一半則在 *C* 的左邊；換句話說，這種裝置等價於安置在相等距離處的兩個相等的重量。我看不出任何人如何會懷疑：

如果兩個稜柱 AD 和 DE 被換成立方體、球體或任何其他形狀的物體，而且如果 G 和 F 仍然是懸點，則它們仍然會相對於點 C 而處於平衡，因為十分清楚，形狀的變化並不會引起重量的變化，只要物質的量（quantità de materià）並不變化。我們由此可以導出普遍的結論：任何兩個重物在和它們的重量成反比的距離上都處於平衡。

確定了一原理，在進而討論任何別的課題以前，我希望請你們注意一個事實，那就是，這些力、抵抗力、動量、形狀，等等，既可以從抽象的、脫離物質的方面來考慮，也可以從具體的、聯繫物質的方面來考慮。由此可見，形狀的那些僅僅是幾何性的而並非物質的性質，當我們在這些形狀中充以物質從而賦予它們以重量時，各該性質就必須加以修改。例如，試考慮槓桿 BA，當放在支點 E 上時，它是被用來舉起一塊沉重的石頭 D 的。剛才證明了的原理就清楚地表明瞭，加在端點 B 上的一個力，將恰好能平衡來自重物 D 的抵抗力，如果這個力（momento）和 D 處的力之比等於距離 AC 和距離 CB 之比的話；而且這是成立的，只要我們僅僅考慮 B 處單一力的力矩和 D 處抵抗力的力矩，而且把槓桿看成一個沒有重量的非物質性的物體。但是，如果我們把槓桿本身的重量考慮在內（槓桿是一種可用木或鐵製成的工具），那就很顯然，當這一重量被加在 [155] B 處的力上時，比值就會改變，從而就必須用不同的項來表示。因此，在繼續討論之前，讓我們同意區分這兩種觀點。當我們考慮抽象意義下的一件儀器，即不討論它本身的物質重量時，我們將說「在絕對意義上對待它」（prendere assolutamente），但是，如果我們在一個簡單而絕對的圖形中充以物質並從而賦予它的重量，我們將把這樣一個物質化的形狀稱爲「矩」或「組合力」（momento o forza composta）。

薩格：我必須打破我不想引導你離開正題的決定，因爲不消除我心中的某一疑問我就不能集中精力來注意以後的講述；那疑問就是，你似乎把 B 處的力比擬爲石頭 D 的重量，其一部分，也可能是一大部分重量是存在於水平面上的，因此……

薩耳：你不必說下去了，我完全明白。然而請你注意，我並沒有

提到石頭的總重量，而是只談到了它在槓桿 BA 的一端 A 點上的力，這個力永遠小於石頭的總重量，而且是隨著它的形狀和升高而變的。

　　薩格：好的，但是這又使我想起另一個我對它很感好奇的問題。為了完全地理解這一問題，如果可能的話請你告訴我，怎樣確定總重量的哪一部分是由下面的平面支撐的，哪一部分是由槓桿的端點 A 支撐的。

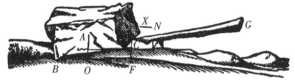

　　薩耳：這個問題的解釋費不了多少時間，從而我將很高興地答應你的要求。在所附的這張圖上。讓我們理解，重物的重心為 A，它和 B 端都位於水平面上，而其另一端則位於槓桿 CG 上。設 N 是槓桿的支點，而對它的力（potenza）則作用在 G 點上。從重心 A 和端點 C 作垂直線 AO 和 CF。然後我就說，總重量的量值（momento）和加在 G 點上的力的量值（momento della potenza）之比等於距離 GN 和 NC 之比乘以 FB 和 BO 之比。畫一段距離 X，使它和 NC 之比等於 BO 和 FB 之比；於是，既然總重量 A 是被 B 處和 C 處的兩個力所平衡的，那就可以推知，B 處的力和 C 處的力之比等於距離 FO 和距離 OB 之比。[156] 因此，componendo，B 處和 C 處兩個力的和，也就是總重量 A（momento di tutto'l peso A）和 C 處的力之比，等於線段 FB 和 BO 之比，也就是等於 NC 和 X 之比，但是作用在 C

上的力（momento della potenza）和作用在 G 處的力之比，等於距離 GN 和距離 NC 之比，由此即得，ex aequali in proportione perturbata②，總重量 A 和作用在 G 處的力之比等於距離 GN 和 X 之比。但是 GN 和 X 之比等於 GN 和 NC 之比乘以 NC 和 X 之比，亦即乘以 FB 和 BO 之比，因此 A 和 G 處的平衡力之比，等於 GN 和 NC 之比乘以 FB 和 BO 之比。這就是所要證明。

現在讓我們回到咱們原來的課題；那麼，如果以上所說的一切都已明白，那就很容易理解下面的命題。

命題 1

用玻璃、鋼、木或其他可斷裂材料製成的稜柱或實心圓柱，當縱向作用時可以支持很大的重量，但是如上所述，它却很容易被橫向作用的一個重量所折斷，該重量和縱向斷裂重量之比，可以遠小於桿件的粗細和長度之比。

讓我們設想有一個實心的稜柱 $ABCD$，其一端在 AB 處嵌入牆中，其另一端懸一重物 E；此外我們還約定，牆是垂直的，而稜柱或圓柱和牆成直角。顯而易見，如果圓柱斷掉，斷裂將發生在 B 點；在那兒，榫眼的邊沿將對槓桿 BC 起一種支點的作用，而力就是作用在這個槓桿上的，固體的粗度 BA 就是槓桿的另一臂，沿該臂分佈著抵抗力，這一抵抗力阻止牆外的部分 BD 和嵌入牆內的部分分開。由以上所述可以推知，作用在 C 處的力的量值和在稜柱的粗度即稜柱的底 BA 和相連部分的接觸面上發現的抵抗力的量值之比，等於長度 CB 和長度 BA 的一半之比；現在，如果我們把對斷裂的絕對抵抗力定義為物體對縱向拉力（在那種事例中，拉力和物體的運動方向相同）的

② 關於 perturbata（擾動？）的定義，見 *Euclid*（《歐幾里得》），卷五，定義 20，Todhutter 版。——英譯者

抵抗力，那麼就得到，稜柱 BD 的絕對抵抗力和加在槓桿 BC 一端的作用力之比等於長度 BC 和另一長度之比；在稜柱的事例中，這後一長度是 AB 的一半，而在圓柱的事例中則是它的半徑。[157] 這就是第一條命題。③ 請注意，在以上的論述中，固體 BD 本身的重量沒有考慮在內，或者說，稜柱曾被假設爲沒有重量的。但是，如果稜柱的

重量必須和重量 E 一起考慮，我們就必須在重量 E 上加上稜柱 BD 的重量的一半；因此，若後者重 2 磅而 E 爲 10 磅，我們就必須把 E 看做似乎重 11 磅。

辛普：爲什麼不是 12 磅？

薩耳：親愛的辛普里修，重量 E 是掛在端點 C 上的，它以其 10 磅的充分力矩作用在槓桿 BC 上；固體 BD 也會

③ 暗中引入到這一命題中並貫穿在第二天的一切討論中的一個基本錯誤就在於沒有認識到，在這樣一根樑中，在任何截面上，必然存在張力和壓力之間的平衡。正確的觀點似乎是由 E. Mariotte 在 1680 年和由 A. Parent 在 1713 年首次發現的。幸好，這一錯誤並不影響以後的命題，那些命題只討論了樑的比例關係而不是實際強度。追隨著 K. Pearson（Todhuntere 的 *History of Elasticity*），可以說伽利略的錯誤在於假設受力樑的纖維是不可拉伸的。或者，承認了時代的影響，也可以說，錯誤就在於把樑的最低纖維當成了中軸。——英譯者

如此，假如它是掛在同一點上並以其 2 磅的充分力矩起作用的話；但是，你知道，這個固體是在它的全部長度 BC 上均勻分佈的，因此離 B 端較近的部分就比離 B 端較遠的部分效果較小。

於是，如果我們取其平均，整個稜柱的重量就應該被看成集中在它的重心上，其位置即槓桿 BC 的中點。但是掛在 C 端的一個重量作用的力矩等於它掛在中點上時的力矩的兩倍，因此，如果把二者的重量都看成是掛在端點 C 上的，我們就必須在重量 E 上加上稜柱重量的一半。[158]

辛普：我完全懂了；而且，如果我沒弄錯，這樣分配著的兩個重量 BD 和 E，將作用一個力矩，就像整個的 BD 和雙倍的 E 一起掛在槓桿 BC 的中點上的力矩一樣。

薩耳：正是這樣，而且這是一個值得記住的事實。現在我們可以很容易地理解。

命題 2

設一桿或應稱稜柱的寬度大於厚度，當力沿著寬度的方向作用時，稜柱所顯示的對斷裂的抵抗力將和力沿厚度作用時它所顯示的抵抗力成什麼比例？

為了清楚起見，考慮一個直尺 ad，其寬度為 ac，而厚度 cb 遠遠小於寬度。現在問題是，為什麼當直尺像第一個圖中那樣側放著時可以支持一個很大的重量 T，而當像第二個圖中那樣平放著時卻不能支持一個比 T 還小的重量 X。答案是明顯的。我們只要記得：在一種事例

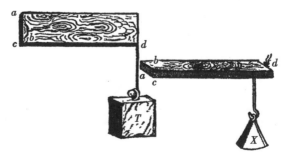

中，支點位於直線 *bc* 上，而在另一種事例中，支點則在 *ca* 上，而加力的距離在兩種事例中都相同，即都是長度 *bd*；但是，在第一種事例中，從支點到抵抗力的距離，即直線 *ca* 的一半，卻大於在另一種事例中的距離，因為那距離只是 *bc* 的一半。因此，重量 *T* 就大於 *X*，其比值即寬度 *ca* 的一半大於厚度 *bc* 的一半的那個比值，因為前者起著 *ca* 的槓桿臂的作用，而後者則起著 *cb* 的槓桿臂的作用，它們都是反對的同一抵抗力，即截面 *ab* 上所有纖維的強度。因此，我們的結論是，任何給定的寬度大於厚度的直尺，或稜柱，當側放時都將比平放時對斷裂顯示較大的抵抗力，而二者之比即等於寬度和厚度之比。

命題 3

現在考慮一個沿水平方向逐漸伸長的稜柱或圓柱，我們必須求出其本身重量的力矩是按什麼比例隨其對斷裂的抵抗力而增加的，我發現這一力矩和長度的平方成比例。[159]

為了證明這一命題，設 *AD* 是一根稜柱或圓柱，水平放置著，其一端 *A* 固定在一堵牆中。設通過 *BE* 部分的加入，稜柱的長度增大得很明顯，如果我們忽略它的重量，僅僅槓桿的長度從 *AB* 增大為 *AC*，就將增大力（力作用在端點上）的傾向在 *A* 處造成斷裂的力矩，其增長比率為 *CA* 比 *BA*。但是，除此以外，固體部分 *BE* 的重量，加在固體 *AB* 的重量上也增大了總重量的力矩，其增長比例為稜柱 *AE* 的重量比稜柱 *AB* 的重量，這與長度 *AC* 和 *AB* 的比值相同。

因此就得到，當長度和重量以任何給定的比例同時增大時，作為此二者之乘積的力矩就將按上述比例之平方的比率而增大。因此結論就是，對於粗細相同而長度不同的稜柱或圓柱來說，其彎曲力矩之比等於其長度平方之比，或者也可以同樣地說成等於長度之比的平方。[160]

其次我們將證明，當稜柱和圓柱的粗細增大而長度不變時，其對斷裂的抵抗力（彎曲強度）將按什麼比率而增大。在這裏，我說：

命題 4

在長度相等而粗細不等的稜柱和圓柱中，對斷裂的抵抗力按其底面直徑立方的比率而增大。

設 A 和 B 爲兩個具有相等長度 DG 和 FH 的圓柱，設其底面爲圓形但不相等，其直徑爲 CD 和 EF。那麼我就說，圓柱 B 所顯示的對斷裂的抵抗力和圓柱 A 所顯示的對斷裂的抵抗力之比，等於直徑

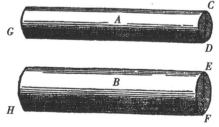

FE 的立方和直徑 DC 的立方之比。因爲，如果我們認爲對縱向拉力而言的對斷裂的抵抗力是依賴於底面的，即依賴於圓 EF 和 DC 的，

則誰也不會懷疑圓柱 B 的強度（抵抗力）會大於 A 的強度，其比值等於圓 EF 的面積和圓 CD 的面積之比，因為這恰恰就是一個圓柱中和另一個圓柱中將其各部分連接在一起的那些纖維的數目之比。

但是，在力沿橫向而作用的事例中，卻必須記得我們是在利用兩個槓桿，這時力是在距離 DG、FH 上作用的，其支點位於點 D 和點 F；但是抵抗力卻是作用在等於圓 DC 和 EF 的半徑的距離上的，因為分佈在整個截面上的那些纖維就如同集中在圓心上那樣地起作用。記得這一點，並記得力 G 和力 H 的作用臂 DG 和 FH 相等，我們就可以理解，作用在底面 EF 之圓心上而抵抗 H 點上的力的抵抗力，比作用在底面 CD 之圓心上而反抗 G 的抵抗力更加有效（maggiore），二者之比等於半徑 FE 和半徑 DC 之比。由此可見，圓柱 B 所顯示的對斷裂的抵抗力大於圓柱 A 所顯示的對斷裂的抵抗力，二者之比等於圓面積 EF 和 DC 之比乘以它們的半徑之比即乘以它們的直徑之比；但是圓面積之比等於它們的直徑平方之比。因此，作為上述二比值之乘積的抵抗力之比就等於直徑立方之比。這就是我要證明的。再者，既然一個立方體的體積正比於它的棱長的立方。我們也可以說，一個長度保持不變的圓柱的抵抗力（強度）隨其直徑的立方而變。
[161]

根據以上所述，我們可以得出推論如下：

推論.長度不變的稜柱或圓柱的抵抗力（強度），隨其體積的 $\frac{3}{2}$ 次方而變。

這是很明顯的，因為具有恆定高度的一個稜柱或圓柱的體積正比於其底面的面積，也就是正比於其邊或底面之直徑的平方，但是，上面剛剛證明，其抵抗力（強度），隨同一邊的長度或其直徑的立方而變。因此，抵抗力就隨體積的 $\frac{3}{2}$ 次方而變——從而也隨其重量的 $\frac{3}{2}$ 次方而變。

辛普：在繼續聽下去以前我希望解決我的一個困難。直到現在，你沒有考慮另外某一種抵抗力，而在我看來，那一種抵抗力是隨著固體的增長而減小的，而且這在彎曲的事例中也像在拉伸的事例中一樣

地正確；情況恰恰就是，在一根繩子的事例中，我們觀察到，一根很長的繩子，似乎比一根短繩子更不能支持重物。由此我就相信，一根較短的木棒或鐵棒將比它很長時能夠支持更大的重量，如果力永遠是沿著縱向而不是沿著橫向作用的，而且如果我們把隨著長度而增加的繩子本身的重量也考慮在內的話。

薩耳：如果我正確地理解了你的意思，辛普里修，我恐怕你在這一特例中正在像別的許多人那樣犯同一種錯誤；那就是，如果你的意思是說，一根長繩子，也許 40 腕尺長，不能像一根短繩子，譬如說 2 腕尺同樣的繩子一樣吊起那麼大的重量。

辛普：我正是這個意思，而且照我所能看到的來說，這種說法很可能是對的。

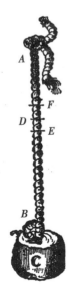

薩耳：相反地，我認為它不僅是不太可能的而且是錯的，而且我想可以很容易地使你承認自己的錯誤。設 AB 代表繩子，其上端 A 固定，下端掛一重物 C，剛剛足以把繩子拉斷。現在，辛普里修，請指出你認為斷口所應出現的確切地方。[162]

辛普：讓我們說是 D 點。

薩耳：那麼為什麼是 D 點呢？

辛普：因為在這個地方繩子不夠結實，支持不住譬如說由繩子的 DB 部分和石頭 C 所構成的 100 磅重量了。

薩耳：如此說來，每當繩子受到 100 磅重的拉伸（violentata）時，它就會在那兒斷掉了。

辛普：我想是的。

薩耳：但是，請告訴我，如果不把石頭掛在繩子的 B 端，而是把它掛在靠近 D 的一點，譬如 E 點；或者，如果不是把繩子的上端 A 點固定住，而是剛剛在 D 上面的一點 F 處把它固定住，則繩子是不是在 D 點會受到同樣的 100 磅的拉力呢？

辛普：會的，如果你把繩子的 EB 段的重量也包括在石頭 C 的重量中的話。

薩耳：因此，讓我們假設繩子在 D 點受到了 100 磅重量的拉力，那麼，根據你自己的承認，它會斷掉；但是，FE 只是 AB 的一小段，那麼你怎能堅持認為長繩子不如短繩不結實呢？那麼，請放棄你和許多很聰明的人士所共同主張的錯誤觀點，並且讓我們接著談下去吧。

既已證明在粗細恆定的（重量均勻分佈的）稜柱和圓柱的事例中，傾向於造成斷裂的力矩（momento sopra le proprie resistenze）隨長度的平方而變，而且同樣證明了，當長度恆定而粗細變化時，對斷裂的抵抗力隨粗細即底面直徑的立方而變，現在讓我們過渡到長度和粗細同時變化的固體的研究。在這裏，我注意到：

命題 5

其長度和粗細都不相同的稜柱或圓柱對斷裂顯示的抵抗力（也就是可以在一端支援的負荷）正比於它們的底面直徑的立方而反比於它們的長度。

[163]

設 ABC 和 DEF 是這樣兩個圓柱，則圓柱 AC 的抵抗力（彎曲強度）和圓柱 DF 的抵抗力之比，等於直徑 AC 的立方除以直徑 DE 的立方再乘上長度 EF 除以長度 BC。作 EG 等於

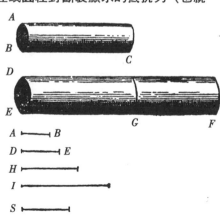

BC:設 H 為線段 AB 和 DE 的第三比例項而 I 為第四項，（$AB:DE = H:I$），並設 $I:S = EF:BC$。

現在，既然圓柱 AC 的抵抗力和圓柱 DG 的抵抗力之比等於 AB

的立方和 DE 的立方之比，也就是說，等於長度 AB 和長度 I 之比，而且，既然圓柱 DG 的抵抗力和圓柱 DF 的抵抗力之比等於長度 FE 和 EG 之比，也就是等於 I 和 S 之比，於是就得到，長度 AB 比 S 等於圓柱 AC 的抵抗力比圓柱 DE 的抵抗力。但是線段 AB 和 S 之比等於 $AB{:}I$ 和 $I{:}S$ 的乘積。由此即得圓柱 AC 的抵抗力（強度）和圓柱 DF 的抵抗力之比等於 $AB{:}I$（即 $AB^3{:}DE^3$）和 $I{:}S$（$EF{:}BC$）的乘積。這就是所要證明的。

既已證明了這一命題，其次讓我們考慮彼此相似的稜柱和圓柱。關於這些物體，我們將證明：

命題 6

在相似的圓柱和稜柱的事例中，由它們的重量和長度相乘而得出的力矩（也就是由它們的自身重量和長度而形成的力矩，長度起槓桿臂的作用），相互之間的比值等於它們的底面抵抗力比值的 ³⁄₂ 次方。

為了證明這一命題，讓我們把兩個相似的圓柱稱為 AB 和 CD。於是，圓柱 AB 中反對其底面 B 上的抵抗力的力的量

值和 CD 中反對其底面 D 上的抵抗力的力的量值之比，就等於 [164] 底面 B 的抵抗力和底面 D 的抵抗之比。而既然固體 AB 和 CD 在反抗它們的底面 B 和 D 的抵抗力方面是各自和它們的重量及槓桿臂的機械利益（forze）成正比的，而且槓桿臂 AB 的機械利益（forza）等於槓桿臂 CD 的機械利益（forza）（這是成立的，因為，由於圓柱的相似性，長度 AB 和底面 B 的半徑之比等於長度 CD 和底面 D 的半徑之比），於是就得到圓柱 AB 的總力（momento）和圓柱 CD 的總力之比，等於圓柱 AB 的重量和圓柱 CD 的重量之比，也就是等於圓柱 AB 的體積（l'istesso cilindro AB）和圓柱 CD 的體積（all'

istesso CD）之比；但是這又等於它們的底面 *B* 和 *D* 的直徑的立方之比；而各底面的抵抗力既然和它們面積成正比，從而也就和它們的直徑平方成正比。因此，各圓柱的力（momenti）之間的相互比率就是它們的底面的抵抗力之比的 ³⁄₂ 次方。④

辛普：這個命題在我看來是既新穎又出人意料的；初看起來，它和我自己所可能猜想的情況大不相同，因為，既然這些圖形在一切其他方面都是相似的，我就肯定地會認為這些圓柱的力（momenti）和抵抗力都將互相成相同的比例。

薩格：正如我在咱們的討論剛一開始時就提到的那樣，這就是此命題的證明之所以使我感到不完全懂的緣故。

薩耳：有一段時間，辛普里修，我總是像你那樣地認為相似固體的抵抗力是相似的，但是一次偶然的觀察卻向我證實了，相似的固體並不顯示和它們的大小成正比的強度；較大的物體比較不適於粗暴的使用，正如高個子比小孩子更容易被摔傷一樣。而且，正如我們在開始時所曾指出的那樣，從一個給定的高度上掉下來的樑或柱，[165] 可能被摔成碎片，而在相同的情況下，一個小東西或一根小的大理石圓柱卻不會被摔斷。正是這種觀察把我引到了一個事實的研討，那就是我即將向你們演證的。這是一個很可驚異的事實，那就是，在無限多個相似的固體中，並不存在兩個固體使它們的力（momenti）和它們的抵抗力都互相成相同的比率。

辛普：現在你使我想起了亞里斯多德的《力學問題》（*Questions in Mechanics*）中的一段話；他在那段話中試圖說明為什麼一根木樑越長就越不結實而容易折斷，儘管短樑較細而長樑較粗。而且如果我

---

④ 從命題 6 開始的前面一段比平常更加有趣，因為它例示了伽利略當時流行的名詞混亂。此處的譯文是照樣譯出的，只除了注有義大利文的地方。伽利略所想到的那些事實是很明顯的，以致很難看出這裏怎麼可能把「力矩」詮釋為「反抗其底面的抵抗力」的力，除非把「槓桿臂 *AB* 的力」理解為「由 *AB* 和底面 *B* 的半徑所構成的槓桿的機械利益」。「槓桿臂 *CD* 的力」也相似。——英譯者

記得不錯，他正是利用簡單的槓桿來解釋此事的。

薩耳：很對，但是既然這種解釋似乎留下了懷疑的餘地，曾以其真正淵博的評注大大豐富和闡明了這一著作的圭瓦拉主教⑤才大量地加入了一些聰明的思索，以期由此而克服所有的困難；儘管如此，甚至連他也在這一特殊問題上弄湖塗了，就是說，當這些立體圖形的長度和粗細按給定的比例增加時，它們的力以及對斷裂和彎曲的抵抗力是不是保持恆定。對這一課題進行了許多思考以後，我已經得到了下述的結果。首先，我將證明：

命題 7

在所有形狀相似的重稜柱和重圓柱中，有一個而且只有一個稜柱和圓柱在它的自身重量下正好處於斷裂和不斷裂的界限之間，使得每一個較大的柱體都不能支持它自己的重量而斷裂，而每一個較小的柱體則能支持更多一點的重量而並不斷裂。

設 AB 為能支持本身重量的一個最長的重稜柱，若其長度再稍增一點點便會自動斷裂。於是我說，這一稜柱在所有相似的稜柱（其數無限）中在佔據斷與不斷之間的界限方面是唯一的：每一個比它大的稜柱都會在自身的重量下自動斷裂，[166] 而每一個比它小的稜柱都能不斷裂，但是卻能承受附加在自身重量上的某一力。

設稜柱 CE 和 AB 相似但大於 AB，於是我說，它不會保持不變，而是將在自身重量作用下斷裂。取部分 CD，使其長度等於 AB。於是，既然 CD 的抵抗力（彎曲強度）和 AB 的抵抗力之比等於 CD 的厚度的立方和 AB 的厚度的立方之比，亦即等於稜柱 CE 和相似稜柱 AB 之比，由此即得，CE 的重量就是長度為 CD 的一個稜柱所能承受的最大負荷，但是 CE 的長度是較大的，因此稜柱 CE 就將斷

⑤ Bishop di Guenvara，泰阿諾的主教，生於 1561 年，卒於 1641 年。──英譯者

裂。現在取另一個小於 AB 的稜柱 FG。設 FH 等於 AB，於是可以用相似的方法證明，FG 的抵抗力（彎曲強度）和 AB 的抵抗力之比等於稜柱 FG 和稜柱 AB 之比，如果距

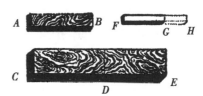

離 AB 即 FH 等於距離 FG 的話，但是 AB 大於 FG，因此作用在 G 點的稜柱 FG 的力矩並不足以折斷稜柱 FG。

薩格：證明簡單而明白，而初看起來似乎不太可能的這一命題現在卻顯得既眞實而又必然了。因此，爲了使稜柱達到這一區分斷裂和不斷裂的極限條件，就必須改變它的粗細和長度之比，不是增大它的粗細就是減小它的長度。我相信，這種極限事例的研究也是要求同等的巧妙的。

薩耳：呐，甚至需要更巧妙，因爲問題是更困難的。我知道這一點，因爲我花了許多時間來發現它，現在我願意和你們共享。

命題 8

已知一圓柱或一稜柱具有滿足在自身重量下不會斷裂的條件的最大長度；而且給定一更大的長度，試求出另一圓柱或稜柱的直徑，使其具有這一較大長度時將成爲唯一而且最大的支持其自身重量的圓柱或稜柱。

設 BC 爲能支持自身重量之最大圓柱，並設 DE 爲一個大於 AC 的長度。問題就是，求出長度爲 DE 而正好能支持其自身重量的那一最大圓柱的直徑。［167］設 I 爲長度 DE 和 AC 的第三比例項，設直徑 FD 和直徑 BA 之比等於 DE 和 I 之比，畫圓柱 FE，於是，在所有具有相同比例的圓柱中，這一圓柱就是恰好能支持其自身重量的唯一最大的圓柱。

設 M 是 DE 和 I 的一個第三比例項，並設 O 是 DE、I 和 M 的第四比例項。作 FG 等於 AC。現在，旣然直徑 FD 和直徑 AB 之比

等於長度 *DE* 和 *I* 之比，而 *O* 是
DE、*I* 和 *M* 的第四比例項，那麼
就有 $FD^3:BA^3=DE:O$。但是，圓
柱 *DG* 的抵抗力（彎曲強度）和圓
柱 *BC* 的抵抗力之比等於 *FD* 的
立方和 *BA* 的立方之比；由此即

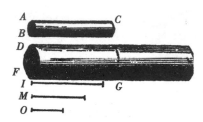

得，圓柱 *DG* 的抵抗力和圓柱 *DE* 的抵抗力之比等於長度 *DE* 和 *O*
之比。而且，既然圓柱 *BC* 的力矩是由它的抵抗力來平衡的（e equale
alla），我們將達成我們的目的（即證明圓柱 *FE* 的力矩等於位於 *FG*
上的抵抗力），如果我們能證明圓柱 *FE* 的力矩和圓柱 *BC* 的力矩之
比等於抵抗力 *DF* 和抵抗力 *BA*，也就是等於 *FD* 的立方比 *BA* 的立
方，或者說等於長度 *DE* 和 *O* 之比的話。圓柱 *FE* 的力矩和圓柱 *DG*
的力矩之比，等於 *DE* 的平方和 *AC* 的平方之比，也就是等於長度
DE 和 *I* 之比；但是圓柱 *DG* 的力矩和圓柱 *BC* 的力矩之比等於
DF 的平方和 *BA* 的平方之比，也就是等於 *DE* 的平方和 *I* 的平方之
比，或者說等於 *I* 的平方和 *M* 的平方之比，或者說等於 *I* 和 *O* 之比。
因此，通過讓各比值相等，結果就是圓柱 *FE* 的力矩和圓柱 *BC* 的力
矩之比等於長度 *DE* 和 *O* 之比，也就是等於 *DF* 的立方和 *BA* 的立
方之比，或者說等於底面 *DF* 的抵抗力和底面 *BA* 的抵抗力之比。這
就是所要證明的。

　　薩格：薩耳維亞蒂，這一證明相當長而困難，只聽一次很難記住。
因此，能不能請你再重講一次？

　　薩耳：當然可以；但是我卻願意建議提出一種更直接和更短的證
明，然而這卻需要另一張圖。[168]

　　薩格：那將更好得多；不過我希望你能答應我把剛才給出的論證
寫下來，以便我在空閒時可以再看。

　　薩耳：我將樂於這樣做，設 *A* 代表一個圓柱，其直徑為 *DC*，而
且是能夠支持其自身重量的最大圓柱。問題是要確定一個較大的的圓
柱，使其是能夠支持其自身重量的最大而唯一的圓柱。

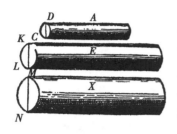

設 E 是這樣一個圓柱，和 A 相似，具有指定的長度，並且有直徑 KL，設 MN 爲兩個長度 DC 和 KL 的一個第三比例項；設 MN 也是另一圓柱 X 的直徑，該圓柱的長度和 E 的相同。於是我就說，X 就是所要求的圓柱。現在，既然底面 DC 的抵抗力和底面 KL 的抵抗力之比等於 DC 的平方和 KL 的平方之比，也就是等於 KL 的平方和 MN 的平方之比，或者說等於圓柱 E 和圓柱 X 之比，也就是等於 E 的力矩和 X 的力矩之比；而且，既然也有底面 KL 的抵抗力（彎曲強度）和底面 MN 的抵抗力之比等於 KL 的立方和 MN 的立方之比，也就是等於 DC 的立方和 KL 的立方之比，或者說等於圓柱 A 和圓柱 E 之比，也就是等於 A 的力矩和 E 的力矩之比；由此即得，ex aequali in proportione perturbata，⑥ A 的力矩和 X 的力矩之比等於底面 DC 的抵抗力和底面 MN 的抵抗力之比；因此，力矩和抵抗力在稜柱 X 中和稜柱 A 中都有確切相同的關係。

現在讓我推廣這個問題，於是它就將可以敘述如下：

已知一圓柱 AC，柱中的力矩和抵抗力（彎曲強度）有任意給定的關係，設 DE 爲另一圓柱的長度，試確定其粗細，以使其力矩和抵抗力之間的關係和圓柱 AC 中的關係相同。

按照和以上相同的方式利用命題 6 的圖，我們可以說，既然圓柱 FE 的力矩和 DG 段的力矩之比等於 ED 的平方和 FG 的平方之比，也就是等於長度 DE 和 I 之比，而且，既然圓柱 FG 的力矩和圓柱 AC 的力矩之比等於 FD 的平方和 AB 的平方之比，或者說等於 ED 的平方和 I 的平方之比，或者說等於 I 的平方和 M 的平方之比，也就是等於長度 I 和 O 之比，於是，ex aequali，由此就得，圓柱 FE 的

⑥此注與前面重複，今不贅。——中譯者

力矩和 [169] 圓柱 AC 的力矩之比等於長度 DE 和 O 之比，也就是等於 DE 的立方和 I 的立方之比，或者說等於 FD 的立方和 AB 的立方之比，也就是等於底面 FD 的抵抗力和底面 AB 的抵抗力之比。這就是所要證明的。

由以上所證，你們可以清楚地看到不論是人爲地還是天然地把結構的體積增加到巨大尺寸的不可能性，同樣也看到建造巨大體積的船艦、宮殿或廟宇的不可能性，即不可能使它們的船槳、庭院、樑棟、鐵栓，總之是所有各部分保持在一起；大自然也不可能產生奇大的樹木，因爲樹枝會在自己的重量下斷掉；同樣也不能構造人、馬或其他動物的骨架使之保持在一起並完成它們的正常功能，如果這些動物的身高要大大增加的話；因爲，這種身高的增加只有通過應用一種比尋常材料更硬和更結實的材料或是通過增大其骨骼而使其外形改變得使它們的相貌如同妖怪一般才能做到。我們的聰慧詩人在描述一個巨人時寫道：

> 其高無從計，
> 其大未可量[7]

當時他心中所想到的，也許正是此種情況。

爲了簡單地舉例說明，我曾描畫了一根骨頭，它的自然長度增加了 3 倍，它的粗細增大得對於一個相應大小的動物可以完成和小骨頭在小動物身上所完成的功能相同的功能。從這裏出示的這兩個圖形，你們可以看到這增大了的骨頭顯得多麼地不成比例。於是就很顯然，如果有人想在一個巨人中保持一個普通身材的人那樣的肢體比例，他就必須或是找到一種更硬和更結實的材料來製造那個巨人的骨骼，或

---

[7] *Non si può compartir quanto sia lungo, Si smisuratamente è tutto grosso.* Ariosto's *Orlando Furioso*, XVII, 30。——英譯者

是必須承認巨人的強度
[170]比普通身材的人有
所減弱；因為，如果他的
身高大大增加，他就會在
自己的體重作用下跌倒而
散架。另一方面，如果物
體的尺寸縮小了，這個物
體的強度卻不會按相同的

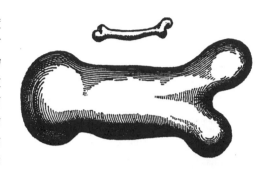

比例而縮小；事實上，物體越小，其相對強度越大。例如，一隻小狗
也許背得動它那樣大小的兩三隻狗，但是我相信，一匹馬甚至馱不動
它那樣大小的另一匹馬。

辛普：這是可能的；但是我卻被某些魚類所達到的巨大體積引導
得有些疑問，例如鯨，我知道它們有象的 10 倍大，但是它們卻全能支
持住自己。

薩耳：你的問題，辛普里修，使人想到另外一條原理。這條原理
迄今沒有引起我的注意，而且它使得巨人們和其他巨大的動物們能夠
像較小的動物那樣支持自己並行動自如。這一結果可以通過兩種方式
來獲得：或是通過增大骨骼和其他不僅負擔其本身重量而且負擔可能
增加的重量的那些部分的強度，或是保持骨骼的比例不變，骨架將照
舊或更容易保持在一起，如果按適當的比例減小骨質重、肌肉以及骨
架所必須支持其他一切東西的重量的話。正是這第二條原理，被大自
然用在了魚類的結構中，使得它們的骨骼和肌肉不僅很輕，而且根本
沒有重量。

辛普：薩耳維亞蒂，你的論證思路是顯然的。既然魚類生活在水
中，而由於它的密度（corpulenza）或如別人所說的重度（gravità），
水會減低浸在它裏邊的各物體的重量（peso），於是你的意思就是說，
由於這種原因，魚類的身體將沒有重量並將毫髮無傷地支持它們的骨
骼。但這並不是全部；因為雖然魚類身體的其餘部分可能沒有重量，
但是絕無問題，它們的骨頭是有重量的。就拿鯨的肋骨來說，其大如

房樑，誰能否認它的巨大重量或當放在水中時它的一沉到底的趨勢呢？因此，人們很難指望這些龐然大物能夠支持它們自己。[171]

薩耳：這是巧妙的反駁！那麼，作爲回答，請告訴我你曾否見過魚類在水中停著不動，旣不沉底又不上游，而且一點兒不費游泳之力呢？

辛普：這是一種眾所周知的現象。

薩耳：那麼，魚類能夠在水中靜止不動這一事實，就是一種決定性的理由使我們想到它們的身體材料和水具有相同的比重；因此，在它們的全身中，如果有些部分比水重，就一定有另一些部分比水輕，因爲不然就不會得到平衡。

因此，如果骨骼比較重，則身體的肌肉或其他成分必然較輕，以便它們的浮力可以抵消骨骼的重量。因此，水生動物的情況和陸生動物的情況正好相反；其意義就是，在陸生動物中，骨骼不僅支持自己的重量而且還要支持肌肉的重量，而在水生動物中，卻是肌肉不僅支持自己的重量而且還要支持骨骼的重量。因此我們必須不再納悶這些巨大的動物爲什麼住在水中而不住在陸上（即空氣中）。

辛普：我信服了，我只願意附帶說一句，有鑒於它們生活在空氣中，被空氣所包圍，並且呼吸空氣，我們所說的陸生動物其實應該叫做氣生動物。

薩格：我欣賞辛普里修的討論，不但包括所提出的問題，而且包括問題的答案。另外我也可以很容易地理解，這些巨魚中的一條，如果被拖上岸來，也許自己不會支持多久，而當它們骨骼之間的連接一旦垮掉時就會全身瓦解了。

薩耳：我傾向於你的意見；而且，事實上我幾乎認爲在很大的船隻的事例中也會出現同樣的情況；在海上漂浮而不會在貨物和武器的負荷下散架的大船，到了岸上的空氣中就可能裂開。但是，讓我們繼續講下去吧。其次的問題是：[172]

已知一根稜柱或圓柱，以及它自己的重量和它可能承受的最大負荷，然後就能夠求出一個最大長度，該柱體不能延長得超過這一最大

長度而並不在自身重量的作用下斷裂。

設 AC 既代表稜柱又代表它的自身重量，而 D 則代表此稜柱可以在 C 端支持而不致斷裂的最大負荷，要求出該稜柱可以延長而並不斷裂的最

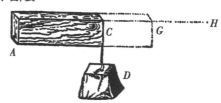

大長度。作 AH 使其長度適當，以致稜柱 AC 的重量和 AC 及兩倍重量 D 之和的比等於長度 CA 和 AH 之比；再設 AG 爲 CA 和 AH 之間的一個比例中項；於是我說，AG 就是所求的長度。既然作用在 C 點的重量 D 的力矩 (momento gravante) 等於作用在 AC 中點上的 2 倍於 D 的力矩，而稜柱 AC 的力矩也作用在中點上，由此即得，位於 A 處的稜柱 AC 之抵抗力的力矩，等價於 2 倍重量 D 加上 AC 的重量同時作用於 AC 中點上的力矩。而且，既然已經約定，這樣定位的一些重量，即 2 倍 D 加 AC 的力矩和 AC 的力矩之比等於長度 HA 和 CA 之比，而且 AG 又是這兩個長度之間的一個比例中項，那麼就有，2 倍 D 加 AC 的力矩和 AC 的力矩之比等於 GA 的平方和 CA 的平方之比。但是，由稜柱 GA 的重量所引起的力矩 (momento premente) 和 AC 的力矩之比等於 GA 的平方和 CA 的平方之比，因此，AG 就是所求的最大長度，也就是稜柱延長而仍能支持自己時所能達到的最大長度；超過這一長度稜柱就會斷裂。

到此爲止，我們考慮了一端固定而有一重力作用於另一端的稜柱或實心圓柱的力矩和抵抗力；共考慮了三種事例，即所加之力是唯一力的事例，稜柱本身的重量也被考慮在內的事例，以及只把稜柱的重量考慮在內的事例。現在讓我們考慮同樣這些 [173] 稜柱和圓柱當兩端都被支住或在兩端之間的某一點上被支住時的情況。

首先我要指出，當兩端都被支住或只在中點被支住時，一根只承擔自己的重量而又具有最大長度（超過此長度柱體就會斷裂）的圓柱，將具有等於它在一端嵌入牆內而只在該端被支住時的最大長度的 2 倍的長度。這是很顯然的，因爲，如果我們用 ABC 來代表這根圓柱並

假設它的一半即 AB 是當一端固定在 B 時能夠支持其本身重量的最大長度，那麼，按照同樣的道理，如果圓柱在 C 點被支住，則其前半段

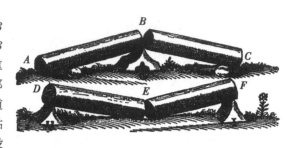

將被後半段所平衡。在圓柱 DEF 的事例中情況也相同，如果它的長度使得當 D 端被固定時只能支持其一半長度的重量，或者，當 F 端被固定時只能支持其另一半長度的重量，那麼就顯而易見，當像 H 和 I 那樣的支持物被分別放在 D 和 F 兩端下面時，任何作用在 E 處的附加力或重量的力矩都會使它在該點斷裂。

一個更複雜而困難的問題是這樣：忽略像上述那樣的一個固體的重量，試求出當作用在兩端被支住的圓柱的中點上即將造成斷裂的一個力或重量，當作用在離一端較近而離另一端較遠的某一點上時會不會也引起斷裂。

例如，如果一個人想折斷一根棍子。他兩手各執棍子的一端而用膝蓋一頂棍子的中點就能折斷；那麼，如果採用相同的姿勢，但是膝蓋頂的不是中點而是離某一端較近的一點，是不是要用同樣大小的力呢？

薩格：我相信，這個問題曾經由亞里斯多德在《力學問題》（*Questions in Mechanics*）中觸及過。[174]

薩耳：然而他的探索並不完全相同，因為他只是想發現為什麼一根棍子當用兩手握住兩端，即握得離膝蓋最遠時，比握得較近時更容易被折斷。他給出了一種普遍的解釋，提到了通過用兩手握住兩端而得到保證的槓桿臂的增長。我們的探索要求得更多一些；我們所要知道的是，當兩手仍握住棍子的兩端時，是不是無論膝蓋頂在何處都需要用同樣大小的力來折斷它。

薩格：初看起來似乎會是這樣，因為兩個槓桿臂以某種方式作用

相同的力矩，有鑒於當一個槓桿臂縮短時另一個就增長。

薩耳：吶，你看到人們多麼容易陷入錯誤以及需要多麼小心謹慎地去避免它了。剛才你所說的初看起來或許是那樣的事實，在仔細考察之下卻證實爲遠遠不是那樣，因爲我們即將看到，膝蓋（即兩個槓桿臂）之是否頂住中點將造成很大的差別，以致當不在中點時，甚至中點折斷力的 4 倍、10 倍、100 倍乃至 1000 倍的力都可能不足以造成折斷。在開始時，我們將提出某些一般的考慮，然後再去確定，爲了在一個點而不是在另一個點造成折斷，所需要的力將按什麼比率而變。

設 *AB* 是一根木圓柱，需要在中點的支撐物 *C* 的上方被折斷；並設 *DE* 是一根完全相同的木圓柱，需要在並非在中點上的支撐物 *F* 的上方被折斷。首先，很明顯，既然距離 *AC* 和 *CB* 相等，加在兩個端點 *B* 和 *A*

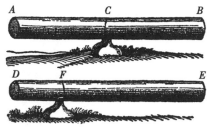

上的力也必然相等。其次，既然距離 *DF* 小於距離 *AC*，作用在 *D* 處的任何力的力矩必然小於作用在 *A* 處的同力的力矩，也就是小於作用距離 *AC* 上的同力的力矩；而且二力矩之比等於長度 *DF* 和 *AC* 之比；由此可見，爲了克服乃至平衡 *F* 處的抵抗力，必須增大 *D* 處的力；但是，和長度 *AC* 相比，距離 *DF* 可以無限地縮小；因此，爲了抵消 *F* 處的抵抗力，就必須無限地增大作用在 *D* 上的力（forza）。

[175] 另一方面，隨著距離 *FE* 在和 *CB* 相比之下的增長，我們必須減小爲了抵消 *F* 處的抵抗力而作用在 *E* 上的力，但是按 *CB* 的標準來量度的距離 *FE* 並不能通過向 *D* 端滑動支點 *F* 而無限地增長；事實上，它甚至不能被弄得達到 *CB* 的 2 倍。因此，所需要的作用在 *E* 上用來平衡 *F* 處的抵抗力的那個力，將永遠大於需要作用在 *B* 上的那個力的二分之一。於是就很明顯，隨著支點 *F* 向 *D* 端的趨近，我們必將有必要無限地增大作用在 *E* 和 *D* 上的二力之和，以便平衡或克

服 *F* 處的抵抗力。

薩格：我們將說些什麼呢，薩耳維亞蒂？我們豈不是必須承認，幾何學乃是一切工具中最強有力的磨礪我們的智力和訓練我們的心智以使我們正確地思維的工具呀？當柏拉圖希望他的弟子們首先要在數學方面打好基礎時，他豈不是完全正確的嗎？至於我自己，我是相當理解槓桿的性質以及如何通過增大或減小它的長度就可以增大或減小力的力矩和抵抗力的力矩的，而在現在這個問題的解方面，我卻並非稍微地而是大大地弄錯了。

辛普：確實我開始明白了；儘管邏輯學是談論事物的一種超級的指南，但是在激勵發現方面，它卻無法和屬於幾何學的確切定義的力量相抗衡。

薩格：在我看來，邏輯學教給我們怎樣去考驗已經發現了和已經完成了的那些論點和證明的結論性，但是我不相信它能教給我們如何去發現正確的論點和證明。但是薩耳維亞蒂最好能夠告訴我們，當支點沿著同一根木棍從一點向另一點移動時，為了造成斷裂，力必須按什麼比例而變化。[176]

薩耳：你所要求的比率是按下述方式來確定的：

如果在一根圓柱上作兩個記號，要求在那兩個地方造成斷裂，則這兩個點上的抵抗力之比，等於由每一支點分成的兩段圓柱所形成的長方形面積的反比。

設 *A* 和 *B* 是將在 *C* 處造成圓柱斷裂的最小的力，同樣，設 *E* 和 *F* 是將在 *D* 處造成圓柱斷裂的最小的力。於是我就說，*A*、*B* 二力之和與

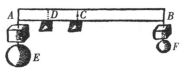

E、*F* 二力之和的比，等於長方形 *AD*、*DB* 的面積和長方形 *AC*、*CB* 的面積之比。因為 *A*、*B* 二力之和與 *E*、*F* 二力之和的比，等於下列三個比值的乘積，那就是 $(A+B):B$、$B:F$ 和 $F:(F+E)$。但是長度 *BA* 和長度 *CA* 之比等於力 *A*、力 *B* 之和與力 *B* 之比，並且也等於長度 *DB* 和長度 *CB* 之比，從而也等於力 *B* 和力 *F* 之比，也等於長度

AD 和長度 *AB* 之比；至於力 *F* 和力 *F* 及力 *E* 之和的比值，情況也相同。

由此就得到，力 *A* 和力 *B* 之和比力 *E* 和力 *F* 之和，等於下列三個比值的乘積，即 *BA:CA*、*BD:BC* 和 *AD:AB* 之積。但是，*DA:CA* 就是 *DA:BA* 和 *BA:CA* 的乘積。因此，力 *A* 和力 *B* 之和比力 *E* 和力 *F* 之和，就等於 *DA:CA* 和 *DB:CB* 之積。但是長方形 *AD*·長方形 *DB* 和長方形 *AC*·長方形 *CB* 之比等於 *DA:CA* 和 *DB:CB* 的乘積。因此，力 *A* 和力 *B* 之和比力 *E* 和力 *F* 之和，就等於長方形 *AD*·長形 *DB* 比長方形 *AC*·長方形 *CB*；也就是說，*C* 處對斷裂的抵抗力和 *D* 處對斷裂的抵抗力之比，等於長方形 *AD*·長方形 *DB* 和長方形 *AC*·長方形 *CB* 之比。　　　　　　　　　證畢。[177]

另一個相當有趣的問題，可以作爲這一定理的推論得到解決。那就是：

已知一圓柱或稜柱在其抵抗力最小的中點上所能支持的最大重量，並給定一較大的重量，試求出柱上的一點，該點所能支援的最大負荷即爲該較大重量。

設所給大於圓柱 *AB* 之中點所能支持的最大重量的那個較大重量和該最大重量之比等於長度 *E* 和長度 *F* 之比。問題就是要找出圓柱上的一點，使這一較大重量恰爲該點所能支持的最大重量。設 *G* 是長度 *E* 和 *F* 之間的一個比例中項，作 *AD* 與 *S* 使它們之比等於 *E* 和 *G* 之比；因此 *S* 將小於 *AD*。

設 *AD* 爲半圓 *AHD* 的直徑，在半圓上，取 *AH* 等於 *S*。作 *H* 和 *D* 的連線，並取 *DR* 等於 *HD*。於是我說，*R* 就是所求之點；亦即所給的比圓柱 *D* 之中點能夠支持的最大重量更大的重量，在該點上將是最大負荷。

以 *AB* 爲直徑作半圓

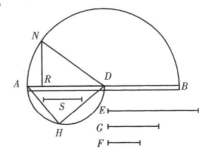

ANB，作垂線 RN 並畫 N、D 二點之連線。現在，既然以 NR 和 RD 為邊的兩個正方形之和等於以 ND 為邊的正方形，亦即等於 AD 的平方，或者說等於 AH 的平方和 HD 的平方之和；而且，既然 HD 的平方等於 DR 的平方，我們就有，NR 的平方，亦即長方形 $AR \cdot RB$，等於 AH 的平方，從而也等於 S 的平方；但是，S 的平方和 AD 的平方之比等於長度 F 和長度 E 之比，也就是等於在 D 點上所能支持的最大重量和所給重量中的較大重量之比，由此可見，後者將是在 R 點上可以支援的最大負荷。這就是所要求的解。

　　薩格：現在我完全理解了。而且我正在想，既然稜柱在離中點越遠的點上變得越來越堅實而更加能夠抵抗負荷的壓力，我們在又大又重的樑的事例中或許可以在靠近兩端的地方切掉它很大一部分，這將顯著地減小其重量，而且在大房屋的架構工作中將被證實很有用和很方便。[178]

　　如果人們能夠發現為了使一個固體在各點上同樣強固而所應給予它的適當形狀，那將是一件很可喜的事情；在那種事例中，加在中點上的一個負荷將不會比加在任何另外的點上時容易造成斷裂。[8]

　　薩耳：我正好在打算提到和這一問題有聯繫的一個有趣的和值得注意的事實。如果我畫一幅圖，我的意思就會清楚了。設 DB 代表一個稜柱；那麼，正如我們已經證明的那樣，由於加在 B 端的一個負荷，稜柱 AD 端對斷裂的抵抗力（彎曲強度）就將小於 CI 處的抵抗力，二者之比等於長度 CB 和 AB 之比。現在設想把稜柱沿對角線切成兩半，使其相對的兩面成為三角形，朝向我們的一面為 FAB。這樣的一個固體將和稜柱具有不相同的性質；因為，如果負荷保持於 B，

---

[8] 讀者將注意到，這裏涉及了兩個不同的問題。薩格利多在上一段議論中提出的問題是：試求一樑，當一個恆值負荷從該樑的一端運動到另一端時，樑中的最大脅強將有相同的值。薩耳維亞蒂所要證明的第二個問題是：試求一樑，對於固定點上的恆值負荷，該樑的每一截面上的最大脅強都相同。——英譯者

則 C 處對斷裂的抵抗力（彎曲強度）將小於 A 處的抵抗力，二者之比等於長度 CB 和長度 AB 之比。這是容易證明的，因為，如果 CNO 代表一個平行於 AFD 的截面，則 $\triangle FAB$ 中長度

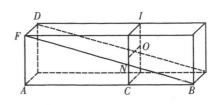

FA 和長度 CN 之比，等於長度 AB 和長度 CB 之比。因此，如果我們設想 A 和 C 爲所選定的支點位置，則這種事例中的槓桿臂 BA、AF 和 BC、CN 將互成比例（simili）。因此，作用在 B 處通過臂 BA 而反抗位於距離 AF 上的抵抗力的那個力的力矩，將等於同一個力作用在 B 通過臂 BC 而反抗位於距離 CN 上的同一抵抗力時的力矩。但是，喏，如果力仍然作用在 B，當支點位於 C 時，此力通過臂 CN 而要克服的抵抗力將小於支點位於 A 時的抵抗力，二者之比等於長方形截面 CO 和長方形截面 AD 之比，也就是等於長度 CN 和 AF 之比，或者說等於 CB 和 BA 之比。

由此可知，由 OBC 部分引起的 C 處的對抗斷裂的抵抗力小於由整塊物體 DAB 引起的 A 處對斷裂的抵抗力，二者之比等於長度 CB 和長度 AB 之比。

通過這樣對角鋸開，我們現在已經從原來的樑或棱柱 DB 上切除了一半，剩下來的是一個楔形體或稱三角棱形體 FAB。這樣，我們就有了兩個具有相反性質的固體：當變短時，一個固體將越來越堅固，而另一個固體則越來越 [179] 脆弱。情況既已如此，看來不僅合理而且不可避免的就是，存在一條截開線，使得當多餘的材料被截去以後，剩下來的固體就具有適當的形狀，使得它在所有各點上都顯示相同的抵抗力（強度）。

辛普：當從大過渡到小時，顯然必將遇到相等。

薩格：但現在的問題是鋸子應該沿著什麼路線鋸下去。

辛普：在我看來這似乎不應該是什麼困難的任務；因為，如果通過沿對角線鋸開並除去一半材料，剩下來的部分就得到一種和整個棱

柱的性質恰好相反的性質，使得在後者強度增大的每一點上前者的強度都減小，那麼我就覺得，通過採取一個中間性的路程，即鋸掉前一半的一半，或者說通過鋸掉整個物體的 ¼，則剩下來的形狀的強度就將在所有那樣的點上都爲恆量；在那些點上，前兩個形狀中一個形狀的所得等於另一個形狀的所失。

薩耳：你弄錯了目標，辛普里修。因爲，正如我即將向你證明的那樣，你可以從稜柱上取掉而不使它變弱的那個數量，不是 ¼ 而是 ⅓。現在剩下來的工作就是，正如薩格利多建議的那樣，找出鋸子必須經過的路線。正如我將證明的那樣，這條路線必須是一條拋物線。但是首先必須證明下述的引理：

如果在兩個槓桿或天平中支點的位置適當，使得二力所作用的二臂之比等於二抵抗力所作用的二臂的平方之比，而且二抵抗力之比等於它們所作用的二臂之比，則該二作用力將相等。[180]

設 AB 和 CD 代表兩個槓桿，各被其支點分爲兩段，使得距離 EB 和距離 FD 之比等於距離 EA 和 FC 之比的平方。設 A 和

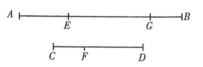

C 處的抵抗力之比等於 EA 和 FC 之比。那麼我就說，爲了和 A 及 C 處的抵抗力保持平衡而必須作用在 B 和 D 上的二力相等。設 EG 爲 BE 和 FD 之間的一個比例中項。於是我們就有 $BE:EG=EG:FD=AE:CF$。但是後一比值恰好就是我們假設存在於 A 和 C 處的兩個抵抗力之間的比值。而且，既然 $EG:FD=AE:CF$，於是，permutando，就得到 $EG:AE=FD:CF$。注意到距離 DC 和 GA 是由點 F 和 E 分爲相同比例的，就得到，當作用在 D 上將和 C 處的抵抗力保持平衡的同一個力作用在 G 上時就將和 A 上的一個抵抗力相平衡，而該抵抗力等於在 C 上看到的那個抵抗力。

但是問題的一個條件就是，A 處的抵抗力和 C 處的抵抗力之比等於距離 AE 和 CF 之比，或者說等於 BE 和 EG 之比。因此，作用在 G 上，或者倒不如說作用在 D 上的力，當作用在 B 上時將平

衡 A 處的抵抗力。證畢。

這一點既已清楚，就可以在稜柱 DB 的 FB 面上畫一條拋物線，其頂點位於 B。將稜柱沿此拋物線鋸開，剩下的固體部分將包圍在底面 AD、長方形平面

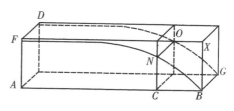

AG、直線 BG 和曲面 DGBF 之間，該曲面的曲率和拋物線 FNB 的曲率等同。我說，這一固體將在每一點都有相同的強度。設固體被一個平行於 AD 的平面 CO 所切開。設想點 A 和點 C 是兩個槓桿的支點，其中一個槓桿以 BA 和 AF 爲臂，而另一個則以 BC 和 CN 爲臂。於是，既然在拋物線 FBA 上我們有 BA:BC＝AF²:CN²，那麼就很清楚，一個槓桿的臂 BA 和另一槓桿的臂 BC 之比，等於臂 AF 的平方和另一臂 CN 的平方之比。既然應由槓桿 BA 來平衡的抵抗力和應由槓桿 BC 來平衡的抵抗力之比等於長方形 DA 和長方形 OC 之比，也就是等於長度 AF 和長度 CN 之比，而這兩個長度就是各槓桿的另外兩個臂，那麼，根據剛才證明的那條引理就得到，當作用在 BG 上將平衡 DA 上的抵抗力的那同一個力，也將平衡 CO 上的抵抗力。同樣情況對任何其他截面也成立。因此這一拋物面固體各處的強度都是相同的。[181]

現在可以證明，如果稜柱沿著拋物線 FNB 被鋸開，它的三分之一就將被鋸掉；因爲，長方形 FB 和以拋物線爲界的拋物平面 FNBA，是介於兩個平行平面之間（即長方形 FB 和 DG 之間）的兩個固體的底面；因此，兩個固體的體積之比就等於它們的底面之比。但是，長方形 FB 的面積是拋物線下面的 FNBA 面積的 1.5 倍；由此可見，通過沿著拋物線將稜柱鋸開，我們就會鋸掉其體積的三分之一。這樣就看到了，可以怎樣減小一個橫樑的重量的百分之三十三而並不降低它的強度；這是一件在大容器的製造方面很有用處的事實，特別是在結構的輕化具有頭等重要性的甲板支撐問題上。

薩格：從這一事實引出的益處是那樣的數目眾多，以致既太煩人也不可能把它們全都提到了。但是，此事不談，我卻願意知道上述這種重量的減低是怎麼發生的。我可以很容易地理解，當沿著對角線切開時，一半重量就會被取走；但是，關於沿拋物線鋸開就會取走稜柱的三分之一，我只能接受薩耳維亞蒂的說法，他永遠是可以依靠的，然而我卻願意聽聽別人所講的第一手知識。

薩耳：那麼你將喜歡聽聽那件事的證明，就是說，一個稜柱的體積比我們稱之為拋物面固體的物體的體積大出了稜柱體積的三分之一。這種證明我已經在早先的一個場合告訴過你們，然而我現在將試著回憶一下那個證明。在證明中，我記得曾經用到過阿基米德《論螺線》（*On Spinals*）⑨ 一書中的一條引理；就是說，已知若干條直線，長度不等，彼此之間有一公共差，該差等於其中最短的直線；另外有同樣數目的一些直線，每一條的長度都等於前一組直線中最長的一條的長度；那麼，第二組中各線長度的平方和，將小於第一組中各線長度的平方和的 3 倍。但是，第二組中各線長度的平方和，將大於第一組中除最長者外各線長度的平方和。[182]

承認了這一點，將拋物線 AB 內接於長方形 $ACBP$ 中。現在我們必須證明，以 BP 和 PA 為邊而以拋物線 BA 為底的混合三角形是整個長方形 CP 的三分之一。假如不是這樣，它不是大於就是小於三分之一。假設它比三分之一小一個用 X 來代表的面積。通過畫一些平行於 BP 和 CA 二邊的直線，我們可以把長方形 CP 分成許多相等的部分；而且如果這種過程繼續進行，我們最後就可以達到一種分法，使得其中每一部分都小於 X。設長方形 OB 代表其中一個這樣的部分。而且通過拋物線和其他各平行線相交的各點，畫直線平行於 AP。現在讓我們在「混合三角形」周圍畫一個圖形，由一些長方形如 BO、IN、

⑨ 關於此處所提到的這條定理的證明，見 "*Works of Archimedes*"，T. L. Heath 譯，(Camb. Univ. Press, 1897) p.107 及 p.162。──英譯者

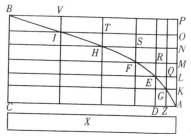

HM、*FL*、*EK* 和 *GA* 構成；這個圖也將小於長方形 *CP* 的三分之一，因為這個圖比「混合三角形」多出的部分仍然遠小於長方形 *BO*，而 *BO* 是被假設為小於 *X* 的。

薩格：請慢一點，因為我看不出在「混合三角形」周圍畫的這個圖的超出部分怎麼會遠小於長方形 *BO*。

薩耳：長方形 *BO* 是不是有一個面積，等於拋物線所經過的各個小長方形的面積之和呢？我指的就是長方形 *BI*、*IH*、*HF*、*FE*、*EG* 和 *GA*，它們各自只有一部分位於「混合三角形」之內。我們是不是已把長方形 *BO* 取為小於 *X* 呢？因此，如果正像我們的反對者所可能說的那樣，三角形加 *X* 等於長方形 *CP* 的三分之一；外接的圖形在三角形上增加了一個小於 *X* 的面積，將仍然小於長方形 *CP* 的三分之一。然而這是不可能的，因為外接圖形大於總面積的三分之一。因此，說我們的「混合三角形」小於長方形的三分之一是不對的。[183]

薩格：你已經清除了我的困難；但是仍然有待證明外接圖形大於長方形 *CP* 的三分之一，我相信這個任務將被證實為不太容易。

薩耳：關於此事沒有什麼很困難的。既然在拋物線上有 $DE^2:ZG^2=DA:AZ=$長方形 *KE*:長方形 *AG*，注意到這兩個長方形的高 *AK* 和 *KL* 相等，就得到 $ED^2:ZG^2=LA^2:AK^2=$ 長 方 形 *KE*:長 方 形 *KZ*。按照完全相同的辦法可以證明，其他各長方形 *LE*、*MH*、*NL*、*OB* 彼此之間也和各線段 *MA*、*NA*、*OA*、*PA* 的平方成相同的比例關係。

現在讓我們考慮外接圖形，它由一些面積組成，各該面積之間和一系列線段的平方成相同的比例關係，而各線段長度之公共差等於系列中最短的線段；此外再注意到長方形 *CP* 是由相等數目的面積組成的，其中每一面積都等於最大的面積並等於長方形 *OB*。因此，按照

阿基米德的引理，外接圖形就大於長方形 *CP* 的三分之一；但它同時又小於三分之一這是不可能的。因此「混合三角形」不小於長方形 *CP* 的三分之一。

　　同樣，我說它也不能大於長方形 *CP* 的三分之一。因為，讓我們假設它大於長方形 *CP* 的三分之一，設它超出的面積為 *X*，將長方形 *CP* 劃分成許多相等的小長方形，直到其中每一個小長方形小於 *X*，設 *BO* 代表一個這種小於 *X* 的長方形。利用上面的圖，我們就在「混合三角形」中有一個內接圖形，由長方形 *VO*、*TN*、*SM*、*RL* 和 *QK* 組成；此圖將不小於大長方形 *CP* 的三分之一。

　　因為「混合三角形」比內接圖形大一個量，而該量小於該三角形大於長方形 *CP* 三分之一的那個量。為了看出這一點是對的，我們只要記得三角形大於 *CP* 三分之一的量等於面積 *X*，而 *X* 則小於長方形 *BO*，而 *BO* 又遠小於三角形超出內接圖形的量。因為長方形 *BO* 是由 [184] 小長方形 *AG*、*GE*、*EF*、*FH*、*HI* 和 *IB* 構成的，而三角形超出內接圖形的量則小於這些小長方形的總和的二分之一。於是，既然三角形超出長方形 *CP* 三分之一的量為 *X*，此量大於三角形超出內接圖形之量，後者也將超過長方形 *CP* 的三分之一。但是，根據我們已設的引理，它又是較小的。因為長方形 *CP* 是那些最大的長方形之和，它和組成內接圖形的長方形之比，等於相同數目的最長線段的平方和，和那些具有公共差的線段的平方之比，後者不包括最長的線段。

　　因此，正如在正方形的事例中一樣，各最大長方形的總和，也就是長方形 *CP*，就大於具有公共差而不包含最大者在內的那些長方形之總和的 3 倍，但是後面這些長方形卻構成內接圖形。由此可見，「混合三角形」既不大於也不小於長方形 *CP* 的三分之一，因此它只能等於 *CP* 的三分之一。

　　薩格：這是一種漂亮而巧妙的證明，特別是因為它給了我們拋物

線的面積，證明它是內接三角形⑩ 的三分之四。這個事實曾由阿基米德證明過，他利用了兩系列不同的然而卻可讚賞的許多命題。這同一個定理近來也曾由盧卡‧瓦勒里奧⑪ 所確立，他是我們這個時代的阿基米德；他的證明見他討論固體重心的書。

薩耳：那是一本確實不應該放在任何傑出幾何學家的作品之下的書，不論是現在的還是過去的幾何學家。那本書一入我們的院士先生之手，就立即引導他放棄了他自己沿這些路線的研究，因為他十分高興地發現每一事物都已經由瓦勒里奧處理了和證明了。[185]

薩格：當院士先生親自告訴了我此事時，我請求他告訴我他在看到瓦勒里奧的書以前就已經發現了的那種證明，但是我在這方面沒有成功。

薩耳：我有一份那些證明並將拿給你們看；因為你們將欣賞這兩位作者在達到並證明同一些結論時所用方法的不同；你們也將發現，有些結論是用不同的方式解釋了的，雖然二者事實上是同樣正確的。

薩格：我將很高興地看它們，並將認為它是一大幸事，如果你能把它們帶到咱們的例會上來的話。但是在此以前，當考慮通過拋物線切割而由稜柱形成的那個固體的強度時，有鑒於這一事實有可能既有興趣又在許多機械操作方面很有用處，如果你能給出一些迅速而又容易的法則以供一個機械師用來在一個平面上畫一條拋物線，那不也是一件好事嗎？

薩耳：有許多方法畫這些曲線。我只準備提到其中最快的兩種。其中一種是確實可驚異的；因為利用此法我可以畫出 30 條或 40 條拋物曲線，而其精密性和準確性並不很次，而且所用的時間比另一個人借助於圓規來在紙上很清楚地畫出四五個不同大小的圓所用的時間還要短。我拿一個完全圓的黃銅球，大小如一個核桃，把它沿一個金屬

---

⑩ 請仔細區分這一三角形和前面提到的混合三角形。——英譯者

⑪ Luca Valerio，和伽利略同時代的一位傑出的義大利數學家。——英譯者

鏡子的表面扔出，鏡子的位置幾乎是垂直的；這樣，銅球在運動中就輕輕地壓那鏡面，並在上面畫出一條精細而清楚的拋物線；當仰角增大時，這一拋物線將變得更長和更窄。上述實驗提供了清楚而具體的證據，表明一個拋射體的路徑是一條拋物線，這一事實是由我們的朋友首先觀察到並在他有關運動的書中證明了的，關於這些事將在我們下一次的聚會中加以討論。在這一方法的實施中，最好預先通過在手中滾動那個球而使它稍微變熱和濕潤一些，以便它在鏡面上留下的痕跡更加清楚。[186] 在稜柱面上畫所要的曲線的第二種方法如下：在適當的高度且在同一水平線上的一面牆上釘兩個釘子，使這兩個釘子之間的距離等於想在上面畫所要求的半邊拋物線的那個長方形寬度的兩倍。在兩個釘子上掛一條輕鏈，其長度使它的下垂高度等於稜柱的長度。這條鏈子將下垂而成拋物線形。⑫ 因此，如果把這種形式用點子在牆上記下來，我們就將描出一條完整的拋物線；在兩個釘子之間的中點上畫一條垂直線，就能把這條拋物線分成兩個相等的部分。把這條曲線移到稜柱的相對的兩個面上是毫無困難的，任何普通技工都知道怎麼做。

利用畫在我們朋友的羅盤上的那些幾何曲線，⑬ 很容易把那些能夠定位這同一曲線的點畫在稜柱的同一個面上。

到此為止，我們曾經證明了許多和固體對斷裂顯示的抵抗力有關的結論。作為這門科學的一個出發點，我們假設了固體對一種縱向拉力的抵抗力是已知的；從這種基礎開始，可以進而發現許多其他的結果以及它們的證明；關於這些結果，將在自然界中被發現的是無限多的。但是，為了使我們的逐日討論有一個結尾，我想討論一下中空物體的強度；這種物體被應用在人工上——更多地應用在大自然中——

⑫ 現在已經清楚地知道，這條曲線不是拋物線而是懸鏈線，其方程是在伽利略去世 49 年以後由傑姆斯‧伯努利首先給出的。——英譯者

⑬ 伽利略的幾何學和軍事學的羅盤描述在 Nat. Ed. Vol. 2。——英譯者

的上千種操作中，其目的是大大地增加強度而不必增加重量；這些現象的例子可以在魚類的骨頭和許多種蘆葦中見到，它們很輕，但卻對彎曲和破碎有很大的抵抗力。因為，假如一根麥稈要支撐比整根稈子還重的麥穗，假如它是用相同數量的材料做成實心的，它就會 [187] 對彎曲和破碎表現更小的抵抗力。這是在實踐中得到驗證和肯定的一種經驗；在實踐中，人們發現一支中空的長矛或一根木管或金屬管要比同樣長度和同樣重量的實心物體結實得多；實心物體必然會較細；因此，人們曾經發現，為了把長矛做得盡可能地又輕又結實，必須把它做成中空的。現在我們將證明：

在體積相同、長度相同的一中空、一實心的兩根圓柱的事例中，它們的抵抗力（彎曲強度）之比等於它們的直徑之比。

設 AE 代表一中空圓柱，而 IN 代表一重量相同和長度相同的實心圓柱；於是我說，圓管 AE 對斷裂顯示的抵抗力和實心圓柱 IN 所顯示的抵抗力之比，等於直徑 AB 和直徑 IL 之比。這是很顯然的；

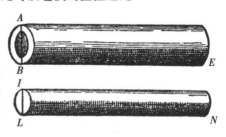

因為，既然圓管 AE 和實心圓柱 IN 具有相同的體積和長度，圓形底面 IL 的面積就將等於作為管 AE 之底面的環形 AB 的面積（此處所說的環形面積是指不同半徑的兩個同心圓之間的面積）。因此，它們對縱向拉力的抵抗力是相等的；但是，當利用橫向拉力來引起斷裂時，在圓柱 IN 的事例中，我們用長度 LN 作為槓桿臂，用點 L 作為支點，而用直徑 LI 或其一半作為反抗槓桿臂；而在管子的事例中，起著第一槓桿臂的作用的長度 BE 等於 LN，支點 B 對應的反抗槓桿臂則是直徑 AB 或其一半。於是很明顯，管子的抵抗力（彎曲強度）大於實心圓柱的抵抗力，二者之比等於直徑 AB 和直徑 IL 之比；這就是所求的結果。[188] 就這樣，中空圓管的強度超過實心圓柱的強度，二者之比等於它們的直徑之比，只要它們是用相同的材料製成的，並

且具有相同的重量和長度。

其次就可以研究圓管和實心圓柱的普遍事例了，它們的長度不變，但其重量和中空部分卻是可變的。首先我們將證明：

給一中空圓管，可以確定一個等於（eguale）它的實心圓柱。

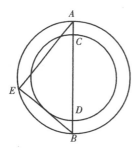

方法很簡單。設 AB 代表管子外直徑而 CD 代表其內直徑。在較大的圓上取一點 E，使 AE 的長度等於直徑 CD。連接 E、B 二點。現在，既然 E 處的角內接在一個半圓上，$\angle AEB$ 就是一個直角。直徑為 AB 的圓的面積等於直徑分別為 AE 和 EB 的兩個圓的面積之和。但是 AE 就是管子的中空部分的直徑。因此，直徑為 EB 的圓的面積就和環形 $ACBD$ 的面積相同。由此可知，圓形底面的直徑為 EB 的一個實心圓柱，就將和等長的管壁具有相同的體積。根據這一定理，就很容易解決：

試求長度相等的任一圓管和任一圓柱的抵抗力（彎曲強度）之比。

設 ABE 代表一根圓管而 RSM 代表一根等長的圓柱；現要求找出它們的抵抗力之比。利用上述的命題，確定一根圓柱 ILN，使之與圓管具有相同的體積和長度。畫一線段 V，使其長度 RS（圓柱 IN 底面積的直徑）及 RM 有如下的關係： $V{:}RS = RS{:}IL$。於是我就說，圓管 AE

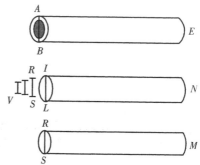

的抵抗力和圓柱 RM 的抵抗力之比，等於線段 AB 的長度和線段 V 的長度之比。[189] 因為，既然圓管 AE 在體積和長度上都與圓柱 IN 相等，圓管的抵抗力和該圓柱的抵抗力之比就應該等於線段 AB 和 IL 之比；但是圓柱 IN 的抵抗力和圓柱 RM 的抵抗力之比又等於 IL

的立方和 RS 的立方之比，也就是等於長度 IL 和長度 V 之比；因此，ex aequali，圓管 AE 的抵抗力（彎曲強度）和圓柱 RM 的抵抗力之比就等於長度 AB 和 V 之比。　　　　　　　　　　證畢。

第二天終
[190]

第三天

位置的改變（De Motu Locali）

　　我的目的是要推進一門很新的科學，它處理的是一個很老的課題。在自然界中，也許沒有任何東西比運動更古老；關於此事，哲學家們寫的書是既不少也不小的；儘管如此，我卻曾經通過實驗而發現了運動的某些性質，它們是值得知道的，而且迄今還不曾被人們觀察過和演示過。有些膚淺的觀察曾被做過，例如，一個重的下落物體的自由運動（naturalem motum）① 是不斷加速的；但是，這種加速到底達到什麼程度，卻還沒人宣佈過；因為，就我所知，還沒有任何人曾經指出，從靜止開始下落的一個物體在相等的時段內經過的距離彼此成從 1 開始的奇數之間的關係。②

　　曾經觀察到，炮彈或拋射體將描繪某種曲線路程，然而卻不曾有人指出一件事實，即這種路程是一條拋物線。但是這一事實的其他為數不少和並非不值一顧的事實，我卻在證明它們方面得到了成功，而

----

① 在這兒，作者的「natural motion」被譯成了「自由運動」，因為這是今天被用來區分文藝復興時期的「natural motion」和「violent motion」的那個名詞。——英譯者
② 這個定理將在下文中證明。——英譯者

且我認爲更加重要的是，現在已經開闢了通往這一巨大的和最優越的科學的道路；我的工作僅僅是開始，一些方法和手段正有待於比我更加頭腦敏銳的人們用來去探索這門科學的更遙遠的角落。

這種討論分成三個部分。第一部分處理穩定的或均勻的運動；第二部分處理我們在自然界發現其爲加速的運動；第三部分處理所謂「劇烈的」運動以及拋射體。[191]

均勻運動

在處理穩定的或均勻的運動時，我們只需要一個定義；我給出此定義如下：

定　義

所謂穩定運動或均勻運動是指那樣一種運動，粒子在運動中在任何相等的時段中通過的距離都彼此相等。

注　意

舊的定義把穩定運動僅僅定義爲在相等的時間內經過相等的距離；在這個定義上，我們必須加上「任何」二字，意思是「所有的」相等時段，因爲，有可能運動物體將在某些相等的時段內走過相等的距離，不過在這些時段的某些小部分中走過的距離卻可能並不相等，即使時段是相等的。

由以上定義可以得出四條公理如下：

公理 1

在同一均勻運動的事例中，在一個較長的時段中通過的距離大於

在一個較短的時段中通過的距離。

公理 2

在同一均勻運動的事例中，通過一段較大距離所需要的時間長於通過一段較小距離所需要的時間。

公理 3

在同一時段中，以較大速率通過的距離大於以較小速率通過的距離。[192]

公理 4

在同一時段中，通過一段較長的距離所需要的速率大於通過一段較短距離所需要的速率。

定理 1　命題 1

如果一個以恆定速率而均勻運動的粒子通過兩段距離，則所需時段之比等於該二距離之比。

設一粒子以恆定速率均勻運動而通過兩段距離 AB 和 BC，並設通過 AB 所需要的時間用 DE 來代表，通過 BC 所需要的時間用 EF 來代表；於是我就說，距離 AB 和距離 BC 之比等於時間 DE 和時間 EF 之比。

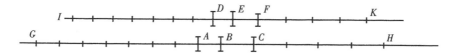

設把距離和時間都向著 G、H 和 I、K 前後延伸。將 AG 分成隨便多少個等於 AB 的間隔，而且同樣在 DI 上畫出數目相同的等於 DE 的時段。另外，再在 CH 上畫出隨便多少個等於 BC 的間隔，並在 FK 上畫出數目正好相同的等於 EF 的時段；這時距離 BG 和時間 EI 將等於距離 BA 和時間 ED 的任意倍數；同樣，距離 HB 和時間 KE 也等於距離 CB 和時間 FE 的任意倍數。

而且既然 DE 是通過 AB 所需要的時間，整個的時間 EI 將是通過整個距離 BG 所需要的；而且當運動是均勻的時候，EI 中等於 DE 的時段個數就將和 BG 中等於 BA 的間隔數相等，而且同樣可以推知 KE 代表通過 HB 所需要的時間。

然而，既然運動是均勻的，那就可以得到，如果距離 GB 等於距離 BH，則時間 IE 也必等於時間 EK；而且如果 GB 大於 BH，則 IE 也必大於 EK；而且如果小於，則也小於。[3] 現在共有四個量：第一個是 AB，第二個是 BC，第三個是 DE，而第四個是 EF；時間 IE 和距離 GB 是第一個量和第三個量即距離 AB 和時間 DE 的任意倍。[193] 但是已經證明，後面這兩個量全都或等於或大於或小於時間 EK 和距離 BH，而 EK 和 BH 是第二個量和第四個量的任意倍數。因此，第一個量和第二個量即距離 AB 和距離 BC 之比，等於第三個量和第四個量即時間 DE 和時間 EF 之比。　　　　　　證畢。

定理 2　命題 2

如果一個運動粒子在相等的時段內通過兩個距離，則這兩個距離之比等於速率之比。而且反言之，如果距離之比等於速率之比，則二時段相等。

---

[3] 伽利略在此所用的方法，是歐幾里得在《幾何原本》（*Elements*）第五卷中著名的定義 5 中提出的方法，參見《大英百科全書》「幾何學」條，第十一版，p.683.——英譯者

　　參照上頁圖，設 AB 和 BC 代表在相等的時段內通過的兩段距離，例如，設距離 AB 是以速度 DE 被通過的，而距離 BC 是以速度 EF 被通過的。那麼，我就說，距離 AB 和距離 BC 之比等於速度 DE 和速度 EF 之比。因為，如果像以上那樣取相等倍數的距離和速率，即分別取 AB 和 DE 的 GB 和 IE，並同樣地取 BC 和 EF 的 HB 和 KE，則可以按和以上同樣的方式推知，倍數量 GB 和 IE 將同時小於、等於或大於倍數量 BH 和 EK。由此本定理即得證。

定理 3　命題 3

**　　在速率不相等的事例中，通過一段距離所需要的時段和速率成反比。**

　　設兩個不相等的速率中較大的一個用 A 來表示，其較小的一個用 B 來表示，並設和二者相對應的運動通過給定的空間 CD。於是我就說，以速率 A 通過距離 CD 所需要的時間和以速率 B 通過同一距離所需要的時間之比等於速率 B 和速率 A 之比。因為，設 CD 比 CE 等於 A 比 B，則由前面的結果可知，以速率 A 通過距離 CD 所需要的時間和以速率 B [194] 通過距離 CE 所需要的時間相同；但是，以速率 B 通過距離 CE 所需要的時間和以相同的速率通過距離 CD 所需要的時間之比，等於 CE 和 CD 之比；因此，以速率 A 通過 CD 所需要的時間和以速率 B 通過 CD 所需要的時間之比，就等於 CE 和 CD 之比，也就是等於速率 B 和速率 A 之比。　　　　　　　　　　　　　　　　　　　　　　　　證畢。

定理 4　命題 4

**　　如果兩個粒子在進行均勻運動，但是可有不同的速率，在不相等**

的時段中由它們通過的距離之比，將等於速率和時間的複合比。

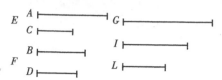

設進行均勻運動的兩個粒子為 E 和 F，並設物體 E 的速率和物體 F 的速率之比等於 A 和 B 之比；但是卻設 E 的運動所費時間和 F 的運動所費時間之比等於 C 和 D 之比。於是我就說，E 在時間 C 內以速率 A 而通過的距離和 F 在時間 D 內以速率 B 而通過的距離之比，等於速率 A 和速率 B 之比乘以時間 C 和時間 D 之比而得到的乘積。因為，如果 G 是 E 在時段 C 中以速率 A 而通過的距離，而且如果 G 和 I 之比等於速率 A 和速率 B 之比，而且如果也有時段 C 和時段 D 之比等於 I 和 L 之比，那麼就可以推知，I 就是在 E 通過 G 的相同時間內 F 所通的距離，因為 G 比 I 等於速率 A 比速率 B。而且，既然 I 和 L 之比等於時段 C 和 D 之比，如果 I 是 F 在時段 C 內通過的距離，則 L 將是 F 在時段 D 內以速率 B 通過的距離。

但是 G 和 L 之比是 G 和 I 的比值與 I 和 L 的比值的乘積，也就說是速率 A 和速率 B 之比與時段 C 和時段 D 之比的乘積。

證畢。[195]

定理 5　命題 5

如果兩個均勻運動的粒子以不同的速率通過不相等的距離，則所費時間之比等於距離之比乘以速率的反比。

設兩個運動粒子用 A 和 B 來代表，並設 A 的速率和 B 的速率之比等於 V 和 T 之比；同樣，設所通過的兩個距離之比等於 S 和 R 之比；於是我就說，A 的運動所需要的時段和 B 的運動所需要的時段之比，等於速率 T 和速率 V 之比乘以距離 S 和距離 R 之比所得的乘積。

設 C 為 A 的運動所佔據的時段，並設時段 C 和時段 E 之比等

於速率 T 和速率 V 之比。

而且，既然 C 是
A 以速率 V 在其中
通過距離 S 的時段，
而且 B 的速率 T 和
速率 V 之比等於時

段 C 和時段 E 之比，那麼 E 就應是粒子 B 通過距離 S 所需要的時間。如果現在我們令時段 E 和時段 G 之比等於距離 S 和距離 R 之比，則可以推知 G 是 B 通過距離 R 所需要的時間。既然 C 和 G 之比等於 C 和 E 之比乘以 E 和 G 之比而得到的乘積（同時也有 C 和 E 之比等於 A 和 B 的速率的反比，這也就是 T 和 V 之比）；而且，既然 E 和 G 之比與距離 S 和 R 之比相同。命題就已證明。[196]

定理6　命題6

如果兩個粒子是做均勻運動的，則它們的速率之比等於它們所通過的距離之比乘以它們所佔用的時段之反比而得到的乘積。

設 A 和 B 是以均勻速率運動的兩個粒子，並設它們各自通過的距離之比等於 V 和 T 之比，但是卻設各時段之比等於 S 和 R 之比。於是我就說，A 的速率和 B 的速率之比等於距離 V 和距離 T 之比乘以時段 R 和時段 S 之比而得到的乘積。

設 C 是 A 在時段 S 內通過距離 V 的速率，並設速率 C 和另一個速率 E 之比等於 V 和 T 之比；於是 E 就將是 B 在時段 S 內通過距離 T 的速率。如果現在速率 E 和另一個速率 G 之比等於時段 R 和時段 S 之比，則 G 將是 B 在時段 R 內通過距離 T 的速率。於是我

們就有粒子 A 在時段 S 內通過距離 V 的速率 C，以及粒子 B 在時段 R 內通過距離 T 的速率 G。C 和 G 之比等於 C 和 E 之比乘以 E 和 G 之比而得出的乘積；根據定義，C 和 E 之比就是距離 V 和距離 T 之比，而 E 和 G 之比就是 R 和 S 之比。由此即得命題。

薩耳：以上就是我們的作者所寫的關於均勻運動的內容。現在我們過渡到例如重的下落物體所一般經受到的那種自然加速的運動的一種新的和更加清晰的考慮。下面就是標題和引言。[197]

自然加速的運動

屬於均勻運動的性質已經在上節中討論過了；但是加速運動還有待考慮。

首先，看來有必要找出並解釋一個最適合自然現象的定義。因為，任何人都可以發明一種任意類型的運動並討論其性質。例如，有人曾經設想螺線或蚌線是由某些在自然界中遇不到的運動所描繪的，而且曾經很可稱讚地確定了它們根據定義所應具有的性質；但是我們卻決定考慮在自然界中實際發生的那種以一個加速度下落的物體的現象，並且把這種現象弄成表現觀察到的加速運動之本質特點的加速運動的定義。而且最後，經過反覆的努力，我相信我們已經成功地做到了這一點。在這一信念中，我們主要是得到了一種想法的支持，那就是，我們看到實驗結果和我們一個接一個地證明了的這些性質相符合和確切地對應。最後，在自然地加速的運動的探索中，我們就彷彿被親手領著那樣去追隨大自然本身的習慣和方式，按照她的各種其他過程來只應用那些最平常、最簡單和最容易的手段。

因為我認為沒人會相信還有什麼方式會比魚兒們鳥兒們天生會游會飛還要更簡單而容易的呢。

因此，當我觀察一塊起初是靜止的石頭從高處下落並不斷地獲得速率的增量時，為什麼我不應該相信這樣的增長是以一種特別簡單而在每人看來都相當明顯的方式發生的呢？如果現在我們仔細地檢查一

下這個問題，我們就發現沒有比永遠以相同方式重複進行的增加或增長更爲簡單的。當我們考慮時間和運動之間的密切關係時，我們就能真正地理解這一點；因爲，正如運動的均勻性是通過相等的時間和相等的空間來定義和想像的那樣（例如當相等的距離是在相等的時段中通過的時，我們就說運動是均勻的），我們也可以用相似的方式通過相等的時段來想像速率的增加是沒有任何複雜性地進行的；例如我們可以在心中描繪一種運動是均勻而連續地被加速的，當在任何相等的時段中運動的速率都得到相等的增量時。[198] 例如，從物體離開它的靜止位置而開始下降的那一時刻開始計時，如果不論過了多長的時間，都是在頭兩個時段中得到的速率將等於在第一個時段中得到的速率的 2 倍；在三個這樣的時段中增加的量是第一時段中的 3 倍，而在四個時段中的增加量是第一時段中的 4 倍。爲了把問題說得更清楚些，假若一個物體將以它在第一時段中獲得的速率繼續運動，它的運動就將比它以在頭兩個時段中獲得的速率繼續運動時慢一倍。

由此看來，如果我們令速率的增量和時間的增量成正比，我們就不會錯得太多；因此，我們即將討論的這種運動的定義，就可以敍述如下：一種運動被稱爲均勻加速的，如果從靜止開始，它在相等的時段內獲得相等的速率增量。

薩格：人們對於這一定義，事實上是對任何作者所發明的任何定義提不出任何合理的反駁，因爲任何定義都是隨意的，雖然如此，我還是願意並無他意地表示懷疑，不知上述這種用抽象方式建立的定義是否和我們在自然界的自由下落物體的事例中遇到的那種加速運動相對應並能描述它。而且，既然作者顯然主張他的定義所描述的運動就是自由下落物體的運動，我希望能夠排除我心中的一些困難，以便我在以後可以更專心地聽那些命題和證明。

薩耳：你和辛普里修提出這些困難是很好的。我設想，這些困難就是我初次見到這本著作時所遇到的那些相同的困難，它們是通過和作者本人進行討論或在我自己的心中反覆思考而被消除了的。[199]

薩格：當我想到一個從靜止開始下落的沉重物體時，就是說它從

零速率開始並且從運動開始時起和時間成比例地增加速率；這是一種那樣的運動，例如在 8 次脈搏的時間獲得 8 度速率；在第四次脈搏的結尾獲得 4 度；在第二次脈搏的結尾獲得 2 度；在第一次脈搏的結尾獲得 1 度；而且既然時間是可以無限分割的，由所有這些考慮就可以推知，如果一個物體的較早的速率按一個恆定比率而小於它現在的速率，那麼就不存在一個速率的不論多小的度（或者說不存在遲慢性的一個無論多大的度），是我們在這個物體從無限遲慢即靜止開始以後不會發現的。因此，如果它在第四次脈搏的末尾所具有的速率是這樣的：如果保持均勻運動，物體將在 1 小時內通過 2 英里；而如果保持它在第二次脈搏的末尾所具有的速率，它就會在 1 小時內通過 1 英里；我們必須推測，當越來越接近開始的時刻時，物體就會運動得很慢，以致如果保持那時的速率，它就在 1 小時，或 1 天，或 1 年，或 1000 年內也走不了 1 英里；事實上，它甚至不會挪動 1 英寸，不論時間多長；這種現象使人們很難想像，而我們的感官卻告訴我們，一個沉重的下落物體會突然得到很大的速率。

薩耳：這是我在開始時也經歷過的困難之一，但是不久以後我就排除了它；而且這種排除正是通過給你們帶來困難的實驗而達成的。你們說，實驗似乎表明，在重物剛一開始下落以後，它就得到一個相當大的速率；而我卻說，同一實驗表明，一個下落物體不論多重，它在開始時的運動都是很遲慢而緩和的。把一個重物體放在一種柔軟的材料上，讓它留在那兒，除它自己的重量以外不加任何壓力；很明顯，如果把物體抬高一兩英尺再讓它落在同樣的材料上，由於這種衝量，它就會作用一個新的比僅僅由重量引起的壓力更大的壓力，而且這種效果是由下落物體（的重量）和在下落中得到的速度所共同引起的；這種效果將隨著下落高度的增大而增大，也就是隨著下落物體的速度的增大而增大。於是，根據衝擊的性質和強度，我們就能夠準確地估計一個下落物體的速率。[200] 但是，先生們，請告訴我這是不對的：如果一塊夯石從 4 英尺的高度落在一個橛子上而把它打進地中 4 指的深度；如果讓它從 2 英尺高處落下來，它就會把橛子打得更淺許多；

最後，如果只把夯石抬起 1 指高，它將比僅僅被放在橛子上更多打進多大一點兒？當然很小。如果只把它抬起像一張紙的厚度那麼高，那效果就會完全無法覺察了。而且，既然撞擊的效果依賴於這一打擊物體的速度，那麼當（撞擊的）效果小得不可覺察時，能夠懷疑運動是很慢而速率是很小嗎？現在請看看真理的力量吧！同樣的一個實驗，初看起來似乎告訴我們一件事，當仔細檢查時卻使我們確信了相反的情況。

上述實驗無疑是很有結論性的。但是，即使不依靠那個實驗，在我看來也應該不難僅僅通過推理來確立這樣的事實。設想一塊沉重的石頭在空氣中被保持於靜止狀態。支援物被取走了，石頭被放開了；於是，既然它比空氣重，它就開始下落，而且不是均勻地下落，而是開始時很慢，但卻是以一種不斷加速的運動而下落。現在，既然速度可以無限制地增大和減小，有什麼理由相信，這樣一個以無限的慢度（即靜止）開始的運動物體立即會得到一個 10 度大小的速率，而不是 4 度，或 2 度，或 1 度，或 0.5 度，或 0.01 度，而事實上可以是無限小值的速率呢？請聽我說，我很難相信你們會拒絕承認，一塊從靜止開始下落的石頭，它的速率的增長將經歷和減小時相同的數值序列；當受到某一強迫力時，石頭就會被扔到起先的高度，而它的速率就會越來越小；但是，即使你們不同意這種說法，我也看不出你們怎麼會懷疑速率漸減的上升石頭在達到靜止以前將經歷每一種可能的慢度。

辛普：但是如果越來越大的慢度有無限多個，它們就永遠不能被歷盡，因此這樣一個上升的重物體將永遠達不到靜止，而是將永遠以更慢一些的速率繼續運動下去，但這並不是觀察到的事實。[201]

薩耳：辛普里修，這將會發生，假如運動物體將在每一速度處在任一時間長度內保持自己的速率的話；但是它只是通過每一點而不停留到長於一個時刻；而且，每一個時段不論多麼短都可以分成無限多個時刻，這就足以對應於無限多個漸減的速度了。

至於這樣一個上升的重物體不會在任一給定的速度上停留任何時間，這可以從下述情況顯然看出：如果某一時段被指定，而物體在該

時段的第一個時刻和最後一個時刻都以相同的速率運動，它就會從這第二個高度上用和從第一高度上升到第二高度的完全同樣的方式再上升一個相等的高度，而且按照相同的理由，就會像從第二個高度過渡到第三個高度那樣而最後將永遠進行均勻運動。

薩格：從這些討論看來，我覺得所討論的問題似乎可以由哲學家來求得一個適當的解；那問題就是，重物體的自由運動的加速度是由什麼引起的？在我看來，既然作用在上拋物體上的力（virtù）使它不斷地減速，這個力只要還大於相反的重力，就會迫使物體上升；當二力達到平衡時，物體就停止上升而經歷它的平衡狀態；在這個狀態上，外加的衝量（impeto）並未消滅，而只是超過物體重量的那一部分已經用掉了，那就是使物體上升的部分。然後，外加衝量的減少繼續進行，使重力占了上風，下落就開始了；但是由於反向衝量（virtù impressa）的原因，起初下落得很慢，這時反向衝量的一大部分仍然留在物體中，但是隨著這種反向衝量的繼續減小，它就越來越多地被重力所超過，由此即得運動的不斷加速。

辛普：這種想法很巧妙，不過比聽起來更加微妙一些；因為，即使論證是結論性的，它也只能解釋一種事例；在那種事例中，一種自然運動以一種強迫運動為其先導，在那種強迫運動中，仍然存在一部分外力（virtù esterna），但是當不存在這種剩餘部分而物體從一個早先的靜止狀態開始時，整個論點的緊密性就消失了。

薩格：我相信你錯了，而你所作出的那種事例的區分是表面性的，或者倒不如說是不存在的。但是，請告訴我，一個拋射體能不能從拋射者那裏接受一個或大或小的力，例如把它拋到 100 腕尺的高度，或甚至是 20 腕尺，或 4 腕尺，或 1 腕尺的高度的那種力呢？ [202]

辛普：肯定可以。

薩格：那麼，外加的力（virtù impressa）就可能稍微超過重量的阻力而使物體上升 1 指的高度，而且最後，上拋者的力可能只大得正好可以平衡重量的阻力，使得物體並不是被舉高而只是懸空存在。當一個人把一塊石頭握在手中時，他是不是只給它一個強制力（virtù impellente）使它向上，等於把它向下拉的重量的強度（facoltà）而沒有做任何別的事呢？而且只要你還把石頭握在手中，你是不是繼續在對它加這個力呢？在人握住石頭的時間之內，這個力會不會或許隨著時間在減小呢？

　　而且，這個阻止石頭下落的支持是來自一個人的手，或來自一張桌子，或來自一根懸掛它的繩子，這又有什麼不同呢？肯定沒有任何不同。因此，辛普里修，你必須得出結論說，只要石頭受到一個力的作用，反抗它的重量並足以使它保持靜止，至於它在下落之前停留在靜止狀態的時間是長是短乃至只有一個時刻，那都是沒有任何相干的。

　　薩耳：現在似乎還不是考察自由運動之加速原因的適當時刻；關於那種原因，不同的哲學家曾經表示了各式各樣的意思，有些人用指向中心的吸引力來解釋它，另一些人則用物體中各個最小部分之間的排斥力來解釋它，還有一些人把它歸之於周圍媒質中的一種應力，這種媒質在下落物體的後面合攏起來而把它從一個位置趕到另一個位置。現在，所有這些猜想，以及另外一些猜想，都應該加以檢查，然而那卻不一定值得。在目前，我們這位作者的目的僅僅是考察並證明加速運動的某些性質（不論這種加速的原因是什麼）；所謂加速運動是指那樣一種運動，即它的速度的動量（i momenti della sua velocità）在離開靜止狀態以後不斷地和時間成正比而增大；這和另一種說法相同，就是說，在相等的時段，物體得到相等的速度增量；而且，如果我們發現以後即將演證的（加速運動的）那些性質是在自由下落的和加速的物體上實現的，我們就可以得出結論說，所假設的定義包括了下落物體的這樣一種運動，而且它們的速率（accelerazione）是隨著時間和運動的持續而不斷增大的。[203]

　　薩格：就我現在所能看到的來說，這個定義可能被弄得更清楚一些而不改變其基本想法，就是說，均勻加速的運動就是那樣一種運動，它的速率正比於它所通過的空間而增大，例如，一個物體在下落 4 腕尺中所得到的速率，將是它在下落 2 腕尺中所得到的速率的 2 倍，而

後一速率則是在下落 1 腕尺中所得到的速率的 2 倍。因為毫無疑問，一個從 6 腕尺高度下落的物體，具有並將以之來撞擊的那個動量（impeto），是它在 3 腕尺末端上所具有的動量的 2 倍，並且是它在 1 腕尺末端上所具有的動量的 3 倍。

薩耳：有這樣錯誤的同伴使我深感快慰；而且，請讓我告訴你，你的命題顯得那樣地或然，以致我們的作者本人也承認，當我向他提出這種見解時，連他也在一段時間內同意過這種謬見。但是，使我最吃驚的是看到兩條如此內在地有可能的以致聽到它們的每一個人都覺得不錯的命題，竟然只用幾句簡單的話就被證明不僅是錯誤的，而且是不可能的。

辛普：我是那些人中的一個，他們接受這一命題，並且相信一個下落物體會在下落中獲得活力（vires），它的速度和空間成比例地增加，而且下落物體的動量（momento）當從 2 倍高度處下落時也會加倍；在我看來，這些說法應該毫不遲疑和毫無爭議地被接受。

薩耳：儘管如此，它們還是錯誤的和不可能的，就像認為運動應該在一瞬間完成那樣地錯誤和不可能；而且這裏有一種很清楚的證明。假如速度正比於已經通過或即將通過的空間，則這些空間是在相等的時段內通過的；因此，如果下落物體用以通過 8 英尺的空間的那個速度是它用以通過前面 4 英尺空間的速度的 2 倍（正如一個距離是另一距離的 2 倍那樣），則這兩次通過所需要的時段將是相等的。但是，對於同一個物體來說，在相同的時間內下落 8 英尺和 4 英尺，只有在即時（discontinous）運動的事例中才是可能的；但是觀察卻告訴我們，下落物體的運動是需要時間的，而且通過 4 英尺的距離比通過 8 英尺的距離所需的時間要少；因此，所謂速度正比於空間而增加的說法是不對的。[204]

另一種說法的謬誤性也可以同樣清楚地證明。因為，如果我們考慮單獨一個下擊的物體，則其撞擊的動量之差只能依賴於速度之差；因為假如從雙倍高度下落的下擊物體應該給出一次雙倍動量的下擊，則這一物體必須是以雙倍的速度下擊的，但是以這一雙倍的速度，它

將在相同時段內通過雙倍的空間；然而觀察卻表明，從更大高度下落所需要的時間是較長的。

薩格：你用了太多的明顯性和容易性來提出這些深奧問題；這種偉大的技能使得它們不像用一種更深奧的方式被提出時那麼值得賞識了。因爲，在我看來，人們對自己沒太費勁就得到的知識，不像對通過長久而玄祕的討論才得到知識那樣重視。

薩耳：假如那些用簡捷而明晰的方式證明了許多通俗信念之謬誤的人們被用了輕視而不是感謝的方式來對待，那傷害還是相當可以忍受的；但是，另一方面，看到那樣一些人卻是令人很不愉快而討厭的，他們以某一學術領域中的貴族自居，把某些結論看成理所當然，而那些結論後來卻被別人很快地和很容易地證明爲謬誤的了。我不把這樣一種感覺說成忌妒，而忌妒通常會墮落爲對那些謬誤發現者的仇視和惱怒。我願意說它是一種保持舊錯誤而不接受新發現的真理的強烈欲望。這種欲望有時會引誘他們團結起來反對這些真理，儘管他們在內心深處是相信那些真理的；他們起而反對之，僅僅是爲了降低某些別的人在不肯思考的大眾中受到的尊敬而已。確實，我曾經從我們的院士先生那裏聽說過許多這樣的被認爲是真理但卻很容易被否證的謬說；其中一些我一直記著。[205]

薩格：你務必把它們告訴我們，不要隱瞞，但是要在適當的時候，甚至可以舉行一次額外的聚會。但是現在，繼續我們的思路，看來到了現在，我們已經確立了均勻加速運動的定義；這定義敘述如下：

一種運動被稱爲等加速運動或均勻加速運動，如果從靜止開始，它的動量（celeritatis momenta）在相等的時間內得到相等的增量。

薩耳：確立了這一定義，作者就提出了單獨一條假設，那就是：

同一物體沿不同傾角的斜面滑下，當斜面的高度相等時，物體得到的速率也相等。

所謂一個斜面的高度，是指從斜面的上端到通過其下端的水平線上的垂直距離。例如，爲了說明，設直線 AB 是水平的，並設平面 CA 和 CD 爲傾斜於它的平面；於是，作者就稱垂線 CB 爲斜面 CA 和

CD 的「高度」；他假設說，同一物體沿斜面 CA 和 CD 而下滑到 A 端和 D 端時所得到的速率是相等的，因為二斜面的高度都是 CB；而且也必須理解，這個速率就是同一物體從 C 下落到 B 時所將得到的速率。

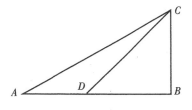

薩格：你的假設使我覺得如此合理，以致它應該被毫無疑問地認同，當然，如果沒有偶然的或外在的阻力，而且各平面是堅硬而平滑的，而運動物體的形狀也是完全圓滑的，從而平面和運動物體都不粗糙的話。當一切阻力和反抗力都已消除時，我的理智立刻就告訴我，一個重的和完全圓的球沿直線 CA、CD 和 CB 下降時將以相等的動量 (impeti eguali) 到達終點 A、D、B。[206]

薩耳：你的說法看似合理，但是我希望用實驗來把它的或然性增大到不缺少嚴格證明的程度。

設想紙面代表一堵垂直的牆，有一個釘子釘在上面，釘上用一根垂

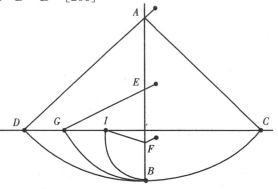

直的細線掛了一個一兩或二兩重的彈丸，細線 AB 譬如說有 4-6 英尺長，離牆約有 2 指遠近；垂直於豎線在牆上畫一條水平線 DC。現在把懸線和小球拿到位置 AC，然後放手；起初我們會看到它沿著弧線 $\overarc{CBD}$ 下落，通過點 B，並沿弧線 $\overarc{BD}$ 前進，直到幾乎前進到水平線 CD，所差的一點兒高度是由空氣的阻力和懸線的阻力引起的；我們由此可以有理由地推測，小球在其沿弧線 $\overarc{CB}$ 下降中，當到 B 時獲得

了一個動量（impeto），而這個動量正好足以把它通過一條相似的弧線送到同一高度。多次重複了這個實驗以後，現在讓我們再在牆上靠近垂直線 AB 處釘一個釘子，例如在 E 或 F 處；這個釘子伸出大約五六指，以便懸線帶著小球經過了 CB 時可以碰著釘子，這樣就迫使小球經過以 E 爲心的弧線 $\overset{\frown}{BG}$。④ 由此我們可以看到同一動量可以做些什麼；它起初是從同一 B 點出發，帶著同一物體通過弧線 $\overset{\frown}{BD}$ 而走向水平線 CD。現在，先生們，你們將很感興趣地看到，小球擺向了水平線上的 G 點。而且，如果障礙物位於某一較低的地方，譬如位於 F，你們就將看到同樣的事情發生，這時小球將以 F 爲心而描繪圓弧 $\overset{\frown}{BI}$，球的升高永遠確切地保持在直線 CD 上。但是如果釘子的位置太低，以致剩下的那段懸線達不到 CD 的高度時（當釘子離 B 點的距離小於 AB 和水平線 CD 的交點離 B 的〔207〕距離時就會發生這種情況），懸線將跳過釘子並繞在它上面。

　　這一實驗沒有留下懷疑我們的假設的餘地，因爲，既然兩個弧 $\overset{\frown}{CB}$ 和 $\overset{\frown}{DB}$ 相等而且位置相似，通過沿 $\overset{\frown}{CB}$ 下落而得到的動量（momento）就和通過沿 $\overset{\frown}{DB}$ 下落而得到的動量相同；但是，由於沿 $\overset{\frown}{CB}$ 下落而在 B 點得到的動量，卻能夠把同一物體（mobile）沿著 $\overset{\frown}{BD}$ 舉起來；因此，沿 $\overset{\frown}{BD}$ 下落而得到的動量，就等於把同一物沿同弧從 B 舉到 D 的動量；因此，普遍說來，沿一個弧下落而得到的每一個動量，都等於可以把同一物體沿同弧舉起的動量。但是，引起沿各 $\overset{\frown}{BD}$、$\overset{\frown}{BG}$ 和 $\overset{\frown}{BI}$ 的上升的所有這些動量都相等，因爲它們都是由沿 $\overset{\frown}{CB}$ 下落而得到的同一動量引起的，正像實驗所證明的那樣。因此，通過沿 $\overset{\frown}{DB}$、$\overset{\frown}{GB}$、$\overset{\frown}{IB}$ 下落而得到的所有各動量全都相等。

　　薩格：在我看來，這種論點是那樣地有結論性，而實驗也如此地適合於假說的確立，以致我們的確可以把它看成一種證明。

---

④ 此處原謂小球達到 B 時懸線才碰到釘子；這似乎不可能。不知是伽利略原文之誤還是英譯本之誤。今略爲斟酌如此。──中譯者

　　薩耳：薩格利多，關於這個問題，我不想太多地麻煩咱們自己，因為我們主要是要把這一原理應用於發生在平面上的運動，而不是應用於發生在曲面上的運動；在曲面上，加速度將以一種和我們對平面運動所假設的那種方式大不相同的方式而發生變化。

　　因此，雖然上述實驗向我們證明，運動物體沿 $\overset{\frown}{CB}$ 的下降使它得到一個動量，足以把它沿著 $\overset{\frown}{BD}$、$\overset{\frown}{BG}$、$\overset{\frown}{BI}$ 舉到相同的高度，但是在一個完全圓的球沿著傾角分別和各弧之弦的傾角相同的斜面下降的事例中，我們卻不能用相似的方法證明事件將是等同的。相反地，看來似乎有可能，既然這些斜面在 B 處有一個角度，它們將對沿弦 CB 下降並開始沿弦 BD、BG、BI 上升的球發生一個阻力。

　　在碰到這些斜面時它的一部分動量將被損失掉，從而它將不能再升到直線 CD 的高度；但是，這種干擾實驗的障礙一旦被消除，那就很明顯，動量（它隨著〔208〕下降而增強）就將能夠把物體舉高到相同的高度。那麼，讓我們暫時把這一點看成一條公設，其絕對真實性將在我們發現由它得出的推論和實驗相對應並完全符合時得以確立。假設了這單獨一條原理，作者就過渡到了命題；他清楚地演證了這些命題；其中的第一條如下：

定理 1　命題 1

　　一個從靜止開始做均勻加速運動的物體通過任一空間所需要的時間，等於同一物體以一個均勻速率通過該空間所需要的時間；該均勻速率等於最大速率和加速開始時速率的平均值。

　　讓我們用直線 AB 表示一個物體通過空間 CD 所用的時間，該物體在 C 點從靜止開始而均勻加速；設在時段 AB 內得到的速率的末值，即最大值，用垂於 AB 而畫的一條線段 EB 來表示；畫直線 AE，則從 AB 上任一等價點上平行於 EB 畫的線段就將代表從 A 開始的速率的漸增的值。設點 F 將線段 EB 中分為二；畫直線 FG 平行於 BA，畫 GA 平行於 FB，於是就得到一個平行四邊形（實為長

方形）$AGFB$，其面積將和△AEB 的面積相等，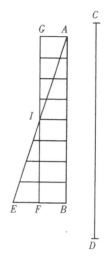
因為 GF 邊在 I 點將 AE 平分；因為，如果
△AEB 中的那些平行線被延長到 GI，就可以看
出長方形 $AGFB$ 的面積將等於△AEB 的積；
因為△IEF 的面積等於△GIA 的面積。既然時
段中的每一時刻都在直線 AB 上有其對應點，從
各該點在△AFG 內部畫出的那些平行線就代表
速度的漸增的值；而且，既然在長方形 $AGFB$
中那些平行線代表一個不是漸增而是恆定的值，
那就可以看出，按照相同的方式，運動物體所取
的動量，在加速運動的事例中可以用△AEB 中
那些漸增的平行線來代表，而在均勻運動的事例
中則可以 [209] 用長方形 GB 中那些平行線來代
表，加速運動的前半段所短缺的動量（所缺的動量用△AGI 中的平行
線來代表）由△IEF 中各平行線所代表的動量來補償。

由此可以清楚地看出，相等的空間可以在相等的時間由兩個物體
所通過，其中一個物體從靜止開始而以一個均勻加速度運動，另一個
以均勻速度運動的物體的動量則等於加速運動物體的最大動量的一
半。　　　　　　　　　　　　　　　　　　　　　　　　　　　證畢。

定理 2　命題 2

**一個從靜止開始以均勻加速度而運動的物體所通過的空間，彼此
之比等於所用時段的平方之比。**

設從任一時刻 A 開始的時間用直線 AB 代表，在該線上，取了兩
個任意時段 AD 和 AE，設 HI 代表一個從靜止開始以均勻加速度由
H 下落的物體所通過的距離。設 HL 代表在時段 AD 中通過的空間，
而 HM 代表在時段 AE 中通過的空間，於是就有，空間 MH 和空間
LH 之比，等於時間 AE 和時間 AD 之比的平方，或者，我們也可以

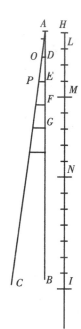

簡單地說，距離 HM 和 HL 之間的關係與 AE 的平方和 AD 的平方之間的關係相同。

畫直線 AC 和直線 AB 成任意交角，並從 D 點和 E 點畫平行線 DO 和 EP；在這兩條線中，DO 代表在時段 AD 中達到的最大速度，而 EP 則代表在時段 AE 中達到的最大速度。但是剛才已經證明，只要涉及的是所通過的距離，兩種運動的結果就是確切相同的：一種是物體從靜止開始以一個均勻的加速度下落，另一種是物體在相等的時段內以一個均勻速率下落，該均勻速率等於加速運動在該時段內所達到的最大速率的一半。由此可見，距離 HM 和 HL 將和以分別等於 DO 和 EP 所代表的速率之一半的均勻速率在時段 AE 和 AD 中所通過的距離相同，因此，如果能證明距離 HM 和 HL 之比等於時段 AE 和 AD 的平方之比，我們的命題就被證明了。[210]

但是在「均勻運動」部分的命題 4（見上文）中已經證明，兩個均勻運動的粒子所通過的空間之比，等於速度之比和時間之比的乘積。但是在這一事例中，速度之比和時段之比相同（因為 AE 和 AD 之比等於 $\frac{1}{2}EP$ 和 $\frac{1}{2}DO$ 之比，或者說等於 EP 和 DO 之比）。由此即得，所通過的空間之比，等於時段之比的平方。　　　　　　　　　　　　　　　　　　　證畢。

那麼就很顯然，距離之比等於終末速度之比的平方，也就是等於線段 EP 和 DO 之比的平方，因為後二者之比等於 AE 和 AD 之比。

推論 I. 由此就很顯然，如果我們取任何一些相等的時段，從運動的開始數起，例如 AD、DE、EF、FG，在這些時段中，物體所通過的空間是 HL、LM、MN、NI，則這些空間彼此之間的比，將是各奇數 1、3、5、7 之間的比，因為這就是各線段（代表時間）的平方差之間的比，即依次相差一個相同量的差，而其公共差等於最短的線（即代表單獨一個時段的線）：或者，我們可以說，這就是從一開始的自然

數序列的差。

因此，儘管在一些相等的時段中，各速度是像自然數那樣遞增的，但是在各相等時段中所通過的那些距離的增量卻是像從一開始的奇數序列那樣變化的。

薩格：請把討論停一下，因爲我剛剛得到了一個想法；爲了使你們和我自己都更清楚，我願意用作圖來說明這個想法。

設直線 *AI* 代表從起始時刻 *A* 開始的時間的演進；通過 *A* 畫一條和 *AI* 成任意角的直線 *AF*，將端點 *I* 和 *F* 連結起來；在 *C* 點將 *AI* 等分爲兩段；畫 *CB* 平行於 *IF*。起初速度爲零，然後它就正比於和 *BC* 相平行的直線和△*ABC* 的交割段落而增大；或者換句話說，我們假設速度正比於時間而漸增；讓我們把 *CB* 看成速度的最大值。然後，注意到以上的論證，我毫無疑問地承認，按上述方式下落的一個物體所通過的空間，等於同一物體在相同長短的時間內以一個等於 *EC*（即 *BC* 的一半）的均勻速率通過的空間。[211] 另外，讓我們設想，物體已經用加速運動下落，使得它在時刻 *C*

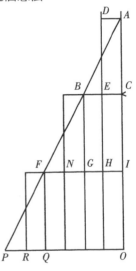

具有速度 *BC*。很顯然，假如這個物體繼續以同一速率 *BC* 下落而並不加速，在其次一個時段 *CI* 中，它所通過的距離就將是以均勻速率 *EC*（等於 *BC* 的一半）在時段 *AC* 中通過的距離的 2 倍；但是，既然下落物體在相等的時段內得到相等的速率增量，那就可以推知，速度 *BC* 在其次一個時段中將得到一個增量，用和△*ABC* 相等的△*BFG* 內的平行線來代表。那麼，如果在速度 *GI* 上加上速度 *FG* 的一半，就得到在時間 *CI* 中將會通過相同空間的那個均勻速度；此處 *FG* 是加速運動所得到的、由△*BFG* 內的平行線來決定的最大速率；而既然這一均勻速度 *IN* 是 *EC* 的 3 倍，那就可以知道，在時段 *CI* 中

通過的空間 3 倍於在時段 AC 中通過的空間。讓我們設想運動延續到另一個相等的時段 IO，而三角形也擴大爲 APO；於是就很顯然，如果運動在時段 IO 中以恆定速率 IF（即在時間 AI 中加速而得到的速率）持續進行，則在時段 IO 中通過的空間將是在第一個時段中通過的空間的 4 倍，因爲速率 IF 是速率 EC 的 4 倍。但是如果我們擴大三角形使它把等於 $\triangle ABC$ 的 $\triangle FPQ$ 包括在內，而仍然假設加速度爲恆量，我們就將在均勻速度上再加上等於 EC 的 RQ；於是時段 IO 中的等效均勻速率的值就將是第一個時段 AC 中等效均勻速率的 5 倍；因此所通過的空間也將是在第一個時段 AC 中通過的空間的 5 倍。因此，由簡單的計算就可以顯然得到，一個從靜止開始其速度隨時間而遞增的物體將在相等的時段內通過不同的距離，各距離之比等於從一開始的奇數 1、3、5……之比；⑤ 或者，若考慮所通過的總距離，則在雙倍時間內通過的距離將是在單位時間內所通過距離的 4 倍；而
[212] 在 3 倍時間內通過的距離將是在單位時間內通過的距離的 9 倍；普遍說來，通過的距離和時間的平方成比例。

辛普：說實話，我在薩格利多這種簡單而清楚的論證中得到的快感比在作者的證明中得到的快感還要多；他那種證明使我覺得相當地不明顯；因此我相信，一旦接受了均勻加速運動的定義，情況就是像所描述的那樣了。但是，至於這種加速度是不是我們在自然界中的下落物體事例中遇到的那種加速度，我卻仍然是懷疑的；而且在我看來，不僅爲了我，而且也爲了所有那些和我抱有同樣想法的人們，現在是適當的時刻，可以引用那些實驗中的一個了；我瞭解，那些實驗是很多的，它們用多種方式演示了已經得到的結論。

⑤ 作爲現代分析方法之巨大優美性和簡明性的例示，命題 2 的結果可以直接從基本方程 $s = \frac{1}{2}g(t_2^2 - t_1^2) = g/2(t_2 + t_1)(t_2 - t_1)$ 得出，式中 g 是重力加速度，設各時段爲 1 秒，於是在時刻 t_1 和 t_2 之間通過的距離就是 $s = g/2(t_2 + t_1)$，此處 $t_2 + t_1$ 必須是一個奇數，因爲它是自然數序列中相鄰的數之和。——英譯者 ［中譯者按：從現代眼光看來，這一問題本來非常簡單，似乎不必如此麻煩加此小注，而且注得並非多麼明白。］

　　薩耳：作為一位科學人物，你所提出的要求是很合理的；因為在那些把數學證明應用於自然現象的科學中，這正是一種習慣——而且是一種恰當的習慣；正如在透視法、數學、力學、音樂及其他領域的事例中看到的那樣，原理一旦被適當選擇的實驗所確定，就變成整個上層結構的基礎。因此，我希望，如果我們相當長地討論這個首要的和最基本的問題，這並不會顯得是浪費時間；在這個問題上，連接著許多推論的後果，而我們在本書中看到的只是其中的少數幾個——那是我們的作者寫在那裏的，他在開闢一個途徑方面做了許多工作，即途徑本來對愛好思索的人們一直是封閉的。談到實驗，它們並沒有被作者所忽視；而且當和他在一起時，我曾經常常試圖按照明確的次序來使自己相信，下落物體所實際經歷的加速，就是上面描述的那種。
　　[213]

　　我們取了一根木條，長約 12 腕尺，寬約半腕尺，厚約 3 指，在它的邊上刻一個槽，約一指多寬。把這個槽弄得很直、很滑和很好地拋光以後，給它裱上羊皮紙，也盡可能地弄光滑，我們讓一個硬的、光滑的和很圓的青銅球沿槽滾動。將木條的一端比另一端抬高 1 腕尺或 2 腕尺，使木條處於傾斜位置，我們像剛才所說的那樣讓銅球在槽中滾動，同時用一種立即會加以描述的辦法注意它滾下所需的時間。我們重複進行了這個實驗，以便把時間測量得足夠準確，使得兩次測量之間的差別不超過 1/10 次脈搏跳動時間。完成了這種操作並相信了它的可靠性以後，我們就讓球只滾動槽長的四分之一；測量了這種下降的時間，我們發現這恰恰是前一種滾動的時間的一半。其次我們試用了其他的距離，把全長所用的時間，和半長所用的時間，或四分之三長所用的時間，事實上是和任何分數長度所用的時間進行了比較，在重複了整百次的這種實驗中，我們發現所通過的空間彼此之間的比值永遠等於所用時間的平方之比。而且這對木板的，也就是我們讓球沿著它滾動的那個木槽的一切傾角都是對的。我們也觀察到，對於木槽的不同傾角，各次下降的時間相互之間的比值，正像我們等一下就會看到的那樣，恰恰就是我們的作者所預言了和證明了的那些比值。

爲了測量時間，我們應用了放在高處的一個大容器中的水；在容器的底上焊了一條細管，可以噴出一個很細的水柱；在每一次下降中，我們就把噴出的水收集在一個小玻璃杯中，不論下降是沿著木槽的全長還是沿著它的長度的一部分；在每一次下降以後，這樣收集到的水都用一個很準確的天平來稱了重量。這些重量的差和比值，就給我們以下降時間的差和比值，而且這些都很準確，使得雖然操作重複了許多許多次，所得的結果之間卻沒有可覺察的分歧。

辛普：我但願曾經親自看到這些實驗，但是因爲對你們做這些實驗時的細心以及你敍述它們時的誠實感到有信心，我已經滿意了並承認它們是正確而成立的了。

薩耳：那麼咱們就可以不必討論而繼續進行了。[214]

推論 II. 其次就可以得到，從任何起點開始，如果我們隨便取在任意兩個時段中通過的兩個距離，這兩個時段之比就等於一個距離和兩個距離之間的比例中項之比。

因爲，如果我們從起點 S 量起取兩段距離 ST 和 SY，其比例中項爲 SX，則通過 ST 的下落時間和通過 SY 的下落時間之比就等於 SY 和 SX 之比；或者也可以說，通過 SY 的下落時間和通過 ST 的下落時間之比，等於 ST 和 SX 之比。現在，既已證明所通過的各距離之比等於時間的平方之比，而且，既然空間 SY 和空間 ST 之比是 SY 和 SX 之比的平方，那麼就得到，通過 SY 和 ST 的二時間之比等於相應距離 SY 和 SX 之比。

傍　注

上一引理是針對垂直下落的事例證明了的；但是，對於傾角爲任意值的斜面，它也成立；因爲必須假設，沿著這些斜面，速度是按相同的比率增大的，就是說，是和時間成正比而增大的，或者，如果你

們願意，也可以說是按照自然數的序列而增大的。⑥

　　薩耳：在這兒，薩格利多，如果不太使辛普里修感到厭煩，我願意打斷一下現在的討論，來對我們已經證明的以及我們已經從咱們的院士先生那裏學到的那些力學原理的基礎做些補充。我做的這些補充，是爲了使我們把以上已經討論了的原理更好地建立在邏輯的和實驗的基礎上，而更加重要的是爲了在首先證明了對運動 (impeti) 的科學具有根本意義的單獨一條引理以後，來幾何地推導那一原理。

　　薩格：如果你表示要做出的進展是將會肯定並充分建立這些運動科學的，我將樂於在它上面花費任意長的時間。事實上，[215] 我不但得高興地聽你談下去，而且要請求你立刻就滿足你在關於你的命題方面已經喚起的我的好奇心，而且我認爲辛普里修的意見也是如此。

　　辛普：完全不錯。

　　薩耳：既然得到你們的允許，就讓我們首先考慮一個值得注意的事實，即同一個物體的動量或速率 (i momenti o le velocità)，是隨著斜面的傾角而變的。

　　速率在沿垂直方向時達到最大值，而在其他方向上，則隨著斜面對垂直方向的偏離而減小。因此，運動物體在下降時的活力、能力、能量 (l'impeto il talento l'energia) 或也可稱之爲動量 (il momenta)，是由支持它的和它在上面滾動的那個平面所減小了的。

　　爲了更加清楚，畫一條直線 AB 垂直於水平線 AC，其次畫 AD、AE、AF，等等，和水平線成不同的角度。於是我說，下落物體的全部動量都是沿著垂直方向的，而且當它沿此方向下落時達到最大值；沿著 DA，動量就較小；沿著 EA，動量就更小；而沿著更加傾斜的 FA，則動量還要更小。最後，在水平面上，動量完全消失，物體處於一種對運動或靜止漠不關心的狀態；它沒有向任何方向運動的內在

⑥ 介於這一傍注和下一定理之間的對話，是在伽利略的建議下由維維恩尼 (Viviani) 撰寫的。見 National Edition，viii，23。——英譯者

傾向，而在被推向任何方向運動時也不表
現任何阻力。因爲，正如一個物體或體系
不能自己向上運動，或是從一切重物都傾
向靠近的中心而自己後退一樣，任一物體
除了落向上述的中心以外也不可能自發地
開始任何運動。因此，如果我們把水平面
理解爲一個面，它上面的各點都和上述公
共中心等距的話，則物體在水平面上沒有
沿任何方向的動量。[216]

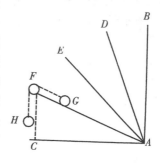

　　動量的變化既已清楚，我在這裏就有必要解釋某些事物；這是由
我們的院士先生在帕多瓦寫出的，載入只供他的學生們使用的一本著
作中；他在考慮螺旋這一神奇的機件的起源和本性時詳盡而確定地證
明了這一情況。他所證明的就是動量（impeto）隨斜面傾角而變化的
那種方式。例如，圖中的平面 FA，它的一端被抬起了一個垂直距離
FC。這個 FC 的方向，正是重物的動量沿著它變爲最大的那個方向。
讓我們找出這一最大動量和同一物體沿斜面 FA 運動時的動量成什
麼比率。我說，這一比率正是前面提到的那兩個長度的反比。這就是
領先於定理的那個引理；至於定理本身，我希望等一下就來證明。

　　顯然，作用在下落物體上的促動力（impeto）等於足以使它保持
靜止的阻力或最小力（resistenza o forza minima）。爲了量度這個力
和阻力（forza e resistenza），我建議利用另一物體的重量。讓我們在
斜面 FA 上放一個物體 G，用一根繞過 F 點的繩子和重物 H 相連。
於是，物體 H 將沿著垂直線上升或下降一個距離，和物體 G 沿著斜面
FA 下降或上升的距離相同。但是這個距離並不等於 G 在垂直方向上
的下落或上升，只有在該方向上，G 也像其他物體那樣作用它的力
（resistenza）。這是很顯然的。因爲，如果我們把物體 G 在△AFC
中從 A 到 F 的運動看成由一個水平分量 AC 和一個垂直分量 CF
所組成，並記得這個物體在水平方向的運動方面並不經受阻力（因爲
通過這種運動物體離重物體公共中心的距離既不增加也不減少），就

可以得到，只有由於物體通過垂直距離 CF 的升高才會遇到阻力。

[217] 那麼，既然物體 G 在從 A 運動到 F 時只在它通過垂直距離的上升時顯示阻力，而另一個物體 H 則必須垂直地通過整個距離 FA，而且此種比例一直保持，不論運動距離是大是小，因為兩個物體是不可伸縮地連接著的，那麼我們就可以肯定地斷言，在平衡的事例中（物體處於靜止），二物體的動量、速度或它們的運動傾向（propensioni al moto），也就是它們將在相等時段內通過的距離，必將和它們的重量成反比。這是在每一種力學運動的事例中都已被證明了的。⑦ 因此，為了使重物 G 保持靜止，H 必須有一個較小的重量，二者之比等於 CF 和較小的 FA 之比。如果我們這樣做，$FA:FC=$ 重量 G：重量 H，那麼平衡就會出現，也就是說重物 H 和 G 將具有相同的策動力（momenti eguali），從而兩個物體將達到靜止。

既然我們已經同意一個運動物體的活力、能力、動量或運動傾向等於足以使它停止的力或最小阻力（forza o resistenza minima），而既然我們已經發現重物 H 能夠阻止重物 G 的運動，那麼就可以得到，其總力（momento totale）是沿著垂直方向的較小重量 H 就將是較大的重量 G 沿斜面 FA 方向的分力（momento parziale）的一種確切的量度。但是物體 G 自己的總力（total momento）的量度卻是它自己的重量，因為要阻止它下落只需用一個相等的重量來平衡它，如果這第二個重量可以垂直地運動的話；因此，沿斜面 FA 而作用在 G 上的分力和總力之比，將等於重量 H 和重量 G 之比。但是由作圖可知，這一比值正好等於斜面高度 FC 和斜面長度 FA 之比。於是我們就得到我打算證明的引理，而你們即將看到，這一引理已經由我們的作者在後面的命題 6 的第二段證明中引用過了。

⑦ 此種處理近似於約翰・伯努利於 1717 年提出的「虛動原理」。──英譯者

　　薩格：從你以上討論了這麼久的問題看來，按照 ex aequali con la proportione perturbata 的論證，我覺得似乎可以推斷，同一物體沿著像 *FA* 和 *FL* 那樣的傾角不同但高度卻相同的斜面而運動的那些傾向（momenti），是同斜面的長度成反比的。[218]

　　薩耳：完全正確。確立了這一點以後，我將進而證明下列定理：

　　若一物體沿傾角爲任意值而高度相同的一些平滑斜面自由滑下，則其到達底端時的速率相同。

　　首先我們必須記得一件事實，即在一個傾角爲任意的斜面上，一個從靜止開始的物體將和時間成正比地增加速率或動量（la quantità dell'impeto），這是和我們的作者所給出的自然加速運動的定義相一致的。由此即得，正像他在以上的命題中所證明的那樣，所通過的距離正比於時間的平方，從而也正比於速率的平方；在這兒，速度的關係和在起初研究的運動（即垂直運動）中的關係相同，因爲在每一事例中速率的增大都正比於時間。

　　設 *AB* 爲一斜面，其離水平面 *BC* 的高度爲 *AC*。正如我們在以上所看到的那樣，迫使一個物體沿垂直線下落的力（l'impeto）和迫使同一物體沿斜面下滑的力之比，等於 *AB* 比 *AC*。在斜面 *AB* 上，畫 *AD* 使之等於 *AB* 和 *AC* 的第三比例項；於是，引起沿

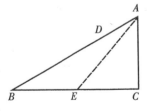

AC 的運動的力和引起沿 *AB*（即沿 *AD*）的運動的力之比等於長度 *AC* 和長度 *AD* 之比。因此，物體將沿著斜面 *AB* 通過空間 *AD*，所用的時間和它下落一段垂直距離 *AC* 所用的時間相同〔因爲二力（momenti）之比等於這兩個距離之比〕；另外，*C* 處的速率和 *D* 處速率之比也等於距離 *AC* 和距離 *AD* 之比。但是根據加速運動的定義，*B* 處的物體速率和 *D* 處的物體速率之比等於通過 *AB* 所需的時間和通過 *AD* 所需的時間；而且根據命題 2 的推論 II，通過距離 *AB* 所需的時間和通過 *AD* 所需的時間之比，等於距離 *AC*（A *B* 和 *AD* 的一個比例中項）和 *AD* 之比。因此，*B* 和 *C* 處的兩個速率和 *D* 處

的速率有相同的比值，即都等於距離 AC 和 AD 之比，因此可見它們是相等的。這就是我要證明的那條定理。

由以上所述，我們就更容易證明作者的下述命題 3 了；在這種證明中，他應用了下述原理：通過一個斜面所需的時間和通過該斜面的垂直高度所需的時間之比，等於斜面的長度和高度之比。[219]

因為，按照命題 2 的推論 II，如果 BA 代表通過距離 BA 所需的時間，則通過 AD 所需的時間將是這兩個距離之間的一個比例中項，並將由線段 AC 來代表；但是如果 AC 代表通過 AD 所需的時間，它就也將代表下落而通過 AC 所需的時間，因為距離 AC 和 AD 是在相等的時間內被通過的；由此可見，如果 AB 代表 AB 所需的時間，則 AC 將代表 AC 所需的時間。因此，通過 AB 所需的時間和通過 AC 所需的時間之比，等於距離 AB 和 AC 之比。

同樣也可以證明，通過 AC 而下落所需的時間和通過任何另一斜面 AE 所需的時間之比，等於長度 AC 和長度 AE 之比；因此，ex aequali，沿斜面 AB 下降的時間和沿斜面 AE 下降的時間之比，等於距離 AB 和距離 AE 之比，等等。⑧

正如薩格利多將很快看到的那樣，應用這同一條定理，將可立即證明作者的第六條命題；但是讓我們在這兒停止這次離題之言，這也許使薩格利多厭倦了，儘管我認為它對運動理論來說是相當重要的。

薩格：恰恰相反，它使我大為滿足，我確實感到這對掌握這一原理是必要的。

薩耳：現在讓我們重新開始閱讀。[220]

⑧ 將這一論證用現代的明顯符號表示出來，就有 $AC = \frac{1}{2} g t_c^2$，以及 $AD = \frac{1}{2} \cdot AC/AB g t_d^2$。如果現在 $AC^2 = AB \cdot AD$，則立即得到 $t_d = t_c$。證畢。——英譯者

定理 3　命題 3

如果同一個物體，從靜止開始，沿一斜面下滑或沿垂直方向下落，二者有相同的高度，則二者的下降時間之比將等於斜面長度和垂直高度之比。

設 AC 爲斜面而 AB 爲垂直線，二者離水平面的高度 BA 相同；於是我就說，同一物體沿斜面 AC 的下滑時間和它沿垂直距離 AB 的下落時間之比，等於長度 AC 和 AB 之比。[221] 設 DG、EI 和 LF 是任意一些平行於水平線 CB 的直線；那麼，從前面的討論就可以得出，一個從 A 點出發的物體將在點 G 和點 D 得到相同的速率，因爲在每一事例中垂直降落都是相同的；同

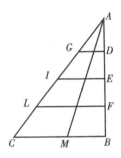

樣，在 I 點和 F 點，速率也相同；在 L 點和 E 點也是如此。而且普遍地說，在從 AB 上任何點上畫到 AC 上對應之點的任意平行線的兩端，速率也將相等。[222]

這樣，二距離 AC 和 AB 就是以相同速率被通過的。但是已經證明，如果兩個距離是由一個以相等的速率運動著的物體所通過的，則下降時間之比將等於二距離本身之比；因此，沿 AC 的下降時間和沿 AB 的下降時間之比，就等於斜面長度 AC 和垂直距離 AB 之比。

證畢。[223]

薩格： 在我看來，上述結果似乎可以在一條已經證明的命題的基礎上清楚而簡捷地被證明了；那命題就是，在沿 AC 或 AB 的加速運動的事例中，物體所通過的距離和它以一個均勻速率通過的距離相同，該均勻速率之值等於最大速率 CB 的一半；兩個距離 AC 和 [224] AB 既然是由相同的均勻速率通過的，那麼由命題 1 就顯然可知，下降時間之比等於距離之比。

推論. 因此我們可以推斷，沿著一些傾角不同但垂直高度相同的斜

面的下降時間，彼此之比等於各斜面的長度之比。因為，試考慮任何一個斜面 AM，從 A 延伸到水平面 CB 上，於是，仿照上述方式就可以證明，沿 AM 的下降時間和沿 AB 的下降時間之比，等於距離 AM 和 AB 之比；但是，既然沿 AB 的下降時間和沿 AC 的下降時間之比等於長度 AB 和長度 AC 之比，那麼，ex aequali，就得到，沿 AM 的時間和沿 AC 的時間之比也等於 AM 和 AC 之比。

定理 4　命題 4

沿長度相同而傾角不同的斜面的下降時間之比等於各斜面的高度的平方根之比。

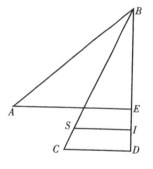

從單獨一點 B 畫斜面 BA 和 BC，它們具有相同的長度和不同的高度；設 AE 和 CD 是和垂直線 BD 相交的水平線，並設 BE 代表斜面 AB 的高度，而 BD 代表斜面 BC 的高度；另外 [225] 設 BI 是 BD 和 BE 之間的一個比例中項；於是 BD 和 BI 之比等於 BD 和 BE 之比的平方根。現在我說，沿 BA 和 BC 的下降時間之比等於 BD 和 BE 之比；於是，沿 BA 的下降時間就和另一斜面 BC 的高度聯繫了起來；就是說，做為沿 BC 的下降時間的 BD 和高度 BI 聯繫了起來。現在必須證明，沿 BA 的下降時間和沿 BC 的下降時間之比等於長度 BD 和長度 BI 之比。

畫 IS 平行於 DC；既然已經證明沿 BA 的下降時間和沿垂直線 BE 的下降時間之比等於 BA 和 BE 之比，而且也已證明沿 BE 的下降時間和沿 BD 的下降時間之比等於 BE 和 BI 之比，而同理也有，沿 BD 的時間和沿 BC 的時間之比等於 BD 和 BC 之比，或者說等於 BI 和 BS 之比；於是，ex aequali，就得到，沿 BA 的時間和沿 BC 的時間之比等於 BA 和 BS 之比，或者說等於 BC 和 BS 之比。然

而，BC 比 BS 等於 BD 比 BI，由此即得我們的命題。

定理 5　命題 5

　　沿不同長度、不同斜角和不同高度的斜面的下降時間，相互之間的比率等於長度之間的比率乘以高度的反比的平方根而得到的乘積。

　　畫斜面 AB 和 AC，其傾角、長度和高度都不相同。我們的定理於是就是，沿 AC 的下降時間和沿 AB 的下降時間之比，等於長度 AC 和 AB 之比乘以各斜面高度之反比的平方根。

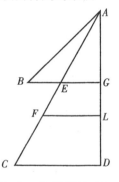

　　設 AD 為一垂直線，向它那邊畫了水平線 BG 和 CD，另外設 AL 是高度 AG 和 AD 之間的一個比例中項；從點 L 作水平線和 AC 交於 F；因此 AF 將是 AC 和 AE 之間的一個比例中項。現在，既然沿 AC 的下降時間和沿 AE 的下降時間之比等於長度 AF 和 AE 之比，而且沿 AE 的時間和沿 AB 的時間之比等於 AE 和 AB 之比，即就顯然有，沿 AC 的時間和沿 AB 的時間之比等於 AF 和 AB 之比。[226]

　　於是，剩下來的工作就是要證明 AF 和 AB 之比等於 AC 和 AB 之比乘以 AG 和 AL 之比，後一比值即等於高度 DA 和 GA 之平方根的反比。現在，很顯然，如果我們聯繫到 AF 和 AB 來考慮線段 AC，則 AF 和 AC 之比就與 AL 和 AD 之比或說與 AG 和 AL 之比相同，而後者就是二長度本身之比。由此即得定理。

定理 6　命題 6

　　如果從一個垂直圓的最高點或最低點任意畫一些和圓周相遇的斜面，則沿這些斜面的下降時間將彼此相等。

　　在水平線 GH 上方畫一個垂直的圓。在它的最低點（和水平線相

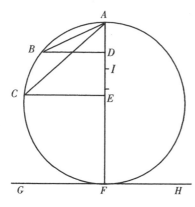

切之點），畫直徑 FA，並從最高點 A 開始，畫斜面到 B 和 C；B、C 為圓周上的任意點。然後，沿這些斜面的下降時間都相等。畫 BD 和 CE 垂直於直徑。設 AI 是二斜面的高度 AE 和 AD 之間的一個比例中項；而且既然長方形 $FA \cdot AE$ 和 $FA \cdot AD$ 分別等於正方形 $AC \cdot AC$ 和 $AB \cdot AB$ 之比，而長方形 $FA \cdot AE$ 和長方形 $FA \cdot AD$ 之比等於 AE 和 AD 之比，於是就得到 AC 的平方和 AB 的平方之比等於長度 AE 和長度 AD 之比。但是，既然長度 AE 和 AD 之比等於 AI 的平方和 AD 的平方之比，那就得到，以線段 AC 和 AB 為邊的兩個正方形之比，等於各以 AI 和 AD 為邊的兩個正方形之比，於是由此也得到，長度 AC 和長度 AB 之比等於 AI 和 AD 之比，但是以前已經證明，沿 AC 的下降時間和沿 AB 的下降時間之比等於 AC 和 AB 以及 AD 和 AI 兩個比率之積，而後一比率與 AB 和 AC 的比的比率相同。因此沿 AC 的下降時間和沿 AB 的下降時間之比等於 AC 和 AB 之比乘以 AB 和 AC 之比。因此這兩下降時間之比等於 1。由此即得我們的命題。

利用力學的原理（ex mechanicis）可以得到相同的結果，也就是說一個下降的物體將需要相等的時間來通過 [227] 左圖中所示的距離 CA 和 DA。沿 AC 作 BA 等於 DA，並作垂線 BE 和 DF；由力學原理即得，沿斜面 ABC 作用的分動量（momentum ponderis）和總動

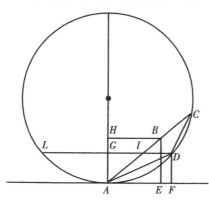

量（即自由下落物物體的動量）之比等於 BE 和 BA 之比；同理，沿斜面 AD 的分動量和總動量（即自由下落物體的動量）之比，等於 DF 和 DA 之比，或者說等於 DF 和 BA 之比。因此，同一重物沿斜面 DA 的動量和沿斜面 ABC 的動量之比，等於長度 DF 和長度 BE 之比；因為這種原因，按照命題 2，同一重物將在相等的時間內沿斜面 CA 和 DA 而通過空間；二者之比等於長度 BE 和 DF 之比。但是，可以證明，CA 比 DA 等於 BE 比 DF。因此，下降物體將在相等的時間內通過路程 CA 和 DA。

另外，CA 比 DA 等於 BE 比 DF 這一事實可以證明如下：連結 C 和 D；經過 D 畫直線 DGL 平行於 AF 而與 AC 相交於 I；通過 B 畫直線 BH 也平行於 AF。於是，$\angle ADI$ 將等於 $\angle DCA$，因為它們所張的 $\overset{\frown}{LA}$ 和 $\overset{\frown}{DA}$ 相等，而既然 $\angle DAC$ 是公共角，$\triangle CAD$ 和 $\triangle DAI$ 中此角的兩個邊將互成比例；因此 DA 比 IA 就等於 CA 比 DA，亦即等

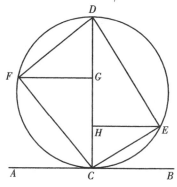

於 BA 比 IA，或者說等於 HA 比 GA，也就是 BE 比 DF。 證畢。

這同一條命題可以更容易地證明如下：在水平線 AB 上方畫一個圓，其直徑 DC 是垂直的。從這一直徑的上端隨意畫一個斜面 DF 延伸到圓周上；於是我說，一物體沿斜面 DF 滑下所需的時間和沿直徑 DC 下落所需的時間相同。因為，畫直線 FG 平行於 AB 而垂直於 DC，連結 FC；既然沿 DC 的下落時間和沿 DG 的下落時間之比等於 CD 和 GD 之間的比例中項 ［228］ 和 GD 本身之比，而且 DF 是 DC 和 DG 之間的一個比例中項，內接於半圓之內的 $\angle DFC$ 為一直角，而 FG 垂直於 DC，於是就得到，沿 DC 的下落時間和沿 DG 的下落時間之比等於長度 FD 和 GD 之比。但是前已證明，沿 DF 的下降時間和沿 DG 的下降時間之比等於長度 DF 和 DG 之比，因此沿

DF 的下降時間和沿 DC 的下降時間各自和沿 DG 的下降時間之比是相同的，從而它們是相等的。

同樣可以證明，如果從直徑的下端開始畫弦 CE，也畫 EH 平行於水平線，並將 E、D 二點連結起來，則沿 EC 的下降時間將和沿 DC 的下降時間相同。

推論Ⅰ. 沿通過 C 點或 D 點的一切弦的下降時間都彼此相等。

推論Ⅱ. 由此可知，如果從任何一點開始畫一條垂直線和一條斜線，而沿二者的下降時間相等，則斜線將是一個半圓的弦而垂直線則是該半圓的直徑。

推論Ⅲ. 另外，對若干斜面來說，當各斜面上長度相等處的垂直高度彼此之間的比等於各該斜面本身長度之比時，沿各該斜面的下降時間將相等。例如在前二頁下圖中，沿 CA 和 DA 的下降時間將相等，如果 AB（A 等於 AD）的垂直高度，即 BE，和垂直高度 DF 之比等於 CA 比 DA 的話。

薩格：請允許我打斷一下你的講話，以便我弄明白剛剛想到的一個概念；這一概念如果不涉及什麼謬見，[229] 它就至少會使人想到一種奇特而有趣的情況，就像在自然界和在必然推論範圍內常常出現的那種情況一樣。

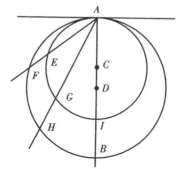

如果從水平面上一個任意定點向一切方向畫許多伸向無限遠處的直線，而且我們設想沿著其中每一條線都有一個點從給定的點從同一時刻以恆定的速率開始運動，而且運動的速率是相同的，那麼就很顯然，所有的這些點將位於同一個越來越大的圓周上，永遠以上述那個定點為圓心；這個圓向外擴大，完全和一個石子落入靜止的水中時水面上波紋的擴展方式相同，那時石子的撞擊引起沿一切方向傳播的運動，而打擊之點則保持為這種越來越擴大的圓形波紋

的中心。設想一個垂直的平面,從面上最高的一點沿一切傾角畫一些直線通向無限遠處,並且設想有一些重的粒子沿著這些直線各自進行自然加速運動,其速率各自適應其直線的傾角。如果這些運動粒子永遠是可以看到的,那麼它們的位置在任一時刻的軌跡將是怎樣的呢?現在,這個問題的答案引起了我的驚訝,因為我被以上這些定理引導著相信這些粒子將永遠位於單獨一個圓的圓周上;隨著粒子離它們的運動開始的那一點越來越遠,該圓將越來越大。為了更加確切,設 A 是直線 AF 和 AH 開始畫起的那個固定點,二直線的傾角可為任意值。在垂直線 AB 上取任意的點 C 和 D,以二點為心各畫一圓通過點 A 並和二傾斜直線相交於點 F、H、B、E、G、I。由以上各定理顯然可知,如果各粒子在同一時刻從 A 出發而沿著這些直線下滑,則當一個粒子達到 E 時,另一粒子將達到 G,而另一粒子將達到 I;在一個更晚的時刻,它們將同時在 F、H 和 B 上出現,這些粒子,而事實上是無限多個〔230〕沿不同的斜率而行進的粒子,將在相繼出現的時刻永遠位於單獨一個越來越擴大的圓上。因此,發生在自然界中的這兩種運動,引起兩個無限系列的圓,它們同時是相仿的而又是相互不同的;其中一個序列起源於無限多個同心圓的圓心,而另一個系列則起源於無限多個非同心圓的最高的相切點;前者是由相等的、均勻的運動引起的,而後者則是由一些既不均勻、彼此也不相等而是隨軌道斜率而各不相同的運動引起的。

　　另外,如果從取作運動原點的兩個點開始,我們不僅是在水平的和垂直的平面上而是沿一切方向畫那些直線,則正如在以上兩種事例中那樣,從單獨一個點開始,產生一些越來越擴大的圓,而在後一種事例中,則在單獨一點附近造成無限多的球面,或者,也可以說是造成單獨一個其體積無限膨脹的球;而且這是用兩種方式發生的,一種的原點在球心,而另一種的原點在球面上。

　　薩耳:這個概念實在美妙,而且無愧於薩格利多那聰明的頭腦。

　　辛普:至於我,我用一種一般的方法來理解兩種自然運動如何引起圓和球;不過關於加速運動引起的圓及其證明,我卻還不完全明

白；但是可以在最內部的圓上或是在球的正頂上取運動原點這一事
實，卻引導人想到可能有某種巨大奧祕隱藏在這些眞實而奇妙的結果
中，這可能是一種和宇宙的創生有關的奧祕（據說宇宙的形狀是球形
的），也可能是一種和第一原因（prima causa）的所在有關的奧祕。

　　薩耳：我毫不遲疑地同意你的看法。但是這一類深奧的考慮屬於
一種比我們的科學更高級的學術（a più alte dottrine che la nos-
tre）。我們必須滿足於屬於不那麼高貴的工作者，他們從探索中獲得
大理石，而後那有天才的雕刻家才創作那些隱藏在粗糙而不成模樣的
外貌中的傑作。現在如果你們願意，就讓咱們繼續進行吧。[231]

定理 7　命題 7

　　**如果兩個斜面的高度之比等於它們的長度平方之比，則從靜止開
始的物體將在相等的時間滑過它們的長度。**

　　試取長度不同而傾角也不同的斜面
AE 和 AB，其高度爲 AF 和 AD；設
AF 和 AD 之比等於 AE 平方和 AB 平
方之比，於是我就說，一個從靜止開始的
物體將在相等的時間內滑過 AE 和 AB。
從垂直線開始畫水平的平行線 EF 和
DB，後者和 AE 交於 G 點。既然 FA:
$DA = DV:EA^2:BA^2$，[9] 而且 $EA:DA =$

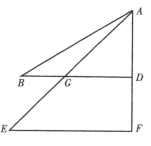

$EA:GA$，於是即得 $FA:GA = EA^2:BA^2$，因此 BA 就是 EA 和 GA
之間的一個比例中項。現在，既然沿 AB 的下降時間和沿 AG 的下降
時間之比等於 AB 和 AG 之比，而且沿 AG 的下降時間和沿 AE 的
下降時間之比等於 AG 和 AE、AG 之間的一個比例中項之比，也就

---

[9]原文如此，顯然有誤，似宜作 $FA:DA = EA^2:BA^2$，按圖中並無 DV。──中譯者

是和 AB 之比，因此就得到，ex aequali，沿 AB 的下降時間和沿 AE 的下降時間之比等於 AB 和它自己之比，因此兩段時間是相等的。

證畢。

定理 8　命題 8

沿著和同一垂直圓交於最高點或最低點的一切斜面的下降時間都等於沿垂直直徑的下落時間；對於達不到直徑的那些斜面，下降時間都較短；而對於和直徑相交的那些斜面，則下降時間都較長。

設 AB 爲和水平面相切的一個圓的垂直直徑。已知證明，在從 A 端或 B 端畫到圓周的各個斜面上，下降時間都相等。斜面 DF 沒達到直徑；爲了證明沿該斜面［232］的下降時間較短，我們可以畫一斜面 DB，它比 DF 更長，而其傾斜度也較小；由此可知，沿 DF 的下降時間比沿 DB 的下降時間要短，從而也就比沿 AB 下落的時間要短。同樣

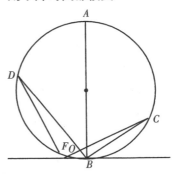

可以證明，在和直徑相交的斜面 CO 上，下降時間較長，因爲 CO 比 CB 長，而其傾斜度也較小。由此即得所要證明的定理。

定理 9　命題 9

從一條水平線的任意點開始畫兩個斜面，其傾角爲任意值；若兩個斜面和一條直線相交，其相交之角各等於另一斜面和水平線的交角，則通過二平面被截出的部分的下降時間相等。

通過水平線上的 C 點畫兩個斜面 CD 和 CE，其傾角任意；從斜面 CD 上的任一點，畫出 $\angle CDF$ 使之等於 $\angle XCE$；設直線 DF 和斜面 CE 相交於 F，於是 $\angle CDF$ 和 $\angle CFD$ 就分別等於 $\angle XCE$ 和

∠LCD，於是我就說，通過 CD 和通過 CF 的下降時間是相等的。現在，既然 ∠CDF 等於∠XCE，由作圖就顯然可知∠CFD 必然等於∠DCL，因為，如果把公共角∠DCF 從△ CDF 的等於二直角的三個角中減

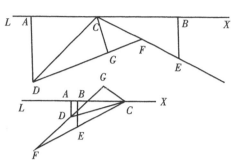

去，則剩下來的三角形中的兩個角∠CDF 和∠CFD 將等於兩個角 ∠XCE 和∠LCD（因為在 LX 下邊 C 點附近可以畫出的三個角也等於二直角）；但是根據假設，∠CDF 和∠XCE 是相等的，因此，剩下來的∠CFD 就等於剩下來的∠DCL。取 CE 等於 CD；從 D、E 二點畫 DA 和 EB 垂直於水平線 XL；並從點 C 作直線 CG 垂直於 DF。現在，既然∠CDG 等於∠ECB，而∠DGC 和∠CBE 為直角，那麼就得到△CDG 和△CBE 是等角的；於是就有，$DC:CG=CE:EB$，但是 DC 等於 CE，因此 CG 就等於 EB。[233] 既然△DAC 中 C 處的角和 A 處的角等於△CGF 中 F 處的角和 G 處的角，我們就有，$CD:DA=FC:CG$，而 permutando，就有，$DC:CF=DA:CG=DA:BE$。於是，等長斜面 CD 和 CE 的高度之比，等於其長度 DC 和 CF 之比，因此，根據命題 6 的推論 I，沿這兩個斜面的下降時間將是相等的。　　　證畢。

　　另一種證法如下：畫 FS 垂直於水平線 AS。於是，既然△ CSF 和△DGC 相似，我們就有 $SF:FC=GC:CD$，而既然△ CFG 和△ DCA 相似，我們就有 $FC:CG=CD:DA$。因此，ex

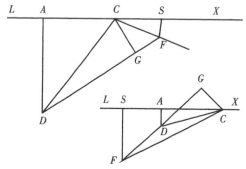

aequali，就有 $SF{:}CG=CG{:}DA$。因此 CG 是 SF 和 DA 之間的一個比例中項，而 $DA{:}SF=DA^2{:}CG^2$。再者，既然 $\triangle ACD$ 和 $\triangle CGE$ 相似，我們就有 $DA{:}DC=GC{:}CF$，從而，permutando，即得 $DA{:}CG=DC{:}CF$；另外也有 $DA^2{:}CG^2=DC^2{:}CF^2$。但是，前已證明 $DA^2{:}CG^2=DA{:}FS$，因此，由上面的命題 7，既然斜面 CD 和 CF 的高度 DA 和 FS 之比，等於兩斜面長度的平方之比，那麼就有沿這兩個斜面的下降時間將相等。

定理 10　命題 10

**　　沿高度相同、傾角不同的斜面的下降時間之比等於各該斜面的長度之比，而不論運動是從靜止開始還是先經歷了一次從某一高度的下落，這種比例關係都是成立的。**

設下降的路程是沿著 ABC 和 ABD 而到達水平面 DC，以在沿 BD 和 BC 下降之前有一段沿 AB 的下落。於是我就說，沿 BD 的下降時間和沿 BC 的下降時間之比，等於長度 BC 和 BD 之比。畫水平線 AF 並延長 DB 使它和水平線交於 F；設 FE 為 [234] DF 和 FB 之間的一個比例中項；畫 EO 平行於 DC；於是

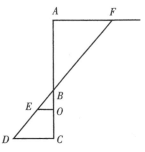

AO 將是 CA 和 AB 之間的一個比例中項。如果我們現在用長度 AB 來代表沿 AB 的下落時間，則沿 FB 的下降時間將用距離 FB 來代表，而通過整個距離 AC 的下落時間也將用比例中項 AO 來代表，而沿整個距離 FD 的下降時間則將用 FE 來代表。於是沿剩餘高度 BC 的下落時間將用 BO 來代表，而沿剩餘長度 BD 的下降時間將用 BE 來代表；但是，既然 $BE{:}BO=BD{:}BC$，那就可以推知，如果我們首先允許物體沿著 AB 和 FB 下降，或者同樣地沿著公共距離 AB 下落，則沿 BD 和 BC 的下降時間之比將等於長度 BD 和 BC 之比。

　　但是我們以前已經證明，在 B 處從靜止開始沿 BD 的下降時間和沿 BC 的下降時間之比等於長度 BD 和 BC 的比。因此，沿高度相同的不同斜面的下降時間之比，就等於這些斜面的長度之比，不論運動是從靜止開始還是先經歷了從一個公共高度上的下落。　　　證畢。

定理 11　命題 11

　　如果一個斜面被分爲任意兩部分，而沿此斜面的運動從靜止開始，則沿第一部分的下降時間和沿其餘部分的下降時間之比，等於第一部分的長度和第一部分與整個長度之間的一個比例中項比第一部分超出的超過量之比。

　　設下落在 A 處從靜止開始而通過了整個距離 AB，而此距離在任意 C 處被分成兩部分；另外，設 AF 是整個長度 AB 和第一部分 AC 之間的一個比例中項；於是 CF 將代表這一比例中項 FA 比第一部分 AC 多出的部分。現在我說，沿 AC 的下落時間和隨後沿 CB 的下落時間之比，等於 AC 和 CF 之比。這是顯然的，因爲沿 AC 的時間和沿整個距離 AB 的時間之比等於 AC 和比例中項 AF 之比，因此，dividendo，沿 AC 的時間和沿剩餘部分 CB 的時間之比，就等於 AC 和 CF 之比。如果我們同意用長度 AC 來代表沿 AC 的時間，則沿 CB 的時間將用 CF 來代表。　　　證畢。[235]

　　如果運動不是沿著直線 ACB 而是沿著折線 ACD 到達水平線 BD 的，而且如果我們從 F 畫水平線 FE，就可以用相似的方法證明，沿 AC 的時間和沿斜線 CD 的時間之比，等於 AC 和 CE 之比。因爲，沿 AC 的時間和沿 CB 的時間之比，等於 AC 和 CF 之比；但是，已經證明，在下降了一段距離 AC 之後，沿 CB 的時間和在下降

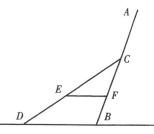

了同一段距離之後沿 CD 的時間之比，等於 CB 和 CD 之比，或者說等於 CF 和 CE 之比；因此，ex aequali，沿 AC 的時間和沿 CD 的時間之比，就將等於長度 AC 和長度 CE 之比。

定理 12　命題 12

　　如果一個垂直平面和任一斜面被兩個水平面所限定，如果我們取此二面長度和二面交線與上一水平面之間的兩個部分之間的比例中項，則沿垂直面的下降時間和沿垂直面上一部分的下降時間加沿斜面下部的下降時間之比，等於整個垂直面的長度和另一長度之比；後一長度等於垂直面上的比例中項長度加整個斜面和比例中項之差。

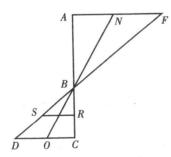

　　設 AF 和 CD 為限定垂直面 AC 和斜面 DF 的兩個平面；設後二面相交於 B。設 AR 為整個垂直面和它的上部 AB 之間的一個比例中項，並設 FS 為 FD 和其上部 FB 之間的一個比例中項。於是我就說，沿整個垂直路程 AC 的下落時間和沿其上半部分 AB 的下落時間加沿斜面的下半部分 BD 的下降時間之比，等於長度 AC 和另一長度之比，該另一長度等於垂直面上的比例中項 AR 和長度 SD 之比，而 SD 即整個斜面長度 DF 及其比例中項 FS 之差。

　　連結 R、S 二點成一水平線 RS。現在，既然通過整個距離的時間和沿 AB 部分的時間之比等於 CA 和比例中項 AR 之比，那麼就有，如果我們同意用距離 AC 來代表通過 AC 的下落時間，則通過距離 AB 的下落時間將用 AR 來代表，而且通過剩餘部分 BC 的下落時間將用 RC 來代表。但是，如果沿 AC 的下落時間被認為等於長度 AC，則沿 FD 的時間將等於距離 FD，從而我們可以同樣地推知，沿 BD 的下降時間 [236] 在經過了沿 FB 或 AB 的一段下降以後，將在

數值上等於距離 DS。因此，沿整個路程 AC 下落所需的時間就等於 AR 加 RC，而沿折線 ABD 下降的時間則將等於 AR 加 SD。

證畢。

如果不取垂直平面而代之以另一個任意斜面，例如 NO，同樣的結論仍然成立；證明的方法也相同。

問題 1　命題 13

已給一長度有限的垂直線，試求一斜面，其高度等於該垂直線，而且傾角適當，使得一物體從靜止開始沿所給豎線下落以後又沿斜面滑下，所用的時間和它垂直下落的時間相等。

設 AB 代表所給的垂直線；延長此線到 C，使 BC 等於 AB，並畫出水平線 CE 和 AG，要求從 B 到水平線 CE 畫一斜面，使得一個物體在 A 處從靜止開始下落一段距離 AB 以後將在相同的時間內完成沿這一斜面的下滑。畫 CD 等於 BC，並畫直線 BD，作直線

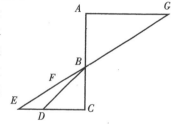

BE 等於 BD 和 DC 之和；於是我說，BE 就是所求的斜面。延長 EB 使之和水平線 AG 相交於 G。設 GF 是 GE 和 GB 之間的一個比例中項，於是就有 $EF:FB=EG:GF$，以及 $EF^2:FB^2=EG^2:GF^2=EG:GB$。但 EG 等於 GB 的兩倍，故 EF 的平方為 FB 平方的兩倍，而且 DB 的平方也是 BC 平方的兩倍。因此，$EF:FB=DB:BC$，而 componendo et permutando，就有 $EB:(DB+BC)=BF:BC$。但是 $EB=DB+BC$；由此即得 $BF=BC=BA$。如果我們同意長度 AB 將代表沿線段 AB 下落的時間，則 GB 將代表沿 GB 的下降時間，而 GF 將代表沿整個距離 GE 的下降時間；因此 BF 將代表從 G 點或 A 點下落之後沿此二路徑之差即 BE 的下降時間。　　證畢。[237]

問題 2 命題 14

　　已給一斜面和穿過此面的一根垂直線，試求垂直線上部的一個長度，使得一個物體從靜止而沿該長度下落的時間等於物體在上述長度上落下以後沿斜面下降所需的時間。

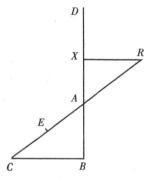

　　設 AC 為斜面而 DB 為垂直線。要求找出垂直線 AD 上的一段距離，使得物體從靜止下落而通過這段距離的時間和它下落之後沿斜面 AC 下降的時間相等。畫水平線 CB；取 AE，使得 $(BA+2AC)$：$AC=AC:AE$，並取 AR，使得 $BA:AC$ $=EA:AR$。從 R 作 RX 垂直於 DB；於是我說，X 就是所求之點。因為，即然 $(BA+2AC):AC=AC:AE$，那麼就有，
dividendo，$(BA+AC):AC=CE:AE$。而且，既然 $BA:AC=EA:$ AR，那麼，componendo，就有 $(BA+AC):AC=ER:RA$。但是 $(BA+AC):AC=CE:AE$，於是就有 $CE:EA=ER:RA=$ 前項之和：後項之和$=CR:RE$。於是 RE 就應該是 CR 和 RA 之間的一個比例中項。另外，既然已經假設 $BA:AC=EA:AR$，而且由相似三角形可得 $BA:AC=XA:AR$，因此就有 $EA:AR=XA:AR$。因此 EA 和 XA 相等。但是，如果我們同意通過 RA 的下落時間將用長度 RA 來代表，則沿 RC 的下落時間將由作為 RA 和 RC 之間的比例中項的長度 RE 來代表；同樣，AE 將代表在沿 RA 或 AX 下降之後沿 AC 的下降時間。但是，沿 XA 的下落時間是由長度 XA 來代表的，而 RA 則代表通過 RA 的下降時間。但是已經證明 XA 和 AE 相等。　　　　　　　　　　　　　　　　　　證畢。[238]

問題 3　命題 15

　　給定一垂直線和一斜面，試在二者交點下方的垂直線上求出一個
長度，使它將和斜面要求相等的下降時間；在此兩種運動以前，都有
一次沿給定垂直線的下落。

　　設 AB 代表此垂直線而 BC 代表斜
面，要求在交點以下的垂直線上找出一個
長度，使得在從 A 點下落以後物體將以相
等的時間通過該長度或通過 BC。畫水平
線 AD 和 CB 的延長線相交於 D；設
DE 是 [239] CD 和 DB 之間的一個比例
中項；取 BF 等於 BE；並設 AG 是
BA 和 AF 的一個第三比例項，於是我
說，BG 就是那個距離，即一個物體在通過
AB 下落以後將以和在相同下落之後沿斜
面 BC 下降的時間相等的時間內沿該長

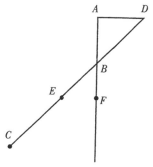

度下落。因為，如果我們假設沿 AB 的下落時間用 AB 來代表，則沿
DB 的時間將用 DB 來代表。而且，既然 DE 是 BD 和 DC 之間的一
個比例中項，那麼同一 DE 就將代表沿整個長度 DC 的下降時間，而
BE 則將代表沿二路程之差即 BC 下降所需的時間，如果在每一事例
中下落都是在 D 或在 A 從靜止開始。同樣我們可以推知，BF 代表在
相同先期下落以後沿距離 BG 的下降時間，但是 BF 等於 BE。因此
問題已解。

定理 13　命題 16

　　如果從相同一點畫一個有限的斜面和一條有限的垂直線，設一物
體從靜止開始沿此二路程下降的時間相等，則一個從較大高度下落的

物體將在比沿垂直線下落更短的時間內沿斜面滑下。

設 EB 為此垂直線而 CF 為此斜面，二者都從共同點 E 開始，而且一個在 E 點從靜止開始的物體將在相等的時間沿直線下落或沿斜面下滑。將垂直線向上延長到任意點 A，下落物體將從此點開始。於是我說，在通過 AE 下落以後，物體沿斜面 EC 下滑的時間將比沿垂直線 EB 下落的時間為短。連 CB 線。畫水平線 AD，並向後延長 CE 直到它和 AD 相交於 D；設 DF 是 CD 和 DE 之間的一個比例中項，並取 AG 成為 BA 和 AE 之間的一個比例中項。畫 FG 和 DG；於是，既然在 E 點從靜止開始而沿 EC 或 EB 下降的時間相

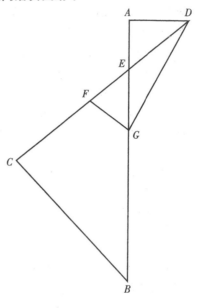

等，那麼，由命題 6 的推論 II 就得到，C 處的角是直角，但 A 處的角也是直角，而且 E 處的對頂角也相等，從而 $\triangle AED$ 和 $\triangle CEB$ 是等角的，從而其對應邊應成比例；由此即得 $BE:EC=DE:EA$，因此長方形 $BE \cdot EA$ 等於長方形 $CE \cdot ED$；而且既然長方形 $CD \cdot DE$ 比長方形 $CE \cdot ED$ 多出一個正方形 ED（即 ED^2），而且長方形 $BA \cdot AE$ 比長方形 $BE \cdot EA$ 多出一個 EA 的平方，那麼就有，長方形 $CD \cdot DE$ 比長方形 $BA \cdot AE$ 多出之量，或者說 FD 的平方比 AG 平方多出之量，將等於 DE 的平方比 AE 平方多出之量，等於 AD 的平方。因此 $FD^2=GA^2+AD^2=GD^2$，由此可見 DF 等於 DG，而且 $\angle DGF$ 等於 $\angle DFG$，而 $\angle EGF$ 小於 $\angle EFG$，從而對邊 EF 小於對邊 EG。如果我們現在同意用長度 AE 來代表通過 AE 的下落時間，則沿 DE 的時間將用 DE 來代表。而且，既然 AG 是 BA 和 AE 之間的一個比例

中項，那麼就有，AG 將代表沿整個距離 AB 的下落時間，而差量 EG 則將代表在 A 處從靜止開始而沿路徑差 EB 的下落時間。

同樣，EF 代表在 D 處從靜止開始或在 A 處下落而沿 FC 下降的時間。但是已經證明 EF 小於 FG，於是即得上述定理。

推論. 由這一命題和前一命題可以清楚地看出，一物體在下落一段距離以後再在通過一個斜面所需的時間內繼續下降的垂直距離，將大於該斜面的長度，但是卻小於不經任何預先下落而在斜面上經過的距離。因為，既然我們剛才已經證明，從較高的 A 點下落的物體將通過前一個圖中的斜面，而所用時間比沿垂直線 EB 繼續下落所用的時間為短，那麼就很明顯，在和沿 EC 下落

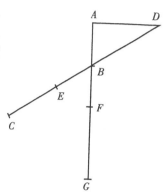

的時間相等的時間內沿 EB 前進的距離將小於整個距離 EB。但是，現在為了證明這一垂直距離大於斜面 EC 的長度，我們把上一定理中的圖重畫在這兒，在此圖中，在預先通過 AB 下落以後，物體在相等的時間內通過垂直線 BG ［240］或斜面 BC。關於 BG 大於 BC，可以證明如下：既然 BE 和 FB 相等，而 BA 小於 BD，那麼就有，FB 和 BA 之比將大於 EB 和 BD 之比；於是，componendo，FA 和 BA 之比就大於 ED 和 DB 之比；但是 $FA{:}AB = GF{:}FB$（因為 AF 是 BA 和 AG 之間的一個比例中項），而且同樣也有 $ED{:}BD = CE{:}EB$，因此即得，GB 和 BF 之比將大於 CB 和 BE 之比，因此 GB 大於 BC。

問題 4　命題 17

已給一垂直線和一斜面，要求沿所給斜面找出一段距離，使得一個沿所給垂直線落下的物體沿此距離的下降時間等於它從靜止開始沿

垂直線的下落時間。

設 AB 為所給垂直線而 BE 為所給斜面。問題就是在 BE 上定出一段距離，使得一個物體在通過 AB 下落之後將在一段時間內通過該距離，而該時間則恰好等於物體從靜止開始沿垂直線 AB 落下所需要的時間。

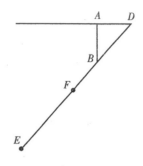

畫水平線 AD 並延長斜面至和該線相交於 D。取 FB 等於 BA；並選定點 E 使得 $BD{:}FD = DF{:}DE$。於是我說，在通過 AB 下落以後，物體沿 BE 的下降時間就等於物體在 A 處從靜止開始而通過 AB 的下落時間。因為，如果我們假設長度 AB 就代表通過 AB 的下落時間，則通過 DB 的下降時間將由長度 DB 來代表；而既然 $BD{:}FD = DF{:}DE$，就可以推知，DF 將代表沿整個斜面的下降時間，而 BF 則代表在 D 處從靜止開始而通過 BF 部分的下降時間；但是在首先由通過 DB 下降以後沿 BE 的下降時間和在首先通過 AB 下落以後沿 BF 的下降時間相同。因此，在 AB 以後沿 BF 的下降時間將是 BF，而 BF 當然等於在 A 處從靜止開始而通過 AB 的下落時間。　　證畢。[241]

問題 5　命題 18

已知一物體將在給定的一個時段內從靜止開始垂直下落所通過的距離，並已知一較小的時段，試求出另一相等的垂直距離使物體將在已知較小時段內通過之。

設從 A 開始畫此垂直線 AB，使得物體在 A 處從靜止開始在所給時段內下落至 B，且即用 AB 代表此時段，要求在上述垂直線上確定一距離等於 AB 而且將等於 BC 的時段內被通過。連結 A 和 C；於是，既然 $BC < BA$，就有 $\angle BAC < \angle BCA$。作 $\angle CAE$ 等於 $\angle BCA$，設 E 為 AE 和水平線的交點；作 ED 垂直於 AE 而和垂直

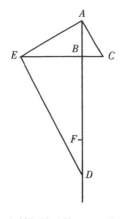

線交於 D；取 DF 等於 BA。於是我說，FD 就是垂直線上的那樣一段，即一個物體在 A 處從靜止開始將在指定的時段 BC 內通過此距離。因為，如果在直角三角形 $\triangle AED$ 中從 E 處的直角畫一直線垂直於 AD，則 AE 將是 DA 和 AB 之間的一個比例中項，而 BE 將是 BD 和 BA 之間的一個比例中項。或者說是 FA 和 AB 之間的一個比例中項（因為 FA 等於 DB；而且既然已經同意用距離 AB 代表通過 AB 的下落時間，那麼 AE 或 EC 就將代表通過整個距離 AD 的下落時間，而 EB 就將代表通過 AE 的時間。由此可見剩下的 BC 將代表通過剩餘距離 FD 的下落時間。

證畢。[242]

問題 6　命題 19

已知一物體從靜止開始在一條垂直線上下落的距離，而且也已知其下落時間；試求該物體在以後將在同一直線的任一地方通過一段相等距離所需的時間。

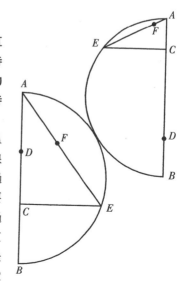

在垂直線 AB 上取 AC 等於在 A 處從靜止開始下落的距離，在同一直線上隨意地取一相等的距離 DB。設通過 AC 所用的時間用長度 AC 來代表。要求得出在 A 處從靜止開始下落而通過 DB 所需的時間。以整個長度 AB 為直徑畫半圓 AEB；從 C 開始作 CE 垂直於 AB；連結 A 點和 E 點；線段

AE 將比 EC 更長；取 EF 等於 EC。於是我說，差值 FA 將代表通過 DB 下落所需要的時間。因為，既然 AE 是 BA 和 AC 之間的一個比例中項，而且 AC 代表通過 AC 的下落時間，那就得到，AE 將代表通過整個距離 AB 所需的時間。而且，既然 CE 是 DA 和 AC 之間的一個比例中項（因為 $DA=BC$），那麼就有 CE，也就是 FE，將代表通過 AD 的下落時間。由此可見，差值 AF 將代表通過差值 DB 的下落時間。　　　　　　　　　　　　　　　　　　　　　　　證畢。

推論. 由此可以推斷，如果從靜止開始通過任一給定距離的下落時間用該距離本身來代表，則在該已給距離被增大了某一個量以後，下落時間將由已增距離和原有距離之間的比例中項比原有距離和所增距離之間的比例中項增多出的部分來代表。例如，如果我們同意 AB 代表在 A 處從靜止開始通過距離 AB 的下落時間，而且 AS 是距離的增量，則在通過 SA 下落以後，通過 AB 所需的時間就將由 SB 和 BA 之間的比例中項比 BA 和 AS 之間的比例中項多出的部分來代表。[243]

問題 7　命題 20

已給一任意距離以及從運動開始處量起的該距離的一部分，試確定該距離另一端的一部分，使得它在和通過第一部分所需的相同時間內被通過。

設所給距離為 CB，並設 CD 是從運動開始處量起的該距離的一部分。要求在 B 端求出另一部分，使得通過該部分所需的時間和通過 CD 部分所需的時間相等。設 BA 為 BC 和 CD 之間的一個比例中項，並設 CE 為 BC 和 CA 的一個第三比例項。於是我說，EB 就是那段距離，即物體在從 C 下落以後將在和通過 CD 所需的時間相同的時間內通過該距離。因為，如果我們同意 CB 將代表通過整個距離 CB 的時間，則 BA（它當然是 BC 和 CD 之間的一個比例中項）將代表

沿 *CD* 的時間；而且既然 *CA* 是 *BC* 和 *CE* 之間的一個比例中項，於是就可知，*CA* 將是通過 *CE* 的時間；但整個長度 *CB* 代表的是通過整個距離 *CB* 的時間。因此差值 *BA* 將代表在從 *C* 落下以後沿距離之差落下所需的時間。但同一 *BA* 就是通過 *CD* 的下落時間。由此可見，在 *A* 處從靜止開始，物體將在相等的時間內通過 *CD* 和 *EB*。證畢。[244]

定理 14　命題 21

在一個從靜止開始垂直下落的物體的路程上，如果取一個在任意時間內通過的一個部分，使其上端和運動開始之點重合，而且在這一段下落以後，運動就偏向而沿一個任意的斜面進行，那麼，在和此前的垂直下落所需的時段相等的時段中，沿斜面而通過的距離將大於垂直下落距離的 **2** 倍而小於該距離的 **3** 倍。

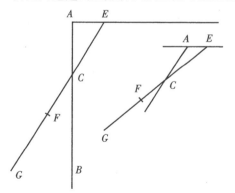

設 *AB* 是從水平線 *AE* 向下畫起的一條垂直線，並設它代表一個在 *A* 點從靜止開始下落的物體的路程；在此路程上任取一段 *AC*。通過 *C* 畫一個任意的斜面 *CG*；沿此斜面，運動通過 *AC* 的下落以後繼續進行。於是我說，在和通過 *AC* 的下落所需的時段相等的時段中，沿斜面 *CG* 前進的距離將大於同一距離 *AC* 的 2 倍而小於它的 3 倍。讓我們取 *CF* 等於 *AC*，並延長斜面 *GC* 直至與水平線交於 *E*；選定 *G*，使得 *CE*:*EF*＝*EF*:*EG*。如果現在我們假設沿 *AC* 的下落時間用長度 *AC* 來代表，則 *CE* 將代表沿 *CE* 的下降時間，而 *CF*，或者說 *CA*，則將代表沿 *CG* 的下降時間。現在剩下來的工作就是證明距離 *CG* 大於距

離 CA 本身的 2 倍而小於它的 3 倍。既然 $CE{:}EF = EF{:}EG$，於是就有 $CE{:}EF = CF{:}FG$；但是 $EC < EF$；因此 CF 將小於 FG，而 GC 將大於 FC 或 AC 的 2 倍。再者，既然 $FE < 2EC$（因爲 EC 大於 CA 或 CF），我們就有 GF 小於 FC 的 2 倍，從而也有 GC 小於 CF 或 CA 的 3 倍。   證畢。

這一命題可以用一種更普遍的形式來敍述：既然針對一條垂直線和一個斜面的事例所證明的情況，對於沿任意傾角的斜面的運動繼之以沿傾角較小的任意斜面的運動的事例也是同樣正確的，正如由附圖可以看到的那樣。證明的方法是相同的。[245]

問題 8　命題 22

已知兩個不相等的時段，並已知一物體從靜止開始在其中較短的一個時段中垂直下落的距離，要求通過垂直線最高點作一斜面，使其傾角適當，以致沿該斜面的下降時間等於所給兩時段中較長的一個時段。

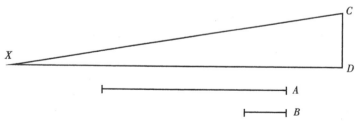

設 A 代表兩不等時段中較長的一個時段，而 B 代表其中較短的一個時段，並設 CD 代表從靜止開始在時段 B 中垂直下落的距離。要求通過 C 點畫一斜面，其斜率適足以使物體在時段 A 內沿斜面滑下。

從 C 點向水平線畫斜線 CX，使其長度滿足 $B{:}A = CD{:}CX$。很顯然，CX 就是物體將在所給的時間 A 內沿它滑下的那個斜面。因

為，已經證明，沿一斜面的下降時間和通過該斜面之垂直高度的下落時間之比，等於斜面的長度和它的垂直高度之比。因此，沿 *CX* 的時間和沿 *CD* 的時間之比，等於長度 *CX* 和長度 *CD* 之比，也就是等於時段 *A* 和時段 *B* 之比；但 *B* 就是從靜止開始通過垂直距離 *CD* 落下所需的時間，因此 *A* 就是沿斜面 *CX* 下降所需的時間。

問題 9　命題 23

　　已知一物體沿一垂直線下落一定距離所需的時間，試通過落程的末端作一斜面，使其傾角適當，可使物體在下落之後在和下落時間相等的時間內在斜面上下降一段指定的距離，☆［246］如果所指定的距離大於下落距離的 **2** 倍而小於它的 **3** 倍的話。

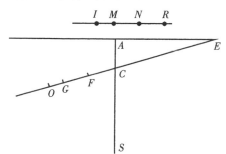

設 *AS* 為一任意垂直線，並設 *AC* 既代表在 *A* 處從靜止開始垂直下落的距離又代表這一下落所需的時間。設 *IR* 大於 *AC* 的 2 倍而小於 *AC* 的 3 倍。要求通過 *C* 點作一斜面，使其傾角適當，可使物體在通過 *AC* 下落以後在時間 *AC* 內在斜面上前進一段等於 *IR* 的距離。取 *RN* 和 *NM* 各等於 *AC*。通過 *C* 點畫斜線 *CE* 使之和水平線 *AE* 交於適當之點 *E*，滿足 *IM:MN＝AC:CE*。將斜面延長到 *O*，並取 *CF*、*GF* 和 *GO* 各自等於 *RN*、*NM* 和 *MI*。於是我說，在通過 *AC* 下落之後沿斜面通過 *CO* 所需的時間就等於在 *A* 處從靜止開始通過 *AC* 下落的時間。因為，既然 *OG:GF＝FC:CE*，那麼，componendo，就有 *OF:FG＝OF:FC＝FE:EC*；而既然前項和後項之比等於前項之和和後項之和之比，我們就有 *OE:EF＝EF:EC*。於是 *EF* 是 *OE* 和 *EC* 之間的一個比例中項。既已約定用長度 *AC* 來代表通過 *AC* 的下落時間，那麼就有，

EC 將代表沿 EC 的時間，EF 代表沿整個 EO 的時間，而距離 CF 則將代表沿差值 CO 的時間。但是 $CF = CA$，因此問題已解。因爲時間 AC 就是在 A 處從靜止開始通過 AC 而落下的時間，而 CF（它等於 CA）就是在沿 EC 而下滑或沿 AC 而下落以後通過 CO 而下滑所需的時間。   證畢。

也必須指出 [247]，如果早先的運動不是沿垂直線而是沿斜面進行的，同樣的解也成立。這一點可用下面的圖來說明，圖中早先運動是沿水平線 AE 下的斜面 AS 進行的。證法和以上完全相同。

傍 注

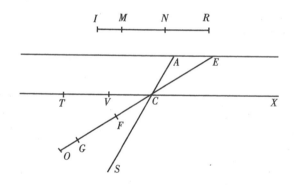

經過仔細注意可以清楚地看出，所給的直線 IR 越接近於長度 AC 的 3 倍，第二段運動所沿的斜面 CO 就越接近於垂直線，而在時間 AC 內沿斜面下降的距離也越接近於 AC 的 3 倍。因爲，如果 IR 被取爲接近於 AC 的 3 倍，則 IM 將幾乎等於 MN，而既然按照作圖有 $IM:MN = AC:CE$，那麼就有 CE 只比 CA 大一點點；從而點 E 將很靠近 A，而形成很尖銳之角的線段 CO 和 CS 則幾乎重合。但是，另一方面，如果所給的線段 IR 只比 AC 的 2 倍稍大一點兒，則線段 IM 將很短；由此可見，和 CE 相比，AC 將是很小的，而 CE 現在則長得幾乎和通過 C 而畫出的水平線相重合。由此我們可以推斷，

如果在沿附圖中的斜面 AC 滑下以後運動是沿著一條像 CT 那樣的水平線繼續進行的，則一個物體在和通過 AC 而下滑的時間相等的時間之內所經過的距離，將恰好等於距離 AC 的 2 倍。此處所用的論證和以上的論證相同。因為，很顯然，既然 $OE:EF = EF:EC$，那麼 FC 就將量度沿 CO 的下降時間。但是，如果長度為 CA 之 2 倍的水平線 TC 在 V 處被分為兩個相等的部分，那麼這條線在和 AE 的延長線相交之前必須向 X 的方向延長到無限遠；而由此可見，TX 的無限長度和 VX 的無限長度之比必將等於無限距離 VX 和無限距離 CX 之比。

　　同一結果可以用另一種處理方法求得，那就是回到命題 1 的證明所用的同一推理思路。讓我們考慮 $\triangle ABC$；通過畫出的平行於它的底邊的線，這個三角形可以替我們表示一 [248] 個和時間成正比而遞增的速度；如果這些平行線有無限多條，就像線段 AC 上的點有無限多個或任何時段中的時刻有無限多個那樣，這些線就將形成三角形的面積。現在，讓我們假設，用線段 BC 來代替的所達到的最大速度被保持了下來，在和第一個時段相等的另一個時段中不被加速而繼續保持恆定的值。按照同樣的方式，由這些速度將形成一個四邊形 $ADBC$ 的面積，它等於 $\triangle ABC$ 面積的 2 倍；因此，以這些速度在任一給定的時段內通過的距離都將是用三角形來代表的那些速度在相等時段內通過的距離的 2 倍。但是，沿著一個水平面，運動是均勻的，因為它既受不到加速也受不到減速；因此我們就得到結論說，在一個等於 AC 的時段內通過的距離 CD 是距離 AC 的 2 倍；因為後者是由一種從靜止開始而速率像三角形中各平行線那樣遞增的運動完成的，而前者則是由一種用長方形中各平行線來代表的運動完成的，這些為數也是很多的平行線給出一個 2 倍於三角形的面積。

　　更進一步，我們可以指出，任何一個速度，一旦賦予了一個運動物體，就會牢固地得到保持，只要加速或減速的外在原因是不存在的；

這種條件只有在水平面上才能見到，因為在平面向下傾斜的事例中，將不斷存在一種加速的原因；而在平面向上傾斜的事例中，則不斷地存在一種減速的原因。由此可見，沿平面的運動是永無休止的，如果速度是均勻的，它就不會減小或放鬆，更不會被消滅。再者，雖然一個物體可能通過自然下落而已經得到的任一速度就其本性（suapte natura）來說是永遠被保存的，但是必須記得，如果物體在沿一個下傾斜面下滑了一段以後又轉上了一個上傾的斜面，則在後一斜面上已經存在一種減速的原因了；因為在任何一個那樣的斜面上，同一物體是受到一個向下的自然加速度的作用的。因此，我們在這兒遇到的就是兩個不同狀態的疊加，那就是，在以前的下落中獲得的速度，如果只有它起作用，它就會把物體以均勻速率帶向無限遠處，以及由一切物體所普遍具有的那種向下的自然加速度。因此，如果我們想要追究一個物體的未來歷史，而那個物體曾經從某一斜面上滑下而又轉上了某一上傾的斜面，看來完全合理的就是我們將假設，在下降中得到的最大速度在上升過程中將持續地得到保持。然而，在上升中 ［249］卻加入了一種向下的自然傾向，也就是一種從靜止開始而非自然變化率（向下）加速的運動。如果這種討論或許有點兒含糊不清，下面的圖將幫助我們把它弄明白。

讓我們假設，下降是沿著下傾的斜面 AB 進行的；從那個斜面上，物體被轉到了上傾的斜面 BC 上繼續運動。首先，設這兩個斜

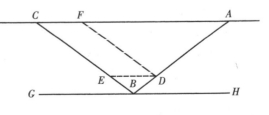

面長度相等，而且擺得和水平線 GH 成相同的角。現在，眾所周知，一個在 A 處從靜止開始沿 AB 而下降的物體，將獲得和時間成正比的速率，而在 B 處達到最大，而且這個最大值將被物體所保持，只要它不受新的加速或減速的任何原因的影響。我在這兒所說到的加速度，是指假若物體的運動沿斜面 AB 的延長部分繼續進行時它所將得

到的加速，而減速則是當它的運動轉而沿上傾斜面 BC 進行時所將遇到的減速度。但是，在水平面 GH 上，物體將保持一個均勻的速度，等於它從 A 點滑下時在 B 點得到的那個速度，而且這個速度使得物體在等於從 AB 下滑時間的一段時間之內將通過一段等於 AB 之 2 倍的距離。現在讓我們設想同一物體以同一均勻速率沿著斜面 BC 而運動，而且在這兒，它也將在等於從 AB 滑下時間的一段時間內在 BC 延長面上通過一段等於 AB 之 2 倍的距離；但是，讓我們假設，當它開始上升的那一時刻，由於它的本性，物體立即受到當它從 A 點沿 AB 下滑時包圍了它的那種相同的影響，就是說，當它從靜止開始下降時所受到的那種在 AB 上起作用的加速度，從而它就在相等的時間內像在 AB 上那樣在這個第二斜面上通過一段相同的距離。很顯然，通過這樣在物體上把一種均勻的上升運動和一種加速的下降運動疊加起來，物體就將沿斜面 BC 上升到 C 點，在那兒，這兩個速度就變成相等的了。

如果現在我們假設任意兩點 D 和 E 與頂角 B 的距離相等，我們就可以推斷，沿 BD 的下降和沿 BE 的上升所用的時間相等。畫 DF 平行於 BC；我們知道，在沿 AD 下降之後，物體將沿 DF 上升；或者，如果在到達 D 時物體沿水平線 DE 前進，它將帶著離開 D 時的相同動量（impetus）而到達 E，因此它將上升到 C 點，這就證明它在 E 點的速度和在 D 點的速度是相同的。

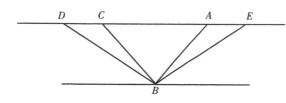

我們由此可以邏輯地推斷，沿任何一個斜面下降並繼續沿一個上傾的斜面運動的物體，由於所得到的動量，將 [250] 上升到離水平面的相同高度；因此，如果物體是沿 AB 下降的，它就將被帶著沿斜面 BC 上升到水平線 ACD；而且不論各斜面的傾角是否相等，這一點都是對的，就像在斜面 AB 和 BD 的事例中那樣。但是，

根據以前的一條假設，通過沿高度相等的不同斜面滑下而得到的速率是相同的。因此，如果斜面 EB 和 BD 具有相同的斜度，沿 EB 的下降將能夠把物體沿著 BD 一直推送到 D；而既然這種推動起源於物體達到 B 點時獲得的速率，那麼就可以推知，這個在 B 點時的速率，不論物體是沿 AB 還是沿 EB 下降都是相同的。那麼就很顯然，不論下降是沿 AB 還是沿 EB 進行的，物體都將被推上 BD。然而，沿 BD 的上升時間卻大於沿 BC 的上升時間，正如沿 EB 的下降要比沿 AB 的下降佔用更多的時間一樣；另外也已經證明，這些時間之比和斜面的長度之比相同。其次我們必將發現，在相等的時間內沿不同斜度而相同高度的平面通過的長度之間有什麼比率；也就是說，所沿的斜面介於相同的兩條平行水平線之間。此事的做法如下：

定理 15　命題 24

　　已給兩條平行水平線和它們之間的垂直連線，並給定通過此垂直線下端的一個斜面，那麼，如果一個物體沿垂直線自由落下然後轉而沿斜面運動，則它在和垂直下落時間相等的時間內沿斜面通過的距離將大於垂直線長度的 1 倍而小於它的 2 倍。

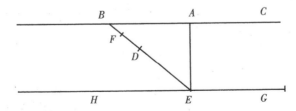

　　設 BC 和 HG 爲兩個水平面，由垂直線 AE 來連結；此外並設 EB 代表那個斜面，物體在沿 AE 下落並已從 E 轉到 B 後就沿此斜面而運動。於是我說，在等於沿 AE 下降時間的一段時間內，物體將沿斜面通過一段大於 AE 但小於 2 倍 AE 的距離。取 ED 等於 [251] AE，並選 F 點使它滿足 EB:BD＝BD:BF。首先我們將證明，F 就

是物體在從 E 轉到 B 以後將在等於沿 AE 的下落時間的一段時間內被沿斜面帶到的那一點；其次我們將證明，距離 EF 大於 EA 而小於 2 倍的 AE。

讓我們約定用長度 AE 來代表沿 AE 的下落時間，於是，沿 BE 的下降時間，或者同樣也可以說是沿 EB 的上升時間，就將用距離 EB 來代表。

現在，既然 DB 是 EB 和 BF 之間的一個比例中項，而且 BE 是沿整個 BE 的下降時間，那麼就可以得到，BD 是沿 BF 的下降時間，而其餘的一段 DE 就將是沿剩下來的 FE 的下降時間。但是，在 B 處從靜止開始的下落時間和在從 E 以通過 AE 或 BE 的下降而得來的速率反射後從 E 升到 F 的時間相同。因此 DE 就代表物體在從 A 下落到 E 並被反射到 EB 方向上以後從 E 運動到 F 所用的時間。但是，由作圖可見，ED 等於 AE。這就結束了我們的證明的第一部分。

現在，既然整個 EB 和整個 BD 之比等於 DB 部分和 BF 部分之比，我們就有，整個 EB 和整個 BD 之比等於餘部 ED 和餘部 DF 之比。但是 $EB > BD$，從而 $ED > DF$，從而 EF 小於 2 倍的 DF 或 AE。   證畢。

當起初的運動不是沿垂直線進行而是在一個斜面上進行時，上述的結論仍然成立；證明也相同，如果上傾的斜面比下傾的斜面傾斜度較小，即長度較大的話。

定理 16　命題 25

如果沿任一斜面的下降是繼之以沿水平面的運動，則沿斜面的下降時間和通過水平面上任一指定長度所用的時間之比，等於斜面長度的 2 倍和所給水平長度之比。

設 CB 為任一水平線而 AB 為一斜面；設在沿 AB 下降以後運動繼續通過了指定的水

平距離 BD。於是我說，沿 AB 的下降時間和通過 BD 所需的時間之比等於雙倍 AB 和 BD 之比。因為，取 BC 等於 2 倍的 AB，於是由前面的一條命題即得，沿 AB 的下降時間等於通過 BC 所需的時間；但是，沿 BC 的時間和沿 DB 的時間之比等於長度 CB 和長度 BD 之比。因此，[252] 沿 AB 的下降時間和沿 BD 的時間之比，等於距離 AB 的 2 倍和距離 BD 之比。　　　　　　　　　　　　　　證畢。

問題 10　命題 26

已給一垂直高度連接著兩條水平的平行線，並已給定一個距離大於這一垂直高度而小於它的 2 倍。要求通過垂線的垂足作一斜面，使得一個物體在通過垂直高度下落之後其運動將轉向斜面方向並在等於垂直下落時間的一段時間內通過指定的距離。

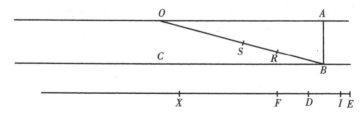

設 AB 是兩條平行水平線 AO 和 BC 之間的垂直距離，並設 FE 大於 BA 而小於 BA 的 2 倍。問題是要通過 B 而向上面的水平線畫一斜面，使得一個物體在從 A 落到 B 以後如果運動被轉向斜面就將在和沿 AB 下落的時間相等的時間內通過一段等於 EF 的距離。取 ED 等於 AB，於是剩下來的 DF 就將小於 AB，因為整個長度 EF 小於 2 倍的 AB。另外取 DI 等於 DF，並選擇點 X，使得 EI:ID＝DF:FX；從 B 畫斜面 BO 使其長度等於 EX。於是我說，BO 就是那樣一個斜面，即一個物體在通過 AB 下落以後將在等於通過 AB 的下落時間的一段時間內在斜面上通過指定的距離。取 BR 和 RS 分別等於 ED 和 DF；於是，既然 EI:ID＝DF:FX，我們就有，componendo，$ED:DI=DX:XF=ED:DF=EX:XD=BO:OR=RO:OS$。如果我們用長度 AB 來代表沿 AB 的下落時間，則 OB 將代表沿 OB 的下降時間，RO 將代表沿 OS 的時間，而餘量 BR 則將代表一個物體在 O 處從靜止開始通過剩餘距離 SB 所需要的時間。但是在 O 處從靜止開始沿 SB 下降的時間等於通過 AB 下落以後從 B 上升到 S 的時間。因此 BO 就是那個斜面，即通過 B，而一個物體在沿 AB 下落以後將在時段 BR 或 BA 內通過該斜面上等於指定距離的 BS。

證畢。[253]

定理 17　命題 27

如果一個物體從長度不同而高度相同的兩個斜面上滑下，則在等於它在較短斜面全程下降時間的一個時段中，它在較長斜面下部所通過的距離將等於較短斜面的長度加該長度的一個部分，而且較短斜面的長度和這一部分之比將等於較長斜面和二斜面長度差之比。

設 AC 為較長斜面而 AB 為較短斜面，而且 AD 是它們的公共高度；在 AC 的下部取 CE 等於 AB。選點 F 使得 $CA:AE=CA:(CA-AB)=CE:EF$。於是我說，

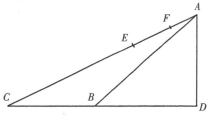

FC 就是那樣一個距離，即物體將在從 A 下滑以後，在等於沿 AB 的下降時間的一個時段內通過它。因為，既然 $CA:AE=CE:EF$，那麼就有 EA 之餘量:AF 之餘量 $=CA:AE$。因此 AE 就是 AC 和 AF 之間的一個比例中項。由此可見，如果用長度 AB 來量度沿 AB 的下降時間，則距離 AC 將量度沿 AC 的下降時間；但是通過 AF 的下降時間是用長度 AE 來量度的，而通過 FC 的下降時間則是用 EC 來量度的。現在 $EC=AB$；由此即得命題。[254]

問題 11　命題 28

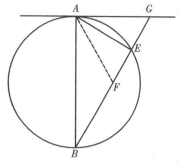

設 AG 是任一條和一個圓相切的直線；設 AB 是過切點的直徑；並設 AE 和 EB 代表兩根任意的弦。問題是要確定通過 AB 的下落時間和通過 AE 及 EB 的下降時間之比。延長 EB 使它與切線交於 G，並畫 AF 以平分 $\angle BAE$。於是我說，通過 AB 的時間和沿 AE 及 EB 的下降時間之比等於長度 AE 和長度

AE 及 EF 之和的比。因為，既然 $\angle FAB$ 等於 $\angle FAE$，而 $\angle EAG$ 等於 $\angle ABF$，那麼就有，整個的 $\angle GAF$ 等於 $\angle FAB$ 和 $\angle ABF$ 之和。但是 $\angle GFA$ 也等於這兩個角之和。因此長度 GF 等於長度 GA；而且，既然長方形 $BG \cdot GE$ 等於 GA 的平方，它也將等於 GF 的平方，或者說 $BG{:}GF = GF{:}GE$。如果現在我們同意用長度 AE 來代表沿 AE 的下降時間，則長度 GE 將代表沿 GE 的下降時間，而 GF 則代表通過整個直徑的下落時間，而 EF 也將代表在從 G 下落或從 A 沿 AE 下落以後通過 EB 的時間。由此可見，沿 AE 或 AB 的時間和沿 AE 及 EB 的時間之比，等於長度 AE 和 $AE + EF$ 之比。　證畢。

一種更簡短的方法是取 GF 等於 GA，於是就使 GF 成為 BG 和 GE 之間的一個比例中項。其餘的證明和上述證明相同。

定理 18　命題 29

已給一有限的水平直線，其一端有一垂直線，長度為所給水平線長度之半；於是，一物體從這一高度落下並將自己的運動轉向水平方向而通過所給的水平距離，所用的時間將比這一高度有任意其他值時

所用的時間爲短。[255]

設 BC 爲水平面上給定的距離；在其 B 端畫一垂直線，並在上面取 BA 等於 BC 的二分之一。於是我說，一個物體在 A 處從靜止開始而通過二距離 AB 和 BC 所用的時間，將比通過同一距離 BC 和垂直線上大於或小於 AB 的部分所用的時間爲短。

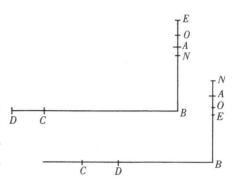

取 EB 大於 AB，如右圖上圖所示，或小於 AB，如右圖下圖所示。必須證明，通過距離 EB 加 BC 所需的時間，大於通過距離 AB 加 BC 所需要的時間。讓我們約定，長度 AB 將代表沿 AB 的下落時間，於是通過水平部分 BC 所用的時間也將是 AB，因爲 $BC =2AB$；由此可見，BC 和 AB 所需要的時間將是 AB 的 2 倍。選擇點 O，使得 $EB{:}BO = BO{:}BA$，於是 BO 就將代表通過 EB 的下落時間。此外，取水平距離 BD 等於 BE 的 2 倍，於是就可看出，BO 代表在通過 EB 下落後沿 BD 的前進時間。選一點 N，使得 $DB{:}BC =EB{:}BA = OB{:}BN$。現在，既然水平運動是均勻的，而 OB 是在從 E 落下以後通過 BD 所需要的時間，那就可以看出，NB 將是在通過了同一高度 EB 此後沿 BC 的運動時間。因此就很清楚，OB 加 BN 就代表通過 EB 加 BC 所需要的時間，而且既然 2 倍 BA 就是通過 AB 加 BC 所需要的時間，剩下來的就是要證明 $OB + BN > 2BA$ 了。

但是，既然 $EB{:}BO = BO{:}BA$，於是就可以推得 $EB{:}BA = OB^2{:}BA^2$。此外，既然 $EB{:}BA = OB{:}BN$，那就可得，$OB{:}BN = OB^2{:}BA^2$。但是 $OB{:}BN = (OB{:}BA)(BA{:}BN)$，因此就有 $AB{:}BN = OB{:}BA$；這就是說，BA 是 BO 和 BN 之間的一個比例中項。由此即得 $OB + BN > 2BA$。　　　　　　　　　　　　　　　　　　　　證畢。[256]

定理 19　命題 30

　　從一條水平直線的任一點上向下作一垂線；要求通過同一水平線上的另一任意點作一斜面使它與垂線相交，而且一個物體將在盡可能短的時間內沿斜面滑到垂線。這樣一個斜面將在垂線上切下一段，等於從水平面上所取之點到垂線上端的距離。

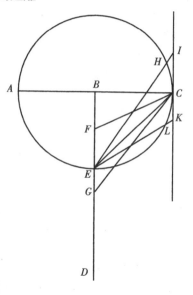

　　設 AC 爲一任意水平線，而 B 是線上的一個任意點；從該點向下作一垂直線 BD。在水平線上另選一任意點 C，並在垂直線上取距離 BE 等於 BC；連結 C 和 E。於是我說，在可以通過 C 點畫出的並和垂線相交的一切斜面中，CE 就是那樣一個斜面，即沿此斜面下降到垂線上所需的時間最短。因爲，畫斜面 CF 和垂直線交於 E 點以上的一點 F，並畫斜面 CG 和垂直線交於 E 點以下的一點 G，再畫一直線 IK 平行於垂直線並和一個以 BC 爲半徑的圓相切於 C 點。畫 EK 平行於 CF 並延長之，使它在 L 點和圓相交以後和切線相交。現在顯而易見，沿 LE 的下降時間等於沿 CE 的下降時間；但是沿 KE 的時間卻大於沿 LE 的時間，因此沿 KE 的時間大於沿 CE 的時間。但是沿 KE 的時間等於沿 CF 的時間，因爲它們具有相同的長度和相同的斜度；同理也可以得到，斜面 CG 和 IE 既然具有相同的長度和相同的斜度，也將在相等的時間內被通過。而且，既然 $HE < IE$，沿 HE 的時間將小於沿 IE 的時間。因此也有沿 CE 的時間（等於沿 HE 的時間）將短於沿 IE 的時間。

證畢。

定理 20　命題 31

如果一條直線和水平線成任一傾角，而且，如果要從水平線上的任一指定點向傾斜線畫一個最速下降斜面，則那將是一個平分從所給的點畫起的兩條線之間的夾角的面。[257]，其中一條垂直於水平線，而另一條垂直於傾斜線。

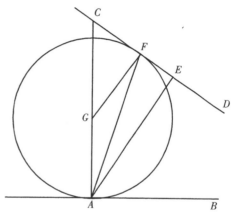

設 CD 是一條和水平線 AB 成任意傾角的直線，並從水平線上任一指定點 A 畫 AC 垂直於 AB，並畫 AE 垂直於 CD；畫 $\angle CAF$ 的分角線 FA。於是我說，在可以通過點 A 畫出的和直線 CD 相交於任何角度的一切斜面中，AF 就是最速下降面（in quo tempore omnium brevissimo fiat descensus）。畫 FG 平行於 AE；內錯角 $\angle GFA$ 和 $\angle FAE$ 將相等；並有 $\angle EAF$ 等於 $\angle FAG$。因此△FGA 的兩條邊 GF 和 GA 相等。由此可見，如果我們以 G 爲心、GA 爲半徑畫一個圓，這個圓將通過點 F 並在 A 點和水平線相切且在 F 點和斜線相切，因爲旣然 GF 和 AE 是平行的，$\angle GFC$ 就是一個直角。因此就很顯然，在從 A 向斜線畫出的一切直線中，除 FA 外，全都超出於這個圓的周界以外，從而就比 FA 需要更多的時間來通過它們中的任一斜面。　　　　　　　　　　　　　　　證畢。

引　理

　　設內、外二圓相切於一點，另外作內圓的一條切線和外圓交於二點；若從二圓的公切點向內圓的切線畫三條直線通到其切點及其和外圓的二交點上，並延長到外圓以外，則此三線在公切點處所夾的二角相等。

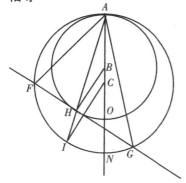

　　設二圓切於一點 A，內圓之心為 B，外圓之心為 C。畫直線 FG 和內圓相切於 H 而和外圓相交於點 F 和 G。另畫三直線 AF、AH 和 AG。於是我說，這些線所夾之角 $\angle FAH$ 和 $\angle GAH$ 相等。延長 AH 和外圓交於 I；從二圓心作直線 BH 和 CI；連結二圓心 B 和 C 並延長此線直到公切點 A 並和二圓相交於點 O 和 N。但是現在 BH 和 CI 是平行的，因為 $\angle ICN$ 和 $\angle HBO$ 各自等於 $\angle IAN$ 的 2 倍，從而二者相等。而且，既然從圓心畫到切點的 BH 垂直於 FG 而 FI 等於 IG，因此 $\angle FAI$ 等於 $\angle IAG$。　　　　　　證畢。

定理 21　命題 32

　　設在一水平直線上任取二點，並在其中一點上畫一直線傾向於另一點，在此另一點上向斜線畫一直線，其角度適當，使它在斜線上截出的一段等於水平線上兩點間的距離，於是，沿所畫直線的下降時間小於沿從同一點畫到同一斜線上的任何其他直線的下降時間。在其他那些在此線的對面成相等角度的線中，下降時間是相同的。

　　設 A 和 B 為一條水平線上的兩個點；通過 B 畫一條斜線 BC，

並從 B 開始取一距離 BD 等於 AB；連結點 A 和點 D。於是我說，沿 AD 的下降時間小於沿從 A 畫到斜線 BC 的任何其他直線的下降時間。從點 A 畫 AE 垂直於 BA；並從點 D 畫 DE 垂直於 BD 而和 AE 交於 E。既然在等腰三角形 △ABD 中我們有 ∠BAD 等於 ∠BDA，則它們

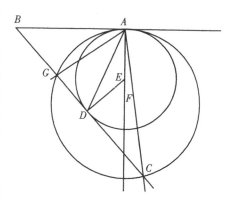

的餘角 ∠DAE 和 ∠EDA 也相等。因此，如果我們以 E 為心、以 EA 為半徑畫一個圓，它就將通過 D 並在點 A 及 D 和 BA 及 BD 相切。現在，既然 A 是垂直線 AE 的端點，沿 AD 的下降時間就將小於沿從端點 A 畫到直線 BC 及其圓外延長線上的任何直線的下降時間。這就證明瞭命題的第一部分。[259]

然而，如果我們把垂線 AE 延長，並在它上面取一任意點 F，就可以以 F 為心、以 FA 為半徑作一圓，此圓 AGC 將和切線相交於點 G 及點 C。畫出直線 AG 和 AC；按照以上的引理，這兩條直線將從中線 AD 偏開相等的角。沿此二直線的下降時間是相同的，因為它們從最高點 A 開始而終止在圓 AGC 的圓周上。

問題 12　命題 33

給定一有限的垂直線和一個等高的斜面，二者的頂點相同。要求在垂直線的上方延長線上找出一點，使一物體在該點上從靜止開始而垂直落下，並當運動轉上斜面時在和下落時間相等的時段內通過該斜面。

設 AB 為所給的有限垂直線而 AC 是具有相同高度的斜面。要求在垂直線 BA 向上的延長線上找出一點。從該點開始，一個下落的物

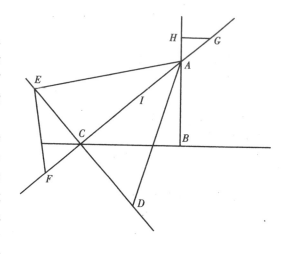

體將在和該物體在 A 處從靜止開始通過所給的垂直距離 AB 而下落所需的時間相等的時間內通過斜面 AC。畫直線 DCE 垂直於 AC，並取 CD 等於 AB；連結點 A 和點 D；於是 $\angle ADC$ 將大於 $\angle CAD$，因為邊 CA 大於 AB 或 CD。

[260] 取 $\angle DAE$ 等於 $\angle ADE$，並作 EF 垂直於 AE；於是 EF 將和向兩方延長了的斜面相交於 F。取 AI 和 AG 各等於 CF；通過 G，畫水平線 GH。於是我說，H 就是所求的點。

因為，如果我們同意用長度 AB 來代表沿垂直線 AB 的下落時間，則 AC 將同樣代表在 A 處從靜止開始沿 AC 的下降時間；而且，既然直角三角形 $\triangle AEF$ 中的直線 EC 是從 E 處的直角而垂直畫到底邊 AF，那麼就有，AE 將是 FA 和 AC 之間的一個比例中項，而 CE 則將是 AC 和 CF 之間的一個比例中項，亦即 CA 和 AI 之間的比例中項。現在，既然 AC 代表從 A 開始沿 AC 的下降時間，那麼就有，AE 將代表沿整個距離 AE 的時間，而 EC 將代表沿 AI 的時間。但是，既然在等腰三角形 $\triangle AED$ 中邊 EA 等於邊 ED，那麼就有，ED 將代表沿 AF 的下落時間，而 EC 為沿 AI 的下落時間。因此 CD，即 AB，將代表在 A 處從靜止開始沿 IF 的下落時間，這也就等於說 AB 是從 G 或從 H 開始沿 AC 的下落時間。　　　證畢。

問題 13　命題 34

　　已給一有限斜面和一條垂直線，二者的最高點相同，要求在垂直線的延線上求出一點，使得一個物體將從該點落下然後通過斜面，所用的時間和物體從斜面頂上開始而僅僅通過斜面時所用的時間相同。

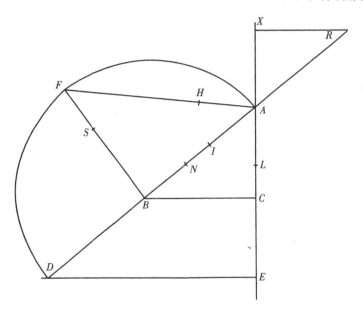

　　設 *AC* 和 *AB* 分別是一個斜面和一條垂直線，二者具有相同的最高點 *A*。要求在垂直線的 *A* 點以上找出一點，使得一個從該點落下然後把它的運動轉向 *AB* 的物體將既通過指定的那段垂直線又通過斜面 *AB*，所用的時間 [261] 和在 *A* 處從靜止開始只通過斜面 *AB* 所用的時間相同。畫水平線 *BC*，並取 *AN* 等於 *AC*；選一點 *L*，使得 *AB:BN＝AL:LC*；並取 *AI* 等於 *AL*；選一點 *E*，使得在垂直線 *AC* 延線上取的 *CE* 將是 *AC* 和 *BI* 的一個第三比例項。於是我說，

CE 就是所求的距離；這樣，如果把垂直線延長到 A 點上方，並取 AX 等於 CE，則從 X 點落下的一個物體將通過兩段距離 XA 和 AB，所用的時間和從 A 開始而只通過 AB 所需要的時間相同。

　　畫 XR 平行於 BC 並和 BA 的延線交於 R；其次畫 ED 平行於 BC 並和 BA 的延線交於 D；以 AD 爲直徑作半圓，從 B 開始畫 BF 垂直於 AD 並延長之直至和圓周相交於 F；很顯然，FB 是 AB 和 BD 之間的一個比例中項，而 FA 是 DA 和 AB 之間的一個比例中項。取 BS 等於 BI、FH 等於 FB。現在，既然 $AB{:}BD = AC{:}CE$，BF 是 AB 和 BD 之間的一個比例中項，而 BI 是 AC 和 CE 之間的一個比例中項，那麼就有 $BA{:}AC = FB{:}BS$；而且，既然 $BA{:}AC = BA{:}BN = FB{:}BS$，那麼，convertendo，我們就有 $BF{:}FS = AB{:}BN = AL{:}LC$。由此可見，由 FB 和 CL 構成的長方形等於以 AL 和 SF 爲邊的長方形；而且，這個長方形 $AL \cdot SF$ 就是長方形 [262] $AL \cdot FB$ 或 $AL \cdot BE$ 比長方形 $AL \cdot BS$ 或 $AI \cdot IB$ 多出的部分；而且不僅如此，長方形 $AC \cdot BF$ 還等於長方形 $AB \cdot BI$，因爲 $BA{:}AC = FB{:}BI$；因此，長方形 $AB \cdot BI$ 比長方形 $AI \cdot BF$ 或 $AI \cdot FH$ 多出的部分就等於長方形 $AI \cdot FH$ 比長方形 $AI \cdot IB$ 多出的部分；因此，長方形 $AI \cdot FH$ 的 2 倍就等於長方形 $AB \cdot BI$ 和 $AI \cdot IB$ 之和，或者說，$2AI \cdot FH = 2AI \cdot IB + \overline{BI^2}$。兩端加 $\overline{AI^2}$，就有 $2AI \cdot IB + \overline{BI^2} + \overline{AI^2} = \overline{AB^2} = 2AI \cdot FH = AI^2$。兩端再加 $\overline{BF^2}$，就有 $AB^2 + BF^2 = \overline{AF^2} = 2AI \cdot FH + \overline{AI^2} + \overline{BF^2} = 2AI \cdot FH + \overline{AI^2} + \overline{FH^2}$。但是 $\overline{AF^2} = 2AH \cdot HF + \overline{AH^2} + \overline{HF^2}$；於是就有 $2AI \cdot FH + \overline{AI^2} + \overline{FH^2} = 2AH \cdot HF + \overline{AH^2} + \overline{HF^2}$。在兩端將 $\overline{HF^2}$ 消去；我們就有 $2AI \cdot FH + \overline{AI^2} = 2AH \cdot HF + \overline{AH^2}$。既然現在 FH 是兩個長方形中的公因數，就得到 AH 等於 AI；因爲假如 AH 大於或小於 AI，則兩個長方形 $AH \cdot HF$ 加 HA 的平方將大於或小於兩個長方形 $AI \cdot FH$ 加上 IA 的平方，這是和我們剛剛證明了的結果相反的。

　　現在如果我們同意用長度 AB 來代表沿 AB 的下降時間，則通過 AC 的時間將同樣地用 AC 來代表，而做爲 AC 和 CE 之間的一個

比例中項的 IB 將代表在 X 處從靜止開始而通過 CE 或 XA 的時間。現在，既然 AF 是 DA 和 AB 之間，或者說 RB 和 AB 之間的一個比例中項，而且等於 FH 的 BF 是 AB 和 BD 亦即 AB 和 AR 之間的一個比例中項，那麼，由前面的一條命題（命題 19 的推論），就得到，差值 AH 將代表在 R 處從靜止開始或是從 X 下落以後沿 AB 的下降時間，而在 R 處從靜止開始沿 AB 的下降時間則由長度 AB 來量度。但是剛才已經證明，通過 XA 的下落時間由 IB 來量度，而通過 RA 或 XA 下落以後沿 AB 的下降時間則是 IA。因此，通過 XA 加 AB 的下降時間是用 AB 來量度的，而 AB 當然也量度著在 A 處從靜止開始僅僅沿 AB 下降的時間。　　　　　證畢。[263]

問題 14　命題 35

已給一斜面和一條有限的垂直線，要求在斜面上找出一個距離，使得一個從靜止開始的物體將通過這一距離，所用的時間和它既通過垂直線又通過斜面所需要的時間相等。

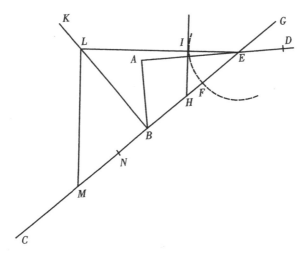

設 AB 爲垂直線而 BC 爲斜面。要求在 BC 上取一距離,使一個從靜止開始的物體將通過該距離,所用的時間和它通過垂直線 AB 落下並通過斜面滑下所需的時間相等。畫水平線 AD 和斜面 CB 的延長部分相交於 E;取 BF 等於 BA,並以 E 爲心、EF 爲半徑作圓 FIG。延長 EF 使它和圓周交於 G。選一點 H,使得 $GB:BF=BH:HF$。畫直線 HI 和圓切於 I,在 B 處畫直線 BK 垂直於 FC 而和直線 EIL 相交於 L;另外,畫 LM 垂直於 EL 並和 BC 相交於 M。於是我說,BM 就是那個距離,即一個物體在 B 處從靜止開始將通過該距離,所用的時間和在 A 處從靜止開始通過兩個距離 AB 和 BM 所需的時間相同。取 EN 等於 EL,於是,既然 $GB:BF=BH:HF$,我們就將有,permutando,$GB:BH=BF:HF$,而 dividendo,就有 $GH:BH=BH:HF$。由此可見,長方形 $GH \cdot HF$ 等於以 BH 爲邊的正方形;但是這同一個長方形也等於以 HI 爲邊的正方形;因此 BH 等於 HI。但是,在四邊形 $ILBH$ 中 HB 和 HI 二邊相等,而既然 B 處和 I 處的角是直角,那就得到,邊 BL 和邊 LI 也相等;但是 $EI=EF$,因此 [264] 整個長度 LE 或 NE 就等於 LB 和 EF 之和。如果我們消去公共項 FE,剩下來的 FN 就將等於 LB;但是由作圖可見,$FB=BA$,從而 $LB=AB+BN$。如果我們再同意用長度 AB 代表通過 AB 的下落時間,則沿 EB 的下降時間將用 EB 來量度;再者,既然 EN 是 ME 和 EB 之間的一個比例中項,它就將代表沿整個距離 EM 的下降時間;因此,這些距離之差 BM 就將被物體在從 EB 或 AB 落下以後在一段由 BN 來代表的時間內所通過。但是,既已假設距離 AB 是通過 AB 的下落時間的量度,沿 AB 和 BM 的下降時間就要由 $AB+MB$ 來量度。既然 EB 量度在 E 處從靜止開始沿 EB 的下落時間,在 B 處從靜止開始沿 BM 的時間就將是 BE 和 BM(即 BL)之間的比例中項。因此,在 A 處從靜止開始沿 $AB+BM$ 的時間就是 $AB+BN$;但是,在 B 處從靜止開始只沿 BM 的時間是 BL;而且既然已經證明 $BL=AB+BN$,那麼就得到命題。

另一種較短的證明如下:設 BC 爲斜面而 BA 爲垂直線;在 B

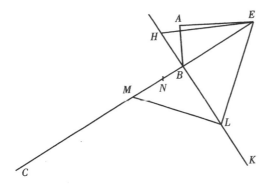

畫 EC 的垂直線並向兩方延長之。取 BH 等於 BE 比 BA 多出的量；使 $\angle HEL$ 等於 $\angle BHE$；延長 EL 至與 BK 交於 L；在 L 畫 LM 垂直於 EL 並延長至與 BC 交於 M；於是我說，BM 就是所求的 BC 上的那一部分。因為，既然 $\angle MLE$ 是一個直角，BL 就將是 MB 和 BE 之間的一個比例中項，而 LE 則是 ME 和 BE 之間的一個比例中項；取 EN 等於 LE；於是就有 $NE=EL=LH$，以及 $HB=NE-BL$。但是也有 $HB=ME-(NB+BA)$；因此 $BN+BA=BL$。如果現在我們假設長度 EB 是沿 EB 的下降時間的量度，則在 B 從靜止開始沿 BM 的下降時間將由 BL 來代表；但是，如果沿 BM 的下降是在 E 或 A 從靜止開始的，則其下降時間將由 BN 來量度；而且 AB 將量度沿 AB 的時間。因此，通過 AB 和 BM 即通過距離 AB 和 BN 之和所需的時間就等於在 B 從靜止開始僅通過 BM 的下降時間。 證畢。[265]

引　理

設 DC 被畫得垂直於直徑 BA；從端點 B 任意畫直線 BED；畫直線 FB。於是我說，FB 是 DB 和 BE 之間的一個比例中項。連結點 E 和點 F。通過 B 作切線 BG，它將平行於 CD。現在，既然 $\angle DBG$ 等於 $\angle FDB$，而且 $\angle GBD$ 的錯角等於 $\angle EFB$，那麼就得

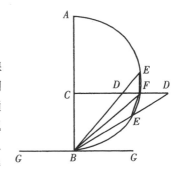

到，△FDB 和△FEB 是相似的，從而 BD:BF＝FB:BE。

引　理

設 AC 為一比 DF 長的直線，並設 AB 和 BC 之比大於 DE 和 EF 之比，於是我說，AB 大於 DE。因為，如果 AB 比

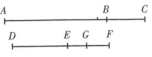

BC 大於 DE 比 EF，則 DE 和某一小於 EF 的長度之比將等於 AB 和 BC 之比。設此長度為 EG；於是，既然 AB:BC＝DE:EG，那麼，componendo et convertendo，就有 CA:AB＝GD:DE。但是，既然 CA 大於 GD，由此即得 BA 大於 DE。

引　理

設 ACIB 是一個圓的四分之一；由 B 畫 BE 平行於 AC；以 BE 上的一個任意點為圓心畫一個圓 BOES 和 AB 相切於 B 並和四分之一圓相交於 I。連結點 C 和點 B；畫直線 CI 並延長至 S。於是我說，此線（CI）永遠小於 CO。畫直線 AI 和圓 BOE 相切。於是，如果畫出直線 DI，則它將等於 DB；但是既然 DB 和四分之一圓相切，DI 就也將和它相切並將和 AI 成直角；於是 AI 和

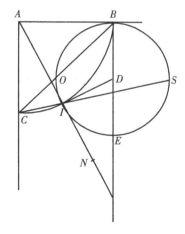

圓 BOE 相切於 I。而且既然 ∠AIC 大於 ∠ABC，因為它張了一個較大的弧，那麼就有，∠SIN 也大於 ∠ABC。因此 $\widehat{IES}$ 大於 $\widehat{BO}$，從而靠圓心更近的直線 CS 就比 CB 更長。由此即得 CO 大於 CI，因為 SC:CB＝OC:CI。[266]

如果像在右下圖下圖中那樣 $\overset{\frown}{BIC}$ 小於四分之一圓周，則這一結果將更加引人注意。因爲那時垂線 DB 將和圓 CIB 相交，而等於 BD 的 DI 也如此；$\angle DIA$ 將是鈍角，從而直線 AIN 將和圓 BIE 相交。既然 $\angle ABC$ 小於 $\angle AIC$，而 $\angle AIC$ 等於 $\angle SIN$，但 $\angle ABC$ 仍小於 I 處的切線可以和直線 SI 所成的角，由此可見 $\overset{\frown}{SEI}$ 比 $\overset{\frown}{BO}$ 大得多，如此等等。

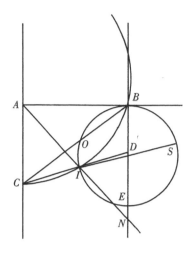

證畢。[267]

定理 22　命題 36

如果從一個垂直圓的最低點畫一根弦，所張的弧不超過圓周的四分之一，並從此弦的兩端畫另外兩根弦到弧上的任意一點，則沿此二弦的下降時間將短於沿第一弦的下降時間，而且以相同的差值短於沿該二弦中較低一弦的下降時間。

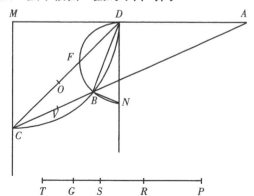

設 $\overset{\frown}{CBD}$ 爲不超過一個象限的圓弧，取自一個垂直的圓，其最低點爲 C；設 CD 是張著此弧的弦（planum elevatum）；並設有二弦從 C 和 D 畫到弧上的任一點 B。於是我說，沿兩弦（plana）DB 和 DC 的下降時間小於只沿 DC 或在 B 處從靜止開始只沿 BC 的下降時間。通過點 D 畫

水平線 MDA 交 CB 的延長線於 A；畫 DN 和 MC 垂直於 MD，並畫 BN 垂直於 BD；繞直角 DBN 畫半圓 $DFBN$，交 DC 於 F。選一點 O，使得 DO 將是 CD 和 DF 之間的一個比例中項；同樣，選 V，使得 AV 成爲 CA 和 AB 之間的一個比例中項。設長度 PS 代表沿要求相同時間的整個距離 DC 或 BC 的下降時間。取 PR，使得 CD:DO＝時間 PS:時間 PR。於是 PR 就將代表一物體從 D 開始即將通過距離 DF 的時間，而 RS 則量度物體即將通過其餘距離 FC 的時間。但是既然 PS 也是在 B 處從靜止開始而沿 BC 的降落時間，而且，如果我們選取 T，使得 BC:CD＝PS:PT，則 PT 將量度從 A 到 C 的下降時間，因爲我們已經證明（見引理）DC 是 AC 和 CB 之間的一個比例中項。最後，選取點 G，使得 CA:AV＝PT:PG，則 PG 將是從 A 到 B 的下降時間，而 GT 將是從 A 下降到 B 以後沿 BC 的剩餘下降時間。但是，既然圓 DFN 的直徑 DN 是一條垂直的線，二弦 DF 和 DB 就將在相等的時間內被通過；因此，如果能夠證明一個物體在沿 DB 下降以後通過 BC 所用的時間短於它在沿 DF 下降以後通過 FC 所用的時間，就已經證明了此定理。但是，一物體從 D 開始沿 DB 下降以後通過 BC 所用的時間，和它從 A 開始沿 AB 下降所用的時間相同，因爲在沿 DB 或沿 AB 的下降中，物體將得到相同的動量。[268] 因此，剩下來的只要證明，在 AB 以後沿 BC 的下降比 DF 以後沿 FC 的下降爲快。但是我們已經證明，GT 代表在 AB 之後沿 BC 的時間，以及 RS 量度在 DF 之後沿 FC 的時間。因此，必須證明 RS 大於 GT。這一點可以證明如下：既然 SP:PR＝CD:DO，那麼，invertendo et convertendo，就有 RS:SP＝OC:CD；此外又有 SP:PT＝DC:CA。而且，既然 TP:PG＝CA:AV，那麼，invertendo，就有 PT:TG＝AC:CV，因此，ex aequali，就有 RS:GT＝OC:CV。但是，我們很快就會證明，OC 大於 CV；因此，時間 RS 大於時間 GT。這就是想要證明的。現在，既然（見引理）CF 大於 CB 而 FD 小於 BA，那麼就有 CD:DF＞CA:AB。但是，注意到 CD:DO＝DO:DF，故有 CD:DF＝CO:OF，而且還有

$CA:AB=CV^2:VB^2$，因此 $CO:OF>CV:VB$，而按照以上的引理，$CO>CV$。此外，也很顯然，沿 DC 的下降時間和沿 DBC 的時間之比，等於 DOC 和 $DO+CV$ 之比。[269]

傍　注

由以上所述可以推斷，從一點到另一點的最速降落路程（lationem omnium velocissimam）並不是最短的路程，即直線，而是一個圓弧。[10] 在其一邊 BC 為 垂 直 的 象 限 $BAEC$ 中，將 $\overset{\frown}{AC}$ 分成任意數目的相等部分 $\overset{\frown}{AD}$、$\overset{\frown}{DE}$、$\overset{\frown}{EF}$、$\overset{\frown}{FG}$、$\overset{\frown}{GC}$，並從 C 開始向 A、D、E、F、G 各點畫直線，並畫出直線 AD、DE、EF、FG、GC。顯然，沿路程 ADC 的下降比只

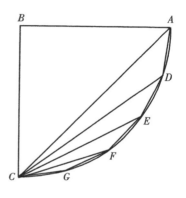

沿 AC 或在 D 從靜止開始而沿 DC 的下降更快。但是，一個在 A 從靜止開始的物體卻將比沿路程 ADC 更快地經過 C；而如果它在 A 從靜止開始，它就將在一段較短的時間內通過路徑 DEC，比只通過 DC 的時間更短。因此，沿三個弦 $ADEC$ 的下降將比沿兩個弦 ADC 的下降用時更少。同理，在沿 ADE 的下降以後，通過 EFC 所需的時間，短於只通過 EC 所需的時間。因此，沿四個弦 $ADEFC$ 的下降比沿三個弦 $ADEC$ 的下降更加迅速。而到最後，在沿 $ADEF$ 下降以後，物體將通過兩個弦 FGC，比只通過一個弦 FC 更快。因此，沿著五個弦 $ADEFGC$，將比沿著四個弦 $ADEFC$ 下降得更快。結果，內

[10] 眾所周知，恆定作用力條件下最速降落問題的最初正確解，是由約翰·伯努利（1667-1748）給出的。——英譯者

接多邊形離圓周越近，從 A 到 C 的下降所用的時間也越少。

針對一個象限證明了的結果，對於更小的圓弧也成立，推理是相同的。

問題 15 命題 37

已給高度相等的一根垂直線和一個斜面，要求在斜面上找出一個距離，它等於垂直線而且將在等於沿垂直線下落時間的一段時間內被通過。

設 AB 為垂直線而 AC 為斜面。我們必須在斜面上定出一段等於垂直線 AB 的距離，而且它將被一個在 A 處從靜止開始的物體在沿垂直線下落所需的時間內所通過。取 AD 等於 AB，並將其餘部分 DC 在 I 點等分。

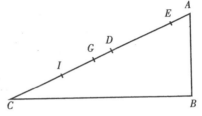

選一點 E，使得 $AC:CI=CI:AE$，並取 DG 等於 AE。顯然，EG 等於 AD，從而也等於 AB。而且我說，EG 就是那個距離，即它將被一個在 A 處從靜止開始的物體在和通過距離 AB 而落下所需的時間相等的時間內所通過。因為，既然 $AC:CI=CI:AE=ID:DG$，那麼，convertendo，我們就有 $CA:AI=DI:IG$。而且既然整個的 CA 和整個的 AI 之比等於部分 CI 和部分 IG 之比，那麼就得到，餘部 IA 和餘部 AG 之比等於整個的 CA 和整個的 AI 之比。於是就看到，AI 是 CA 和 AG 之間的一個比例中項，而 CI 是 CA 和 AE 之間的一個比例中項。因此，如果沿 AB 的下落時間用長度 [270] AB 來代表，則沿 AC 的時間將由 AC 來代表，而 CI，或者 ID，則將量度沿 AI 的時間。既然 AI 是 CA 和 AG 之間的一個比例中項，而且 CA 是沿整個距離 AC 的下落時間的一種量度，那麼可見 AI 就是沿 AG 的時間，而差值 IC 就是沿差量 GC 的時間；但 DI 是沿 AE 的時間。由此

即得，長度 DI 和 IC 就分別量度沿 AE 和 CG 的時間。因此，余量 DA 就代表沿 EG 的時間，而這當然等於沿 AB 的時間。　　證畢。

　　推論：由此顯而易見，所求的距離在每一端都被斜面的部分所限定，該兩部分是在相等的時間內被通過的。

問題 16　命題 38

　　已知兩個水平面被一條垂直線所穿過，要求在垂直線的上部找出一點，使得物體可以從該點落到二水平面，當運動轉入水平方向以後，將在等於下落時間的一段時間內在二水平面上走過的距離互成任意指定大、小二量之比。

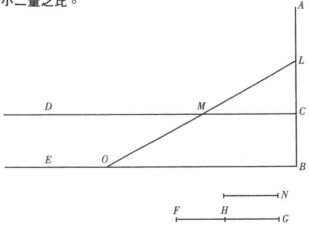

　　設 CD 和 BE 為水平面，和垂直線 ACB 相交，並設一較小量和一較大量之比為 N 和 FG 之比。要求在垂直線 AB 的上部找出一點，使得一個從該點落到平面 CD 上並在那裏將運動轉為沿該平面方向的物體將在和它的下落時間相等的一個時段內通過一個距離，而且，如果另一個物體從同點落到平面 BE 上並在那兒把運動轉為沿這一平面方向繼續運動並在等於其下落時間的一個時段內通過一段距

離，而這一距離和前一距離之比等於 FG 和 N 之比。取 GH 等於 N，並選一點 L，使得 $FH{:}HG = BC{:}CL$。於是我說，L 就是所求的點。因爲，如果我們取 CM 等於 2 倍 CL 並畫直線 LM 和平面 BE 交於 O 點，則 BO 將等於 2 倍 BL。而旣然 $FH{:}HG = BC{:}CL$，componendo et convertendo，就有 $HG{:}GF = N{:}GF = CL{:}LB = CM{:}BO$。很明顯，旣然 CM 是距離 LC 的 2 倍，CM 這段距離就是一個從 L 通過 LC 落下的物體將在平面 CD 上通過的；而且，同理，旣然 BO 是距離 BL 的 2 倍，那麼就很明顯，BO 就是一個物體在通過 LB 落下之後在等於它通過 LB 的下落時間的一個時段內所將通過的距離。[271]

薩格：確實，我認爲，我們可以毫不過譽地同意我們的院士先生的看法，即在他在本書中奠定的原理（principio，指加速運動）上，他已經建立了一門處理很老的問題的新科學。注意到他是多麼輕鬆而清楚地從單獨一條原理推導出這麼多條定理的證明，我頗感納悶的是這樣一個問題怎麼會逃過了阿基米德、阿波羅尼亞斯、歐幾里得和那麼多別的數學家以及傑出哲學家的注意，特別是旣然有那麼多鴻篇巨制已經致力於運動這一課題。[272]

薩耳：歐幾里得的著作中有一片段處理過運動，但是在那裏卻沒有跡象表明他哪怕僅僅是曾經開始考察加速度的性質以及它隨斜率而改變的問題。因此我們可以說，門現在被打開了，第一次向著一種新方法打開了；這種新方法帶來爲數很多的和奇妙的結果，它們在將來將吸引其他思想家的注意。

薩格：我確實相信，例如正像歐幾里得在他的《幾何原本》(*Elements*) 第三卷中證明的圓的幾種性質導致了許多更加深奧的其他性質那樣，在這本小書中提出的原理，當引起耽於思維的人們的注意時，也將引向許多別的更加驚人的結果；而且應該相信，由於課題的能動性，情況必將如此；這種課題是超出於自然界中任何其他課題之上的。

在今天這漫長而辛苦的一天，我更多地欣賞了這些簡單的定理，

勝過欣賞它們的證明；其中有許多定理，由於它們的完備的概括性，將各自需要一個小時以上的推敲和領會；如果你能把這本書借給我用一下，等咱們讀完了剩下的部分以後，我將在有空時開始這種研習。剩下的部分處理的是拋射體的運動；如果你們同意，咱們明天再接著讀吧。

薩耳：我一定前來奉陪。

第三天終
[273]

第四天

薩耳：又是那樣，辛普里修按時到達了；那麼，咱們就別拖延了，開始討論運動問題吧，我們作者的正文如下：

拋射體的運動

在以上的段落中，我們討論了均勻運動的性質以及沿各種傾角的斜面被自然加速的運動的性質。現在我建議開始考慮一些性質，它們屬於一些運動的物體，而那種運動是兩種運動的合成，即一種均勻運動和一種自然加速運動的合成；這些很值得瞭解的性質，我建議用一種牢固的方式來演示。這就是在一個拋射體上看到的那種運動，其根源可以設想如下：

設想任一粒子被沿著一個無摩擦的水平面拋出；於是，根據以上各節已經更充分地解釋過的道理，我們知道這一粒子將沿著同一平面進行運動，那是一種均勻的和永久的運動，如果平面是無限的話。但是，如果平面是有限的和抬高了的，則粒子（我們設想它是一個重的粒子）在越過平面邊界時，除了原有的均勻而永恆的運動以外，還會由於它自身的重量而獲得一種向下的傾向；於是我稱之為拋射（pro-jectio）的總運動就是兩種運動的合成：一種是均勻而水平的運動，而另一種是垂直而自然加速的運動，現在我們就來演證它的一些性質。第一種性質如下：　[274]

定理 1　命題 1

參加著由一種均勻水平運動和一種自然加速的垂直運動組合而成的運動的一個拋射體，將描繪一條半拋物線。

薩格：唔，薩耳維亞蒂，為了我的，而我相信也為了辛普里修的利益，有必要稍停一下；因為不湊巧我在閱讀阿波羅尼亞斯方面走得不是多麼遠，從而我只知道一件事實，那就是他處理了拋物線和其他圓錐曲線，而不理解這些，我很難想像一個人將能夠追隨那些依賴於各曲線的性質的證明。既然甚至在這第一條美好的定理中作者就發現必須證明拋射體的路程是拋物線；而且，照我想來，我們將只和這一類曲線打交道，那就將絕對有必要進行一種徹底的瞭解，如果不是徹底熟悉阿波羅尼亞斯所曾證明的一切性質，至少也要熟悉現在的處理所必需的那些性質吧？

薩耳：你實在太謙虛了，假裝不知道不久以前還曾自稱很明白的那些事實——我指的是當咱們討論材料的強度並需要用到阿波羅尼亞斯的某條定理時，那並沒有給你造成困難。

薩格：我可能碰巧知道它，或是也可能僅僅承認了它，因為對於那種討論必須如此；但是現在，當我們必須追究有關這種曲線的一切證明時，我們就不能像俗話所說的那樣囫圇吞棗兒，因此就必須花費一些時間和精力了。

辛普：唔，即使像我相信的那樣，薩格利多對所需要的是有很好的準備的，我卻甚至連基本名詞也不懂；因為，雖然我們的哲學家們曾經處理過拋射體的運動，但是我卻不記得他們曾經描述過拋射體的路程，只除了一般地提到那永遠是彎曲的，除非拋射是垂直向上的。但是，如果自從我們以前的討論以來我所學到的那一點點幾何知識不能使我聽懂以後的證明，我就不得不只憑誠心來接受它們而不去充分地領會它們了。[275]

薩耳：恰恰相反，我要讓你們從作者本人那裏理解它們；當他把

自己這部著作拿給我看時，作者曾經很熱心地
爲我證明了拋物線的兩種主要性質，因爲當時
我手頭沒有阿波羅尼亞斯的書。這兩種性質就
是現在的討論所唯一需要的，他的證明方式不
要求任何預備知識。這些定理確實是由阿波羅
尼亞斯給出的，但卻是在許多先導的定理以後
才給出的，追溯那些定理要費許多時間。我願
意縮短咱們的工作，其方法就是，純粹而簡單
地根據拋物線的生成方式來導出第一種性質，
並根據第一種性質來直接證明第二種性質。

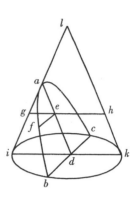

現在從第一種開始。設想有一個
正圓錐體直立在底面 *ibkc* 上，其頂點
在 *l*。由一個畫得平行於 *lk* 邊的平面
在圓錐上造成的切口，就是稱爲拋物
線的曲線。這一拋物線的底，*bc*，和
圓 *ibkc* 的直徑 *ik* 垂直相交，而其軸
ad 則平行於邊 *lk*。現在，在曲線 *bfa*
上取一任意點，畫直線 *fe* 平行於
bd。於是我說，*bd* 的平方和 *fe* 的平
方之比，等於軸 *ad* 和線段 *ae* 之比。
通過點 *e* 畫一平面平行於圓 *ibkc*，就
在圓錐上造成一個圓形切口，其直徑
是線段 *geh*。既然在圓 *ibk* 中 *bd* 是
垂直於 *ik* 的，*bd* 的平方就等於由 *id*

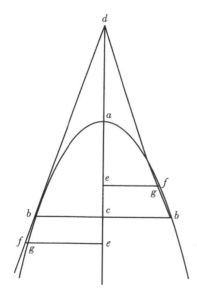

和 *dk* 構成的長方形；通過各點 *gfh*
的上面的圓也是這樣，*fe* 的平方等於由 *ge* 和 *eh* 形成的長方形；由
此即得，*bd* 平方和 *fe* 平方之比，等於長方形 *id* · *dk* 和長方形 *ge* ·
eh 之比。而且，既然直線 *ed* 平行於 *hk*，平行於 *dk* 的 *eh* 也就等於
dh；因此，長方形 *ge* · *eh* 和長方形 *id* · *dk* 之比就等於 *ge* 和 *id* 之

比，也就是等於 da 和 ae 之比。① 由此即得長方形 $id \cdot dk$ 和長方形 $ge \cdot eh$ 之比，也就是 bd 平方和 fe 平方之比等於軸 da 和線段 ae 之比。   證畢。[276]

至於所需要的另一種比例關係，我們證明如下。讓我們畫一個拋物線，將其軸 ca 向上延長到一點 d；從任一點 b 畫直線 bc 平行於拋物線的底；如果現在選一點 d，使得 $da＝ca$，那麼我就說，通過點 b 和 d 的直線將和拋物線相交於 b。因爲，如果可能的話，設想這條直線和拋物線的上部相交或其延線和拋物線的下部相交，並在線上任一點 g 畫直線 fge。而且，即然 fe 的平方大於 ge 的平方，fe 的平方和 bc 平方之比就將大於 ge 平方和 bc 平方之比；而且，旣然由前面得到的比例關係，fe 平方和 bc 平方之比，等於線段 ea 和 ca 之比，那麼就有，線段 ea 和線段 ca 之比大於 ge 平方和 bc 平方之比，或者說，大於 ed 平方和 cd 平方之比（△deg 和△dcb 的各邊互成比例）。但是，線段 ea 和 ca 或 da 之比，等於 4 倍的長方形 $ea \cdot ad$ 和 4 倍的 ad 平方之比，或者同樣也可以說，旣然 cd 的平方就是 4 倍的 ad 平方，從而也是 4 倍的長方形 $ea \cdot ad$，那麼就有，cd 平方比 ea 平方大於 ed 平方比 cd 平方；但是這將使得 4 倍的長方形 $ea \cdot ad$ 大於 ed 的平方，這是不對的。事實恰恰相反，因爲直線 ed 的兩段 ea 和 ad 是不相等的。因此直線 db 和拋物線相切而並不相交。

辛普：你的證明進行得太快了，而且我覺得，你似乎假設歐幾里得的所有定理我都熟悉而能夠應用，就像他那些最初的公理一樣。

[277] 這是遠遠不然的。現在，你突然告訴我們的這件事，即長方形 $ea \cdot ad$ 的 4 倍小於 de 的平方，因爲直線 de 的兩部分 ea 和 ad 並不相等，卻不能使我心悅誠服而是使我頗感懷疑。

薩耳：確實，所有眞正的數學家都假設他們的讀者至少完全熟悉歐幾里得的《幾何原本》，而在你的事例中，只要回憶一下其第二卷

---

① 此處敍述似有誤。——中譯者

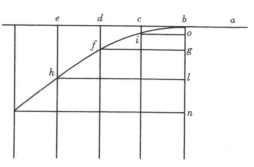

中的一條命題就可以了。他在那命題中證明了，當一段直線被分成相等的或不等的兩段時，由不等的兩段形成的長方形小於由相等的兩段形成的正方形，其差值為相等和不相等線段之差的平方。由此顯然可知，整條線段的平方等於半條線段平方的 4 倍，而大於不相等分段所形成的長方形的 4 倍。為了理解此書的以下部分，記住我們剛剛證明了的這兩條關於圓錐截面的基本定理是必要的；而且作者所用到的事實上也只有這兩條定理。現在咱們可以回到正文，來看看他怎樣證明第一條命題；他在該命題中證明的是，一個以一種合成運動下落的物體將描繪一條半拋物線，該運動是由一種均勻水平運動和一種自然加速 (naturale descendente) 運動合成的。

讓我們設想一個升高了的水平線或水平面，有一物體以均勻速率沿此線或面從 a 運動到 b。假設這個平面在 b 處突然終止，那麼，在這一點上，物體將由於它的重量而獲得一種向下的沿垂線 bn 的自然運動，沿平面 ba 畫直線 be 以代表時間的流逝或量度；將這條線分成一些線段，bc、cd、de，以代表相等的時段；從各點 b、c、d、e 向下 [278] 畫垂線平行於 bn。在其中第一條線上，取任意距離 ci，在第二條線上，取 4 倍於 ci 的距離 df，在第三條線上，取 9 倍於 ci 的距離 eh，如此類推，正比於 cb、db、eb 的平方，或者我們說，按照同一些線的平方比例。因此我們就看到，在物體以均勻速度從 b 運動到 c 的同時，它也垂直下落了一段距離 ci，從而在時段 bc 的末尾，它就到達了點 i。同樣，在等於 bc 的兩倍的時段 bd 的末尾，垂直的下落將是第一個距離的 4 倍；因為在以前的討論中已經證明，自由下落物體所經過的距離隨時間的平方而變化；同樣，在時間 be 中通過的距離將 9 倍於 ci；於是很明顯，各距離 eh、df、ci 之間的比值將等於

各線段 be、bd、bc 的平方之間的比值。現在，從 i、f、h 各點畫各
直線 io、fg、hl 平行於 be；這些直線 hl、fg、io 分別等於 eb、db
和 cb；而各線段 bo、bg、bl 也分別等於 ci、df 和 eh；hl 的平方和
fg 的平方之比，等於線段 lb 和 bg 之比，而 fg 的平方和 io 的平方之
比則等於 gb 和 bo 之比；因此，各點 i、f、h 就位於同一條拋物線上。
同理可以證明，如果取一些任意大小的相等時段並設想粒子進行的是
同樣的合成運動，則粒子在各時段末尾的位置將位於同一條拋物線
上。   證畢。

　　薩耳：這一結論可以從以上所給的兩條定理中之第一條的逆定理
推得。因為，通過 b、h 二點畫一條拋物線，任何另外兩點 f 和 i，如
果不位於線上，就必然或位於線內或位於線外，從而線段 fg 就比終止
在曲線上的線段更長一些或更短一些。因此，hl 的平方和 fg 的平方之
比就不等於線段 lb 和 bg 之比，而是較大或較小；然而，事實卻是，
hl 的平方確實和 fg 的平方成這種比例。由此可見 f 點確實位於拋物
線上；其他的各點也如此。[279]

　　薩格：不能否認這種論證是新穎的、靈妙的和結論性的；它建立
在一條假說上，那就是，水平運動保持均勻而垂直運動不斷地正比於
時間的平方而向下加速，而且這樣一些運動和速度互相組合而並不互
相改變、干擾和阻撓，[2] 因此當運動進行時拋射體的路線並不變成不同
的曲線。但是，在我看來，這卻是不可能的。因為，我們設想一個下
落物體的自然運動是沿著拋物線的軸線進行的，而該軸線則垂直於水
平面而終止在地球的中心；而既然拋物線離此軸線越來越遠，任何拋
射體也就都不能到達地球的中心，或者，如果它像看來必須的那樣到
達，則拋射體的路線必須變成某種和拋物線很不相同的另一種曲線。

　　辛普：在這些困難上面我可以再加上一些別的困難。其中之一就
是，我們假設既不上斜也不下傾的水平面用一條直線來代表，就好像

---

[2] 和牛頓第二定律很相近的想法。——英譯者

這條線上的每一點都離中心同樣遠近一樣,而情況並非如此;因為當你從(直線的)中部出發而向任何一端走去時,你就離(地球的)中心越來越遠,從而你是越來越升高的。由此可見,運動不可能在任何距離上保持均勻,而是必將不斷地減弱。除此以外,我也看不出怎麼可能避免媒質的阻力;這種阻力必然破壞水半運動的均勻性,並改變下落物體的加速規律。這些困難使得從如此不可靠的假說推出的結果很少可能在實踐中保持正確。

薩耳:你們所提出的一切困難和反駁,都是很有根據的,因此是不可能被排除的;在我這方面,我願意承認所有的一切,而且我認為我們的作者也願意。我承認,這些在抽象方面證明了的結論當應用到具體中時將是不同的,而且將是不可靠的,以致水平運動也不均勻,自然加速也不按假設的比例,拋射體的路線也不是拋物線,等等。但是,另一方面,我也請求你們不要單獨責備我們的作者以那種其他傑出人物也曾假設過的東西,即使那並不是嚴格正確的。僅憑阿基米德的權威就可以使每人都滿足了。在他的《力學》和他的第一次拋物線求積中,他認為是理所當然地把一個天平或桿秤的橫臂看成了一根直線,上面的每一點都和所有各重物的公共中心是等距的,而且懸掛重物的那些繩子也被認為是相互平行的。

有的人認為這些假設是可以允許的,因為在實踐上,我們的儀器和所涉及的距離比起到地球中心的巨大距離來都非常小,從而我們就可以把很大的圓上的一個很小的弧看成一段直線,並把它兩端的垂線看成相互平行。因為,如果在現實的實踐中人們必須考慮這樣小的量,即就 [280] 首先必須批評建築師們,他們利用鉛垂線來建造高塔,而預先假設那些塔的邊沿是平行的。我還可以提到,在阿基米德和另外一些人的所有討論中,他們都認為自己是位於離地球中心無限遙遠的地方。在那種情況下,他們的假設就都不是錯誤的,從而他們的結論就都是絕對正確的。當我們想要把我們已證明的結論應用到一些雖然有限但卻很大的距離上時,我們就必須根據經過證明的真理來推斷,應該針對一個事實作出什麼樣的改變,那事實就是,我們離地球中心

的距離並非眞正的無限大，而只不過和我們的儀器的很小尺寸相比是很大而已。其中最大的尺寸，是我們的拋射體的射程，而且即使在這兒，我們也只須考慮我們的大炮的射程，而那最多也不超過幾英里，而我們離地球中心卻是幾千英里之遙；而且，旣然這些拋射體的路線都是終止在地球的表面上的，它們對拋物線形狀的背離也就是很小的，而假如它們終止在地球的中心，則背離將會很大。

至於起源於媒質阻力的干擾，這卻是更大一些的，而且由於它的多重形態，它並不遵從什麼固定的定律和嚴格的描述。例如，如果我們只考慮空氣對我們所研究的這些運動所作用的阻力，我們就將看到，這種阻力會干擾所有這些運動，而且會以對應於拋射體之形狀、重量、速度方面的無限多種變化的無限多種方式來干擾它們。因爲，就速度來說，速度越大，空氣所引起的阻力也越大；當運動物體比較不那麼緻密時（men gravi），這種阻力就較大。因此，雖然下落物體應該正比於運動時間的平方而變化其位置（andare accelerandosi），但是，不論物體多麼重，如果它從一個相當大的高度下落，空氣的阻力都將阻止其速率不斷地增大，而最終將使運動變成均勻運動，而且，按照運動物體的密度的反比，這種均勻性對輕（men grave）物體將更早得多地在下落不久以後達成。甚至當沒有阻力時將是均勻而恆定的水平運動，也會因爲空氣的阻力而變化並終於停止；而且在這兒也是那樣，物體的比重越小（piu leggiero），這種變化過程也越快。[281] 對於這些不可勝數的重量的、速度的和形狀（figura）的性質（accidenti），是不可能給出任何確切的描述的；因此，爲了用一種科學的方法處理問題，就必須從這些困難中脫身出去，而旣已在無阻力的情況下發現並證明了一些定理，就在經驗即將證明的限度下使用它們和應用它們。而且這種辦法的好處不會很小；因爲拋射體的材料和形狀可以被選得盡可能的緻密和圓滑，以便它們在媒質中遇到最小的阻力。空間和速度的問題一般說來不會很大，但我們也將能夠很容易地改正它們。

我們使用的那些拋射體或是用沉重的（grave）材料製成而形狀圓

滑，用投石器發射，或是用輕材料製成而形狀圓柱，例如用弓弩發射的箭；在這些拋射體的事例中，對確切拋物線的偏離是完全不可覺察的。確實，如果你們可以給我以較大的自由，我就可以用兩個實驗來向你們證明，我們的儀器太小了，以致那些外在的和偶然的阻力（其中最大的是媒質的阻力）是幾乎無法觀察的。

現在我開始進行對通過空氣的運動的考慮，因爲正是對這些運動我們現在特別關切；空氣的阻力以兩種方式顯示出來，一種是通過對較輕的物體比對較重的物體作用較大的阻滯，另一種是通過對較快運動中的物體比對較慢運動中的同一物體作用較大的阻力。

關於其中的第一種，試考慮具有相同尺寸的兩個球，但是其中一個球的重量卻爲另一球的重量的 10 倍或 12 倍；譬如說一個球用鉛製成，而另一個球用橡木製成，兩個球都從 150 或 200 腕尺的高處落下。

實驗證明，它們將以相差很小的速率落地；這就向我們表明，在兩種事例中，由空氣引起的阻力都是很小的。因爲，如果兩個球同時開始從相同的高度處下落，而且假如鉛球受到很小的阻力而木球受到頗大的阻力，則前者應比後者超前一段很大的距離，因爲它重了十來倍。但是這種情況並未出現；事實上，一個球比另一個球的超前距離還不到全部落差的百分之一。而在一個石球的事例中，其重量只有鉛球重量的三分之一或一半，二球落地的時間之差是幾乎無法覺察的。現在，既然一個鉛球在從 200 腕尺的高處落下時獲得的速率（impeto）是那樣的巨大，以致假如運動保持爲均勻，則此球在等於下落時間的一個時段內將通過 400 腕尺，而且，我們除了用火箭以外，用弓或其他機器所能給予我們的拋射體的速率都比這一速率小得多，那麼就可以推知，我們可以認爲以下即將在不考慮媒質阻力的條件下加以證明的那些命題是絕對正確的，而不致造成可覺察的誤差。[282]

現在過渡到第二種事例，我們必須證明，空氣對一個迅速運動物體的阻力並不比對一個緩慢運動物體的阻力大許多。充足的證明由下述實驗給出。用兩根等長的線，譬如說 4 碼或 5 碼長，繫住兩個相等的鉛球，把它們掛在天花板下。現在把它們從垂直線拉開，一個拉開

80°或更多，另一個則只拉開 4°或 5°。這樣，當放開以後，一個球就下落，通過垂直位置並描繪很大的但慢慢減小的 160°、150°、140°……的弧；而另一個球則沿著很小的而且也是慢慢減小的 10°、8°、6°……的弧往返擺動。

首先必須指出，一個擺通過它的 180°、160°，……的弧而來回擺動，另一個擺則通過它的 10°、8°，等等的弧而擺動，所用的時間是相同的；由此可見，第一個球的速率是第二個球的速率的 16 倍、18 倍。因此，如果空氣對高速運動比對低速運動阻力較大，沿大弧 180°或 160°等等的振動頻率就應該比沿小弧 10°、8°、4°等等的頻率爲低，而且甚至比沿 2°或 1°弧的頻率更低。但是這樣預見並沒有得到實驗的證實；因爲，如果兩個人開始數振動次數，一個人數大振動的次數；另一個人數小振動的次數，他們將會發現，在數到 10 次乃至 100 次時，他們甚至連一次振動也不差，甚至連幾分之一次振動也不差。[283]

這種觀察證實了下述的兩條命題，那就是，振幅很大的振動和振幅很小的振動全都佔用相同的時間，而且空氣並不像迄今爲止普遍認爲的那樣對高速運動比對低速運動影響更大。

薩格：恰恰相反，既然我們不能否認空氣對這兩種運動都有阻力，兩種運動都會變慢而最後歸於消失，我們就必須承認阻滯在每一事例中都是按相同的比例發生的。但是怎麼？事實上，除了向較快的物體比向較慢的物體傳遞較多的動量和速率（impeto e veltocità）以外，對一個物體的阻力怎麼可能比對另一個物體的阻力更大呢？而且如果是這樣，物體運動的速率就同時是它所遇到的阻力的原因和量度（cagione e misura）。因此，所有的運動，快的或慢的，就都會按相同的比例受到阻力而減小；這種結果，在我看來重要性絕非很小。

薩耳：因此，在這第二種事例中，我們就能夠斷言，略去偶然的誤差，在我們的機械的事例中，我們即將演證的結果的誤差是很小的；在我們的機械的事例中，所用到的速度一般是很大的，而其距離則和地球的半徑或其大圓相比是可以忽略的。

辛普：我願意聽聽你把火器的即應用火藥的拋射體分入和用弓、

弩和投石器發出的拋射體不同的另一類中的理由，你的根據是，它們所遭受的改變和空氣阻力有所不同。

薩耳：我是被這種拋射體在發射時的那種超常的、也可以說是超自然的猛烈性引到了這種看法的；因為，確實，在我看來，可以並不誇張地說，從一枝毛瑟槍或一尊炮發出的子彈的速率，是超自然的。因為，如果允許這樣一顆子彈從某一很大的高度上落下來，由於空氣的阻力，它的速率並不會不斷地無限制地增大；出現在密度較小而通過短距離下落的物體上的情況，即它們的運動退化成均勻運動的那種情況，也會在一個鐵彈或鉛彈下落了幾千腕尺以後發生在它的身上；這種終端速率（terminata velocità）就是這樣一個重物體在通過空氣而下落時所能得到的最大速率。我估計，這一速率比火藥傳給它的速率要小得多。

一個適當的實驗將可以證明這一事實。從 100 腕尺或更大的高度垂直向下對著鋪路石發射一枝裝有鉛丸的槍（archibuso），用一枝同樣的槍在 1 腕尺或 2 腕尺的距離處射擊一塊同樣的石頭，並觀察兩顆槍彈中哪一個被碰得更扁。現在，如果發現從高處射下的那顆子彈碰扁程度較小，這就表明，空氣曾經阻滯並減小了起初由火藥賦予子彈的那個速率，並表明空氣不允許一顆子彈獲得一個那麼大的速度，不論它從多高的地方掉下來；因為，如果火藥傳給子彈的速率並不超過它從高處自由下落（naturalmente）所獲得的速率，則它的向下的打擊應該較大而不是較小。[284]

這個實驗我沒有做過，但我的意見是，一顆毛瑟槍彈或一發炮彈從隨便多高的地方掉下來並不能給出一次沉重的打擊，像它在幾腕尺以外向一堵石牆發射時那樣；也就是說，在那麼短的距離上，空氣的分裂和複合並不足以以槍彈奪走火藥給予它的那樣超自然的猛烈性。

這些猛烈射擊的巨大動量（impeto），可能造成彈道的某些畸變，使得拋物線的起頭處變得比結尾處更加平直而不太彎曲；但是，就我們的作者來說，這是一種在實際操作方面沒多大重要性的問題；那種操作中的主要問題就是針對高仰角的發射編製一個射程表，來作為仰

角的函數給出炮彈所能達到的距離；而既然這種發射是用小裝填量的臼炮（mortari）進行的，從而並不會造成超自然的動量（impeto sopranaturale），因此它們就很精確地遵循了它們的預定軌道。

但是現在讓我們開始進入一種討論，在那討論中，我們的作者把我帶入了一個物體的運動（impeto del mobile）的研究和考察，而這時的運動是由兩種其他運動合成的；而首先的一個事例就是兩種運動都是均勻運動的事例，其中一種運動是水平的，而另一種則是垂直的。
[285]

定理 2　命題 2

當一個物體的運動是一個水平的均勻運動和另一個垂直的均勻運動的合運動時，合動量的平方等於分動量的平方之和。[3]

讓我們想像任一物體受到兩種均勻運動的促進；設 ab 代表垂直的位移，而 bc 代表在同一時段內在一個水平方向上發生的位移。那麼，如果距離 ab 和 bc 是在同一時段內以均勻運動被通過的，則對應的動量之間的比例將等於距離 ab 和 bc 之間的比例，但是，在這兩種運動的促進之下的物體，卻描繪對角線 ac，其動量正比於 ac，而 ac 的平方也等於 ab 和 bc 的平方和。由此即得，合動量的平方等於兩個動量 ab 和 bc 的平方之和。　　　　　　　證畢。

辛普：這裏只有一個小小的困難需要解決，因為在我看來剛才得

---

[3] 在原文書中，此定理的敍述如下：

"*Si aliquod mobile duplici motu aequabili moveatur, nempe orizontali et perpendiculari, impetus seu momentum lationis ex utroque motu compositae erit potentia aequalis ambobus momentis priorum motuum.*"

關於 potentia 一詞譯法的理由以及形容詞 resultant（合）的用法，參見下文。——英譯者

到的這個結論似乎和前面的一個命題相矛盾；④ 在那個命題中，宣稱一個物體從 *a* 到 *b* 的速率 (impeto) 等於從 *b* 到 *c* 的速率；而現在你卻斷言 *c* 處的速率大於 *b* 處的速率。

薩耳：辛普里修，兩個命題都是對的，不過它們之間還是有一種很大的區別的。在這裏，我們談的是一個物體受到單獨一種運動的促進，而該運動是兩個均勻運動的合運動。在那兒，我們談的是兩個物體各自受到一種自然加速運動的促進，一種運動沿著垂直線 *ab*，而另一種則沿著斜面 *ac*。此外，在那兒，時段並沒有被假設為相等，沿斜面 *ac* 的時段大於沿垂直線 *ab* 的時段，但是我們現在談到的這些運動，那些沿 *ab*、*bc*、*ac* 的運動都是均勻的和同時的。[286]

辛普：對不起，我滿意了，請接著講下去吧。

薩耳：我們的作者其次就開始解釋，當一個物體受到由兩種運動合成的運動的促進時將會出現什麼情況；這時一種運動是水平的均勻運動，而另一種則是垂直的自然加速運動。由這兩個分量，就能得出拋射體的路線，這是一條拋物線。問題是要確定拋射體在每一點的速率。為此目的，我們的作者在開始時採用了沿一種路線量度這種速率的方式或方法，那路線就是一個從靜止開始而以自然加速運動下落的重物體所採取的路線。

定理 3　命題 3

設運動在 *a* 處從靜止開始沿直線 *ab* 進行；在此直線上，取任意一點 *c*，令 *ac* 代表物體通過 *ac* 下落所需的時間，或時間的量度，令 *ac* 也代表在沿距離 *ac* 的一次

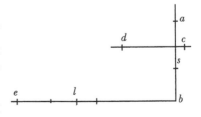

---

④ 見上文。——英譯者

下落中在 c 點獲得的速度（impetus seu momentum）。在直線 ab 上選另外任一點 b。現在問題是確定一個物體在通過距離 ab 的下落中在 b 點獲得的速度並用在 c 點的速度把它表示出來，而 c 點速度的量度就是長度 ac。取 as 為 ac 和 ab 之間的一個比例中項。我們將證明，b 處的速度和 c 處的速度之比，等於長度 as 和長度 ac 之比。畫水平線 cd，其長度為 ac 長度的兩倍；並畫 be，長度為 ba 的兩倍。於是由以上的定理就得到，一物體沿距離 ac 落下並轉而沿水平線 cd 而以等於在 c 點獲得之速率的均勻速度繼續運動，將在等於從 a 到 c 加速下落所需時間的一個時段內通過距離 cd。同樣，be 將在和 ba 相同的時間內被通過。但是，通過 ab 的下降時間是 as；因此水平距離 be 也是在時間 as 內被通過。取一點 l，使得時間 as 和時間 ac 之比等於 be 和 bl 之比；既然沿 be 的運動是均勻的，如果距離 bl 是以在 b 處獲得的速率（momentum celeritatis）而被通過的，就將需用時間 ac，但是在同一時段 ac 內，距離 cd 是以在 c 點獲得的速率而被通過的。現在，兩個速率之比等於在相等的時段內被通過的距離之比。因此，在 c 處的速率和在 b 處的速率之比就等於 cd 和 bl 之比。但是，既然 dc 和 be 之比等於它們一半之比，即等於 ca 和 ba 之比；而既然 be 比 bl 等於 ba 比 sa；那麼就得到，dc 比 bl 等於 ca 比 sa。換句話說，c 處的速率和 b 處的速率之比等於 ca 和 sa 之比，也就是和通過 ab 的下落時間之比。

於是沿著物體的下落方向來量度其速率的方法就清楚了；速率被假設為正比於時間而增大。

但是，在進一步討論下去之前，還要做些準備工作。既然這種討論是要處理由一種均勻的水平運動和一種加速的垂直向下的運動合成的運動——討論拋射體的路線，即拋物線，就有必要確定一種共同的標準，以便我們用來評估這兩種運動的速度或動量（velocitatems, impetum seu momentum）；而且，既然在不計其數的均勻速度中只有一個，而且不是可以隨便選取的一個，是要和一個通過自然加速運動而得到的速度合成的，我想不出選擇和量度這一速度的更簡單的方

法，除了假設另一個同類的速度以外。⑤ 為了清楚起見，畫垂直線 ac 和水平線 bc 相交。此外 ac 是半拋物線 ab 的高度，而 bc 是它的幅度，半拋物線是兩種運動的合成結果，一種是一個物體在 a 點從靜止開始通過距離 ac 而以自然加速度下落的運動，而另一種是沿水平線 ad 的均勻運動。[288] 通過沿距離 ac 下落而在 c 點獲得的速率由高度 ac 來確定，因為從同一高度落下的物體的速率永遠是相同的；但是沿著水平方向，人們卻可以給予一個物體以無限多個均勻速率。然而，為了可以用一種完

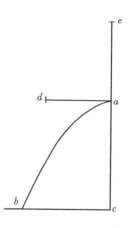

全確定的方式從無限多個速率中選出一個並把它和其他速率區別開來，我將把高度 ca 向上延長到 e，使之適足以滿足需要，並將稱這一距離 ae 為「至高」（sublimity）。設想有一物體在 e 點從靜止開始下落，很顯然我們可以把它在 a 點的終端速率弄得和同一物體沿水平線 ad 前進的速率相同；這一速率將是這樣的：在沿 ea 下落的時間之內，物體將描繪一個兩倍於 ea 的水平距離。這種預備性的說明看來是有必要的。

我們提醒讀者，在以上，我曾經把水平線 cb 稱為半拋物線 ab 的「幅度」，把軸 ac 稱為它的「高度」，而把我按照沿它的下落來確定水平速率的那個線段 ea 稱為「至高」。說明了這些問題，我現在進行證明。

薩格：請允許我插一句話，以便我可以指出我們的作者的思想和柏拉圖關於各天體之各種均勻的轉動速率之起源的觀點之間的美好一致。柏拉圖偶然得到一個概念，認為一個物體不能從靜止過渡到一個

⑤ 伽利略在這兒建議利用一個物體從一個給定高度下落後的終端速度來作為測量速度的標準。——英譯者

給定的速率並保持它爲均勻，除非是通過歷經介於所給速率和靜止之間的一切大小的速率值。柏拉圖想，上帝在創造了各天體以後，就給它們指定了適當的均勻的速率，使它們以這種速率永遠運轉，而且上帝還使它們從靜止開始在一種像控制著地上物體之運動的那種加速度一樣的自然的直線加速度作用之下在確定的距離上運動。柏拉圖並且說，一旦這些天體獲得了固有的和永久的速率，它們的直線運動就被轉化成了圓周運動，這是能夠保持均勻性的唯一的運動，在這種運動中，物體運轉，既不從它們所追求的目標後退也不向那個目標靠近。這個概念確實虧了柏拉圖能夠想到，而且得到了越來越高的讚賞，因爲其基本原理一直隱藏著，直到被我們的作者所發現，他揭掉了這些原理的面具和詩樣的衣裳而以一種正確的科學眼光揭示了概念。

[289] 在行星軌道的大小，這些天體離它們運轉中心的距離以及它們的速度方面，天文科學給了我們如此完備的資訊；注意到這一事實，我不禁想到，我們的作者（對他來說，柏拉圖的概念並不是未知的）有一種好奇心，想要發現能否給每一個行星指定一個確定的「至高」，使得如果該行星在這個特定的高度上從靜止開始以一種自然加速運動沿一條直線落下，然後把如此得來的速率轉化爲均勻運動，它們的軌道大小和運轉週期會不會就像實際上觀察到的那樣。

薩耳：我想我記得他曾經告訴我說，有一次他進行了計算，並且求得了和觀察結果的滿意符合。但是他不願意談論這事，因爲，考慮到他的許多新發現已經給他帶來的許多非難，這種結果只怕更會火上加油呢。但是，如有任何人想要得到這種資訊，他就可以到現在這本著作所提出的理論中去自己尋索。

現在我們開始進入當前的問題，那就是要證明：

問題 1　命題 4

試確定一個拋射體在所給拋物線路線的每一特定點上的動量。

設 bec 是半拋物線，其幅度爲 cd 而其高度爲 db；此高度後來向

上延長而和拋物線的切線 *ca* 相交於
a。通過頂點畫水平線 *bi* 平行於 *cd*。
現在，如果幅度 *cd* 等於整個的高度
da，則 *bi* 將等於 *ba* 並且也等於
bd；而且，如果我們取 *ab* 作為通過
距離 *ab* 而下落所需要的時間的量
度，並且也作為由於在 *a* 處從靜止開
始通過 *ab* 下落而在 *b* 處得到的動量
的量度，那麼，如果我們把在通過 *ab*

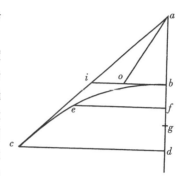

的下落中得到的動量（impetum ab）轉入一個水平的方向，則在相同
的時段內通過的距離將由 *dc* 來代表，而 *dc* 是 *bi* 的兩倍。但是，一個
在 *b* 處從靜止開始沿線段 *bd* 下落的物體在相同的時段內將落過拋物
線的高度 *bd*。［290］由此可見，一個在 *a* 處從靜止開始下落並以速率
ab 轉入水平方向的物體將通過一個等於 *dc* 的距離。現在，如果在這
一運動上疊加一個沿 *bd* 下落而在拋物線被描繪的時間內通過其高度
bd 的運動，則物體在端點 *c* 上的動量就是一個其值用 *ab* 來代表的均
勻水平動量和另一個由於從 *b* 落到端點 *d* 或 *c* 而得到的動量的合動
量。這兩個分動量是相等的。因此，如果我們取 *ab* 來作為其中一個動
量的量度，譬如作為均勻水平動量的量度，則等於 *bd* 的 *bi* 將代表在
d 點或 *c* 點得到的動量，而 *ia* 就代表這兩個動量的合動量，這就是拋
射體沿拋物線而運動到 *c* 時的總動量。

記住這一點，讓我們在拋物線上任取一點 *e*，並確定拋射體在經過
這一點時的動量。畫水平線 *ef*，並取 *bg* 為 *bd* 和 *bf* 之間的一個比例
中項。現在，既然 *ab* 或 *bd* 被假設為在 *b* 點從靜止開始通過距離 *bd*
下落的時間和獲得的動量（momentum velocitatis）的量度，那麼就
得到，*bg* 將量度從 *b* 下落到 *f* 的時間和在 *f* 獲得的動量（impetus）
的量度。因此，如果我們取 *bo* 等於 *bg*，則連結 *a* 和 *o* 的對角線將代
表在 *e* 點上的動量，因為長度 *ab* 已被假設為代表 *b* 點上的動量，此動
量在轉入一個水平方向以後就保持為恆定；而且因為 *bo* 量度的是在

b 處從靜止開始通過高度 bf 下落而在 f 或 e 獲得的動量。但是，ao 的平方等於 ab 和 bo 的平方和。由此即得所求的定理。

薩格：你這種把這些不同的動量組合起來以得到它們的合動量的方法使我感到如此的新穎，以致我的頭腦被弄得頗爲混亂了。我个是指兩個均勻運動的合成，即使那是兩個不相等的運動，而且一個運動沿水平方向進行，而另一個是沿垂直方向進行的；因爲在那種事例中我完全相信合運動是那樣的運動，其平方等於兩個分運動的平方和。混亂出現在當你開始把一種均勻的水平運動和一種自然加速的垂直運動組合起來的時候。因此我相信，咱們可以更仔細地討論討論這個問題。[291]

辛普：而且我甚至比你還更需要這種討論，因爲關於某些命題所依據的那些基本命題，我的頭腦還不是像應該做到的那樣清楚。即使在一個水平而另一個垂直的兩個均勻運動的事例中，我也希望更好地理解你從分運動求得合運動的那種方式。現在，薩耳維亞蒂，你知道什麼是我們需要的和什麼是我們渴望得到的了吧？

薩耳：你們的要求是完全合理的，而且我將試試我關於這些問題的長久考慮能否使我把它們講清楚。但是，如果在講解中我重述許多我們的作者已經說過的東西，那還得請你們多多原諒。

談到運動和它們的速度或動量（movimenti e lor velocità o impeti），不論是均勻的還是自然加速的，人們都不能說得很確切，直到他們建立了對此種速度和對時間的一種量度。關於時間，我們有已經廣泛採用了的小時、第一分鐘和第二分鐘。對於速度，正如對於時段那樣，也需要一種公共的標準，它應該是每個人都懂得和接受的，而且應該對所有人來說是相同的。正如前面已經談過的那樣，作者認爲一個自由下落物體的速度就能適應這種要求，因爲這種速度在世界的各個部分都按照相同的規律而增長；例如，一個 1 磅重的鉛球從靜止開始垂直下落而經過例如 1 矛長的高度所得到的速率，在任何地方都是一樣大小的；因此它就特別適於用來表示在自然下落事例中獲得的動量。

　　我們仍然需要發現一種在均勻運動事例中測量動量的方法，使得所有討論這一問題的人都能對它的大小和快慢（grandezza e velocità）形成相同的概念。這種方法應該阻止一個人把它想像得比實際情況更大，而另一個人則把它想像得比實際情況更小；這樣，當把一個給定的均勻運動和一個加速運動組合起來時，不同的人才不會得出不同的合運動。爲了確定並表示這樣一個動量，[292] 特別是速率（impeto e velocità particolare），我們的作者不曾發現更好的方法，除了應用一個物體在自然加速運動中獲得的動量以外。一個用這種方式獲得了動量的物體，當轉入均勻運動時，其速率將確切地保持一個值，即在等於下落時間的時段內將使物體通過一個等於兩倍下落高度的距離。但是，既然這在我們的討論中是一個基本問題，最好還是利用某一具體的例子來把它完全弄清楚。

　　讓我們考慮一個物體在下落一個譬如說 1 矛長（picca）的高度中獲得的速率和動量；按照情況的需要，這可以被用作測量速率和動量的標準；例如，假設這樣一次下落所用的時間是 4 秒（minuti secondi d'ora）；現在，爲了測量通過另外較大或較小的另一高度的下落而獲得的速率，人們不應該得出結論說這些速率彼此之比等於相應的下落高度之比；例如，下落一個給定高度的 4 倍的高度，並不會給出 4 倍於下落 1 倍給定高度時所獲得的速率，因爲自然加速運動的速率並不和時間成正比。⑥ 正如上面已經證明的那樣，距離之比等於時間比的平方。

　　那麼，如果就像爲了簡單而常做的那樣，我們取同一有限的線段作爲速率和時間的量度，也作爲在該時間內經過的距離的量度，那就會得到，下落時間和同一物體在通過任一其他距離時所得到的速率並不能用這第二段距離來代表，而是要用兩段距離之間的一個比例中項來代表。我可以用一個例子來更好地說明這一點。在垂直線 ac 上，取一線段 ab 來代表一個以加速運動自由下落的物體所通過的距離；下落時間可以用任何有限線段來代表，但是爲了簡單，我們將用相同的

長度 *ab* 來代表它；這一距離也可以用作在運動過程中獲得的動量和速率的量度。總而言之，設 *ab* 是這種討論所涉及的不同物理量的一種量度。[293]

　　既已隨意約定用 *ab* 作為三個不同的量即空間、時間和動量的量度，我們的下一個任務就是求出通過一個給定垂直距離 *ac* 而下落所需的時間，並求出在終點 *c* 上得到的動量，二者都要用 *ab* 所代表的時間和動量表示出來。這兩個所求的量都要通過取 *ad* 等於 *ab* 和 *ac* 之間的一個比例中項來得出。換句話說，從 *a* 到 *c* 的下落時間，在和我們所約定的用 *ab* 代表從 *a* 到 *b* 的下落時間的同樣尺度下用 *ad* 來代表。同樣我們可以說，在 *c* 處獲得的動量（impeto o grado di velocità）和在 *b* 處獲得的動量的關係，與線段 *ad* 和 *ab* 之間的關係相同，因為速度是和時間成正比而變化的，在命題 3 中作為假說而被應用過的一個結論在這兒被作者推廣了。

　　這一點既已明白而確立，我們現在轉而考慮兩種合成運動的事例中的動量，其中一種是由一個均勻的水平運動和一個均勻的垂直運動合成，而另一種是由一個均勻的水平運動和一個自然加速的垂直運動合成。如果兩個分量都是均勻的，而且一個分量垂直於另一個分量，我們就已經看到，合動量的平方通過各分動量平方的相加來求得，正如從下面的例證可以清楚地看出的那樣。

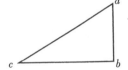

　　讓我們設想，一物體沿垂直線 *ab* 以一個等於 3 的均勻動量而運動，而在達到 *b* 時就以一個等於 4 的動量（velocità ed impeto）向 *c* 運動，於是在相同的時段中，它將沿著垂直線前進 3 腕尺而沿著水平線前進 4 腕尺。但是，一個以合速度（velocità）運動的粒子將在相同的時間內通過對角線 *ac*，它的長度不是 7 腕尺 ［即 *ab*（3）和 *bc*（4）

⑥ 從現代眼光來看，這句話是有問題的，但這裏討論的並不完全是這個問題。伽利略似乎有時把「速率」和「距離」混為一談。——中譯者

之和]，而是 5 腕尺；這就是說，3 和 4 的平方相加得 25，這就是 *ac* 的平方；從而它等於 *ab* 的平方和 *bc* 的平方之和。由此可見，*ac* 是由面積爲 25 的正方形的邊——或稱爲根——5 來代表的。

對於由一個水平、一個垂直的兩個均勻動量合成的動量，[294] 計算它的固定法則如下：求每一動量的平方，把它們加在一起並求和數的平方根，這就是由兩個動量合成的合動量的值。例如，在上面的例子中，由於它的垂直運動，物體將以一個等於 3 的動量（forza）達到水平面；由於水平運動，將以一個等於 4 的動量達到 *c* 點；但是，如果物體以一個作爲二者之合動量的動量來到達，那就將是一個動量（velocità e forza）爲 5 的粒子的到達，而且這樣一個值在對角線 *ac* 上的所有各點上都是相同的，因爲它的各分量永遠是相同的，既不增大也不減小。

現在讓我們過渡到關於一個均勻水平運動和一個從靜止開始自由下落物體的垂直運動的合成的考慮。立刻就很清楚的是，代表這二者之合成運動的對角線不是一條直線，而卻像已經證明的那樣是一條半拋物線，線上上，動量是永遠增大著的，因爲垂直分量的速率（velocità）是永遠增大著的。因此，爲了確定拋物對角線上任一給定點處的動量，必須首

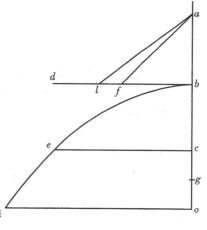

先注意均勻的水平動量，然後把物體看成一個自由下落的物體，再來確定所給點處的垂直動量；這後一動量只有通過把下落時間考慮在內才能定出，這種考慮在兩個均勻運動的合成中是並不出現的，因爲那裏的各個速度和各個動量是永遠不變的，而在這兒，其中一個分運動卻有一個初值零，而且它的速率（velocità）是和時間成正比而增大

的；由此可見，時間必將確定指定點處的速率（velocità）。剩下的工作只是（像在均勻運動的事例中那樣）令合動量的平方等於分動量的平方和了。但是在這兒，最好還是用一個例子來說明問題。

在垂直線 ac 上取任意一段 ab，我們將用這一線段作爲一個沿垂直線自由下落的物體所通過的距離的量度，同樣也作爲時間和速率的量度（grado di velocità），或者說也作爲動量（impeti）的量度，立刻就能顯然看出，如果一個物體在 a 點從靜止開始落下以後在 b 點的動量 [295] 被轉爲沿水平線 bd 的方向而進行均勻運動，則它的速率將使它在時段 ab 之內通過一段用線段 bd 來代表的距離，而且這段距離等於 ab 的 2 倍。現在選一點 c，使得 bc 等於 ab，並通過 c 作直線 ce 平行並等於 bd；通過點 b 和點 e 畫拋物線 bei。既然在時段 ab 之內等於長度 ab 的 2 倍的水平距離 bd 或 ce 是以動量 ab 被通過的，而且在相等的時段內垂直距離 bc 被通過，而物體在 c 點獲得一個用同一水平線 bd 來代表的動量，那麼就可以得出，在時間 ab 之內，物體將從 b 沿拋物線 be 運動到 e，並將以一個動量到達 c，該動量是由兩個動量合成的，其中每一動量都等於 ab。而且，既然其中一個動量是水平的而另一動量是垂直的，合動量的平方等於這兩個動量的平方和，也就是等於其中一個動量的平方的 2 倍。

因此，如果我們取距離 bf 等於 ba，並畫對角線 af，就可以得到，e 處的動量（impeto e percossa）和物體從 a 下落以後在 b 點的動量之比，或者同樣可以說是和沿 bd 的水平動量（percossa dell'impeto）之比，等於 af 和 ab 之比。

現在，假設我們取一個並不等於而是大於 ab 的距離 bo 作爲下落高度，並假設 bg 代表 ba 和 bo 之間的一個比例中項，那麼，仍然保留 ba 作爲在 a 點從靜止開始下落到 b 的下落距離的量度，並且也作爲時間和下落物體在 b 點得到的動量的量度，那就可以得到，bg 將是物體從 b 下落到 o 的時間和所獲得的動量的量度。同樣，正如動量 ab 在時間 ab 內把物體沿水平方向帶過一個等於 2 倍 ab 的距離那樣，現在，在時段 bg 之內，物體也將沿水平方向通過一個較大的距離，其超

量之比為 bg 和 ba 之比。取 lb 等於 bg，並畫對角線 al，由此我們就得到一個量，由兩個速度（impeti），即一個水平速度和一個垂直速度合成，它們確定著拋物線。水平而均勻的速度是從 a 下落到 b 時得到的那個速度。而垂直速度就是物體在由線段 bg 來量度的時間內通過距離 bo 而下落在 o 點得到的，或者我們也可以說是在 i 點得到的速度。[296] 同樣，通過取兩個高度之間的比例中項，我們也可以確定拋物線終點處的動量，那裏的高度是小於至高 ab 的；這一比例中項應該沿水平方向畫在 bf 處，而且也在 af 處另外畫一條對角線，它將代表拋物線終點處的動量。

除了已經談到的關於一個拋射體的動量、撞擊、打擊的種種問題以外，我們還要談到另一種很重要的考慮；為了確定衝擊的力和能（forza ed energia della percossa），只考慮拋射體的速率是不夠的，我們還必須把靶子的性質及條件考慮在內，這些性質和條件在不小的程度上決定著打擊的效率。首先，眾所周知，靶子受到拋射體的速率的強力作用，和它部分地或完全地阻止的運動成比例；因為，如果打擊落在一個目的物上，它對衝擊（velocità del percuziente）退讓而不抵抗，這樣的打擊就會沒有效果；同樣，當一個人用長矛去刺他的敵人，矛頭所到之處敵人正以相同的速率逃走，則那樣的攻擊算不得攻擊，只是輕輕的一觸而已。但是，如果轟擊落在一個目的物上，它只是部分地退讓，打擊就達不到充分的效果，而其破壞力則正比於拋射體的速率超過物體後退速率的那一部分；例如，如果炮彈以一個等於 10 的速率到達靶子，而靶子則以等於 4 的速率後退，則衝擊和碰撞（impeto e perossa）將用 6 來表示。最後，只就拋射體來說，衝擊將最大，當靶子如果可能的話毫不後退而是完全抵抗並阻止拋射體的運動時。我曾經提到「只就拋射體來說」，因為如果靶子迎著拋射體而運動，則碰撞的衝擊（colpo e l'incontro）將比只有拋射體在運動時的衝擊更大，其超出的程度正比於二速率之和。

另外也應注意到，靶子的退讓程度不僅依賴於材料的品質，例如在硬度方面要看它是鐵質、鉛質還是木質等等，而且也依賴於它的位

置。如果位置適足以使子彈 [297] 垂直地射中靶子,則打擊所傳遞的動量 (impeto del colpo) 將最大;但是,如果運動是傾斜的,打擊就會較弱一些,而且隨著傾斜度的增大而越來越弱;因為,不論這樣擺放的靶子是用多硬的材料製成的,子彈的整個動量 (impeto e moro) 也不會被消耗和阻住;拋射體將滑過,並將在某種程度上沿著對面物體的表面繼續運動。

以上關於拋射體在拋物線終點上的動量大小的一切論述,必須理解為指的是在所給點處一條垂直於拋物線的直線上或是一條拋物線的切線上接受到的打擊,因為,儘管運動有兩個分量,一個水平分量和一個垂直分量,但是不論是沿水平方向的動量還是垂直於水平方向的平面上的動量都不會是最大的,因為其中每一個動量都是被傾斜地接受的。

薩格:你提到這些打擊或衝擊,在我的心中喚醒了力學中的一個問題或疑問,對於這個問題,沒有任何人提出過解答或說過任何足以減少我的驚訝乃至部分地解脫我的思想負擔的話。

我的困難和驚異在於不能看出作為一次打擊而出現的能量和巨大力量 (energia e forza immensa) 是從何而來以及根據什麼原理而得來;例如,我們看到一個不過八九磅重的錘子的一次簡單的打擊所克服的抵抗力,如果不是捶打而只靠壓迫產生的動量,則即使用幾百磅重的物體也未必能夠克服。我希望能夠發現一種測量這樣一次衝擊的力量 (forza) 的方法,我很難設想它是無限大的,而是頗為傾向於一種想法,即認為它是有自己的限度的,而且是可以利用別的力來加以平衡和量度的,例如利用重物或利用槓桿或螺旋或其他增大力量的機械裝置並按照我能滿意地理解的方式來平衡和量度它。

薩耳:對這種效應感到驚訝或對這種驚人性質的原因感到迷惘的,不止你一人。我自己也研究了這個問題一些時候而沒有效果;但是我的迷惘有增無減,直到最後遇見了我們的院士先生,我從他那裏得到了 [298] 很大的慰安。首先他告訴我,他也在黑暗中摸索了很久,但是後來他說,在冥思苦想了幾千個小時以後,他終於得到了一些概

念；這些概念是和我們早先的想法相去甚遠的，而且它們的新穎性是驚人的。而既然我知道你們很願意聽聽這些新穎的概念，我就將不等你們請求而答應你們，當我們討論完了拋射體以後，我就會根據所能記起的我們院士先生的敘述來向你們解釋所有的這些異想天開也似的問題。在此之前，讓我們繼續討論本書作者的命題。

問題 2　命題 5

　　已知一拋物線，試在其軸線向上的延長線上求出一點，使得一個粒子為了描繪這同一拋物線，必須從該點開始下落。

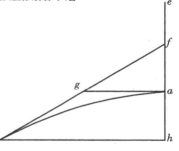

　　設 ab 為所給的拋物線，hb 為它的幅度。問題要求找出點 e，一粒子必須從該點開始下落，才能當它在 a 點獲得的動量轉入水平方向以後描繪拋物線 ab。畫水平線 ag 平行於 bh；取 af 等於 ah；畫直線 bf，它將是拋物線在 b 點的一條切線，並將和水平線 ag 相交於 g。選一點 e，使得 ag 成為 af 和 ae 之間的一個比例中項。現在我說，e 就是以上所要求的點。也就是說，如果一個物體在這個 e 點上從靜止開始落下，而且如果它在 a 點獲得的動量被轉入水平方向並和在 a 點從靜止開始而下落到 h 點時獲得的動量相組合，則此物體將描繪拋物線 ab。因為，如果我們把 ea 理解為從 e 到 a 的下落時間的量度，並且也把它理解為在 a 點獲得的動量的量度，則 ag（它是 ea 和 af 之間的一個比例中項）將代表從 f 到 a 或者也可以說是從 a 到 h 的時間和動量，而且，既然一個從 a 下落的物體將在時間 ea 內由於在 a 點獲得的動量而以均勻速率通過一個等於 2 倍 ea 的水平距離，那麼就得到，如果受到同樣動量的推動，物體就將在時段 ag 內通過一段等於 2 倍 ag 的距離，而 ag 就是 bh 的一半。這是確實的，因為在均勻

運動的事例中，所經過的距離和時間成正比。而且同理，如果　[299]
運動是垂直的並從靜止開始，則物體將在時間 *ag* 內通過距離 *ah*。由
此可見，幅度 *bh* 和高度 *ah* 是由一個物體在相同的時間內通過的。因
此，拋物線 *ab* 就將由一個從至高點 *e* 下落的物體所描繪。　　證畢。

　　推論。由此可見，半拋物線的底線或幅度的一半（即整個幅度的四
分之一）是拋物線高度和至高之間的一個比例中項；從至高下落的一
個物體將描述這同一條拋物線。

問題 3　　命題 6

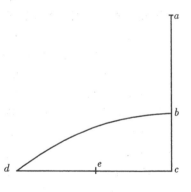

　　**已知一拋物線的至高和高度，試
求其幅度**。
　　設已知的高度 *cb* 和至高 *ab* 所
在的直線 *ac* 垂直於水平線 *cd*。問題
要求找出按至高 *ba* 和高度 *bc* 畫出
的半拋物線的沿水平線的幅度。取
cd 等於 *cb* 和 *ba* 之間的比例中項的
2 倍，則由上面的命題可知 *cd* 就是
所求的幅度。

定理 4　　命題 7

　　**如果各拋射體所描繪的半拋物線具有相同的幅度，則描繪其幅度
等於其高度之 2 倍的那條半拋物線的那一物體的動量小於任何其他物
體的動量。**
　　設 *ba* 為一條半拋物線，其幅度 *cd* 為其高度 *cb* 的 2 倍；在它的
軸線向上的延長線上，取 *ba* 等於它的高度 *bc*。畫直線 *ad*，這將是拋
物線在 *d* 點的切線，並將和水平線 *be* 交於 *e*，使得 *be* 既等於 *bc* 也
等於 *ba*。顯然，這一拋物線將由一個拋射體來描繪，它的均勻水平動

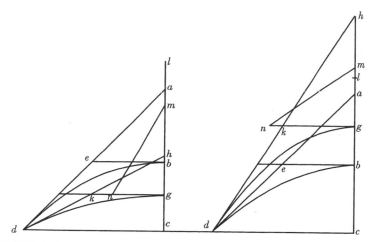

量將是它在 a 點由靜止開始下落至 b 時所獲得的動量,而其自然加速的垂直動量則是在 b 處從靜止開始下落至 c 時所獲得的動量。由此可得,終點 d 處的由這兩個動量合成的動量用對角線 ae 代表,其平方等於這兩個分動量的平方和。現在設 gd 爲任一其他拋物線,具有相同的幅度 cd,但其高度 cg 卻大於或小於高度 bc。設 hd 爲和通過 g 的水平〔300〕線交於 k 的切線。選一點 l,使得 $hg{:}gk = gk{:}gl$。於是,由前面的命題(5)即得,gl 就是一個物體爲了描繪拋物線 gd 而將由之下落的那個高度。

　　設 gm 是 ab 和 gl 之間的一個比例中項,於是 gm 就代表(命題4)從 l 到 g 的下落時間和在 g 獲得的動量,因爲 ab 已被假設爲時間和動量的量度。再者,設 gn 爲 bc 和 cg 之間的一個比例中項;那麼它就將代表物體從 g 下落到 c 的時間和它在 c 所獲得的動量。如果我們把 m 和 n 連結起來,則這一線段 mn 將代表描繪拋物線 dg 的拋射體在 d 點的動量;我說,大於沿拋物線 bd 運動的那個拋射體,其量度由 ae 來給出的動量。因爲,旣然 gn 已被取爲 bc 和 gc 之間的一個比例中項,而且 bc 等於 be 而也等於 kg(其中每一個都等於 dc 的一半),那麼就得到,$cg{:}gn = gn{:}gk$;而且 cg(或 hg)比 gk 等於 $\overline{ng^2}$

比 $\overline{gk^2}$；但是，由作圖可見，$hg{:}gk=gk{:}gl$。由此即得，$\overline{ng^2}{:}\overline{gk^2}=$ $gk{:}gl$。但是 $gk{:}gl=\overline{gk^2}{:}\overline{gm^2}$，因為 gm 是 kg 和 gl 之間的一個比例中項。因此，ng、kg、mg 三個平方就形成一個連比式 $\overline{gn^2}=\overline{gk^2}=\overline{gk^2}{:}$ $\overline{gm^2}$。而且二端項之和等於 mn 的半方，是大於 gk 平方的 2 倍的；但是 ae 的平方卻等於 gk 平方的 2 倍。因此，mn 的平方就大於 ae 的平方，從而長度 mn 就大於長度 ae。   證畢。[301]

推論. 反過來看也很顯然，從終點 d 發射一個拋射體使它沿拋物線 bd 運行，所需的動量也必小於使它沿任何其他拋物線運行所需的動量；那些其他拋物線的仰角或大於或小於 bd 的仰角，而 bd 在 d 點的切線和水平線的夾角則為 45°。由此也可以推知，如果從終點 d 發射一些拋射體，其速率全都相同，但各自有不同的仰角，則當仰角為 45°時將得到最大的射程，也就是說半拋物線或全拋線的幅度將為最大；用較大或較小的仰角發射出去的炮彈都將有較小的射程。

薩格：只有在數學中才能出現的這種嚴格證明的力量，使我心中充滿了驚訝和喜悅。根據炮手們的敍述我已經知道事實，就是說，在加農炮和臼炮的使用中，當仰角為 45°時，按照他們的說法是在象限儀的第六點上，將得到最大的射程，也就是炮彈射得最遠。但是，瞭解事情為什麼會如此卻比僅僅由別人的試驗乃至由反覆的實驗得來的知識重要得多。

薩耳：你說得很對。通過發現一件事實的原因而得到的關於它的知識，使人的思想可以有準備地去理解並確認其他的事實而不必借助於實驗，恰恰正像在當前的事例中一樣；在這裏，僅僅通過論證，作者就確切地證明了當仰角為 45°時就得到最大射程。他這樣證明的事情也許從來還不曾在實驗中被觀察過，就是說，對於仰角大於或小於 45°的其他發射來說，若超過或不足於 45°的度數相同，則射程也相等；因此，如果一個炮彈是在第七點發射的，而另一個炮彈是在第五點發射的，則它們會落在水平面上同樣距離處；如果炮彈是在第八點和第四點，在第九點和第三點等等上發射的，情況也相同。現在讓我們聽聽此事的證明吧。[302]

定理 5　命題 8

以相同速率但仰角分別大於和小於 45°相同度數而發射的兩個拋射體，所描繪的拋物線的幅度是相等的。

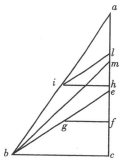

在 △*mcb* 中，設在 *c* 點成直角的水平邊 *bc* 和垂直邊 *cm* 相等；於是 ∠*mbc* 將爲半直角；將直線 *cm* 延長至 *d*，對這個點來說，在 *b* 點處的對角線上方和下方的兩個角即 ∠*mbe* 和 ∠*mbd* 相等。現在要證明的是，從 *b* 發射的兩發炮彈，其速率相同，其仰角分別爲 ∠*ebc* 和 ∠*dbc*，則它們所描繪的拋物線的幅度將相等。現在，旣然外角 ∠*bmc* 等於二內角 ∠*mbd* 和 ∠*dbm* 之和，我們就可以令 ∠*mbc* 等於它們；但是，如果我們把 ∠*dbm* 代換成 ∠*mbe*，則同一角 ∠*mbc* 等於 2 倍 ∠*mbe*，我們得到餘角 ∠*bdc* 等於餘角 ∠*ebc*。因此兩個△*dcb* 和 △*bce* 是相似的。將直線 *dc* 和 *ec* 中分於點 *h* 和 *f*，畫直線 *hi* 和 *fg* 平行於水平線 *cb*，並選一點 *l*，使得 *dh:hi＝ih:hl*。於是△*ihl* 將和 △*ihd* 相似，而且也和△*egf* 相似；旣然 *ih* 和 *gf* 是相等的，二者都是 *bc* 的一半，那麼就得到 *hl* 等於 *fe* 從而也等於 *fc*；於是，如果我們在這些量上加上公共部分 *fh*，就能看到 *ch* 等於 *fl*。

現在讓我們想像通過點 *h* 和 *b* 畫一條拋物線，其高度爲 *hc*，而其至高爲 *hl*。它的幅度將爲 *cb*，此量爲 *hi* 的 2 倍，因爲 *hi* 是 *dh*（或 *ch*）和 *hl* 之間的一個比例中項。直線 *db* 是拋物線在 *b* 點的切線，因爲 *ch* 等於 *hd*。如果我們再設想通過點 *f* 和 *b* 畫一條拋物線，其至高爲 *fl* 而其高度爲 *fc*，二者的比例中項爲 *fg*，或者說爲 *cb* 的一半；於是，和以前一樣，*cb* 將是幅度，而直線 *eb* 是 *b* 點上的切線，因爲 *ef* 等於 *fc*。[303] 但是兩個角 ∠*dbc* 和 ∠*ebc*，即兩個仰角，和 45°之差是相等的。由此即得命題。

定理 6　命題 9

當兩條拋物線的高度和至高畫成反比時，它們的幅度是相等的。

設拋物線 *fh* 的高
度 *gf* 和拋物線 *bd* 的
高度 *cb* 之比等於其至
高 *ba* 和至高 *fe* 之
比；於是我說，幅度
hg 等於幅度 *dc*。因
為，既然第一個量 *gf*
和第二個量 *cb* 之比等

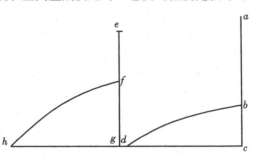

於第三個量 *ba* 和第四個量 *fe* 之比，由此就有，長方形面積 *gf · fe* 等
於長方形面積 *cb · ba*。因此，等於各長方形面積的正方形面積也彼此
相等。但是 （由命題 6），*gh* 之一半的平方等於長方形 *gf · fe*，而 *cd*
之一半的平方等於長方形 *cb · ba*。因此，兩個正方形以它們的邊長以
及它們的邊長的 2 倍也都兩兩相等。但是最後兩個量就是幅度 *gh* 和
cd。由此即得命題。

下一命題的引理

**若一直線在隨便一點上被分為兩段，並取全線長和二部分之間的
兩個比例中項，則這兩個比例中項的平方和等於全線長的平方。**

設直線 *ab* 在 *c* 點被分斷。於是我說，*ab* 和
ac 之間的比例中項的平方加上 *ab* 和 *cb* 之間的
比例中項的平方等於整條直線 *ab* 的平方。只要
我們在整條直線 *ab* 上畫一個半圓，這一點就可
以立即看清了。在 *c* 上畫垂線 *cd*，並畫 *da* 和 *db*。因為，*da* 是 *ab* 和
ac 之間的一個比例中項，而 *db* 是 *ab* 和 *bc* 之間的一個比例中項；而

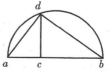

既然內接於半圓內的三角形的 $\angle adb$ 是直角，直線 da 和 db 的平方和就等於整條直線 ab 的平方。由此即得所證。[304]

定理 7　命題 10

**　　一粒子在任一半拋物線終點上得到的動量（impetus seu momentum），等於它通過一段垂直距離下落時所將得到的動量；該距離等於該半拋物線的至高和高度之和。⑦**

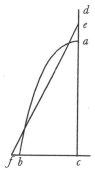

設 ab 爲一條半拋物線，其至高爲 da 而高度爲 ac，二者之和即垂直線 dc。現在我說，粒子在 b 點上的動量，和它從 d 自由下落到 c 所將獲得的動量相同。讓我們取 dc 的長度本身爲時間和動量的量度，並取 cf 等於 cd 和 da 之間的比例中項；再取 ce 爲 cd 和 ca 之間的比例中項。現在 cf 是在 d 從靜止開始通過距離 da 的下落時間和獲得的動量的量度；而 ce 則是在 a 從靜止開始通過距離 ca 的下落時間和動量；同樣，對角線 ef 也代表一個動量，即二者的合動量，從而也就是在拋物線終點 b 上的動量。

既然 dc 曾經在某點 a 被分斷，而 cf 和 ce 則是整條直線 cd 和它的兩個部分 da 和 ac 之間的兩個比例中項，那麼，由上述引理即得，這兩個比例中項的平方和等於整條直線的平方；但是 ef 的平方也等於同樣這些平方之和；由此可見線段 ef 等於線段 dc。

因此，一個從 d 下落的粒子在 c 得到的動量和沿拋物線 ab 而在 b 得到的動量相同。　　　　　　　　　　　　　　　　證畢。

---

⑦ 在近代力學中，這一衆所周知的定理形式如下：拋射體在任意點上的速率，是由沿準線的下落引起的。──英譯者

推論. 由此即可得到，對於所有至高和高度之和爲一恆量的拋物線，在其終點的動量也爲一恆量。[305]

問題 4　命題 11

已知半拋物線的幅度和終點的粒子速率（impetus），求其高度。

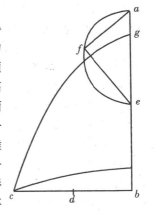

設所給的速率用垂直線段 *ab* 來代表，而其幅度則用水平線段 *bc* 來代表；要求得出其終點速率爲 *ab* 而幅度爲 *bc* 的半拋物線的高度。由以上所述（命題 5 的推論）顯然可知，[306] 幅度 *bc* 的一半是拋物線的高度和至高之間的一個比例中項；而按照上面的命題，該拋物線終點的粒子速率則等於一個物體在 *a* 點從靜止自由下落而通過距離 *ab* 時得到的速率。因此，線段 *ba* 必須在一點處被分斷，使得由其兩部分形成的長方形等於 *bc* 之半所形成的正方形，亦即 *bd* 的平方。因此，*bd* 必然不超過 *ba* 的一半，因爲在由一條直線的兩段所形成的長方形中，面積最大的是兩段直線相等的事例。設 *e* 爲直線 *ab* 的中點。現在，如果 *bd* 等於 *be*，問題就解決了，因爲 *be* 將是拋物線的高度而 *ea* 將是它的至高。（我們必須順便指出已經證明的一個推論，那就是，對於由一個給定的終點速率來描述的一切拋物線來說，仰角爲 45°的那一個將具有最大的幅度。）

但是，假設 *bd* 小於 *ba* 的一半，則 *ba* 應該適當分段，使得由其兩線段形成的長方形等於由 *bd* 形成的正方形。以 *ea* 爲直徑畫一個半圓 *efa*，在半圓中畫弦 *af* 等於 *y*，連結 *fe* 並取距離 *eg* 等於 *fe*。於是長方形 *bg*・*ga* 加正方形 $\overline{eg^2}$ 將等於正方形 $\overline{ea^2}$，因此也等於 *af* 和 *fe* 的平方和。如果現在我們消去相等的 *fe* 的平方和 *ge* 的平方，剩下來的就是長方形 *bg*・*ga* 等於 *af* 的平方，也就是等於 *bd* 的平方，而 *bd*

是一條直線，它是 bg 和 ga 之間的比例中項。由此顯然可見，其幅度為 bc 而其終點速率由 ba 來代表的半拋物線具有高度 bg 和至高 ga。

然而，如果我們取 bi 等於 ga，則 bi 將是半拋物線 ic 的高度而 ia 將是它的至高。由以上的證明，我們就能夠解決下面的問題。

問題 5　命題 12

試計算並列表表示以相同的初速率發射的拋射體所描繪的一切半拋物線的幅度。

從以上的論述可以看到，對於任何一組拋物線，只要它們的高度和至高之和是一段恆定的垂直高度，這些拋物線就是由具有相同的初速率的拋射體所描繪的。因此，這樣得出的一切垂直高度，就介於兩條平行的水平線之間。設 cb 代表一條水平線而 ab 代表一條長度相同的垂直線；畫對角線 ac；$\angle acb$ 將是一個 45°的角；設 d 是垂直線 ab 的中點。於是，半拋物線 dc 就是由至高 ad 和高度 db 所確定的那條半拋物線，而其在 c 點的終點速率就是一個粒

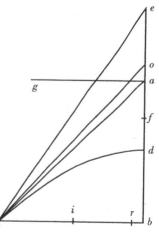

子在 a 處從靜止開始下落到 b 時所獲得的速率。現在，如果畫 ag 平行於 bc，則對於具有相同終點速率的任何其他半拋物線來說，高度和至高之和將按照上述的方式而等於平行線 ag 和 bc 之間的距離。另外，既然已經證明，當兩條半拋物線仰角分別大於和小於 45°一個相同的度數時，它們的幅度將相同，那麼就可推知，應用於較大仰角的計算對較小仰角也適用。讓我們假設仰角爲 45°的拋物線的最大幅度爲 10000，這就是直線 ba 和半拋物線 bc 之幅度的長度。選用 10000 這個

數，是因爲我們在這些計算中應用了一個正切表，表中 45°角的正切爲 10000。現在回到本題，畫直線 ce，使銳角 $\angle ecb$ 大於 $\angle acb$；現在的問題是畫出半拋物線，使直線 ec 是它的一條切線，而且對它來說，至高和高度之和爲距離 ba。從正切表上查出正切 be 的長度，[8] 利用 $\angle bec$ 作爲變數；設 f 爲 be 的中點，其次求出 bf 和 bi（bc 的一半）的一個第三比例項，它必然大於 fa。[9] 把這一第三比例項稱爲 fo。現在我們已經發現，內接於 $\triangle ecb$ 中的拋物線具有切線 ce 和幅度 cb，其高度爲 bf 而其至高爲 fo。但是 bo 的總長度卻超過 [307] 平行線 ag 和 cb 之間的距離，而我們的問題卻是使它等於這一距離，因爲所求的拋物線和拋物線 dc 是由 c 點用相同速率發射的拋射體來描繪的。現在，既然在 $\angle bce$ 中可以畫出無限多條大大小小的相似拋物線，我們必須找出另一條拋物線，它也像 cd 一樣，其高度和至高之和即高度 ba 等於 bc。

爲此目的，取 cr，使得 $ob{:}ba=bc{:}cr$；於是，cr 就將是一條半拋物線的幅度，該半拋物線的仰角爲 $\angle bce$，而其高度和至高之和正像所要求的那樣等於平行線 ga 和 cb 之間的距離。因此，過程就是這樣的：先畫出所給 $\angle bce$ 的正切直線，取這一正切直線的一半，在所得值上加上 fo 這個量，該量是半正切直線和半 bc 的一個第三比例項；於是所求的幅度 cr 就可以由比例式 $ob{:}ba=bc{:}cr$ 求出。例如，設 $\angle ecb$ 是一個 50°的角；它的正切是 11918，其一半，即 bf，爲 5959；bc 的一半爲 5000；此二者的第三比例項爲 4195；把它和 bf 相加，即得 bo 之值爲 10154。再者，ob 和 ab 之比，即 10154 和 10000 之比，等於 bc 即 10000（即 45°角的正切）和 cr 之比，而 cr 就是所要求的幅度；求

---

[8] 讀者可注意，此處 "tangent" 一詞有兩種用法。「切線 ac」是在 c 點和拋物線相切的一條直線，而此處的「正切 eb」是直角三角形中角 ecb 的對邊，它的長度和該角的正切成正比。——英譯者

[9] 這一點的證明見以下的第三段。——英譯者

得的值是 9848，而最大幅度爲 10000。整個抛物線的幅度是這些值的 2 倍，分別爲 19696 和 20000。這也是仰角爲 40°的抛物線的幅度，因爲它的仰角也和 45°差 5°。

薩格：爲了徹底地弄懂這種證明，請告訴我 *bf* 和 *bi* 的第三比例項怎麼會像作者所指出的那樣必然大於 *fa*。[308]

薩耳：我想，這一結果可以得出如下：二線段之間的比例中項的平方，等於該二線段所形成的長方形（的面積）。因此，*bi* 的平方（或與之相等的 *bd* 的平方）必然等於由 *fb* 和所求的第三比例項所形成的長方形。這個第三比例項必然大於 *fa*，因爲由 *bf* 和 *fa* 形成的長方形比 *bd* 的平方小一個量，該量等於 *df* 的平方；證明見《歐幾里得》，II，1。另外也應注意到，作爲正切直線 *eb* 之中點的 *f* 點，一般位於 *a* 點上方；只有一次和 *a* 點重合；在此事例中，一目了然的就是，對正切直線之半和對至高 *bi* 而言的第三比例項完全位於 *a* 點以上。但是作者曾經考慮了一種事例，那時並不能清楚地看出第三比例項永遠大於 *fa*，因此當在 *f* 點以上畫出時，它就延伸到了平行線 *ag* 之外。

現在讓我們接著講下去。利用表格另外計算一次來求出由相同初速率的抛射體所描述的半抛物線的高度是有好處的。表格如下：[309]

仰角	以相同初速率描繪的半抛物線的幅度	仰角	仰角	以相同初速率描繪的半抛物線的高度	仰角	以相同初速率描繪的半抛物線的高度
45°	10000		1°	3	46°	5173
46°	9994	44°	2°	13	47°	5346
47°	9976	43°	3°	28	48°	5523
48°	9945	42°	4°	50	49°	5698
49°	9902	41°	5°	76	50°	5868
50°	9848	40°	6°	108	51°	6038
51°	9782	39°	7°	150	52°	6207

仰角	以相同初速率描繪的半拋物線的幅度	仰角	仰角	以相同初速率描繪的半拋物線的高度	仰角	以相同初速率描繪的半拋物線的高度
52°	9704	38°	8°	194	53°	6379
53°	9612	37°	9°	245	54°	6546
54°	9511	36°	10°	302	55°	6710
55°	9396	35°	11°	365	56°	6873
56°	9272	34°	12°	432	57°	7033
57°	9136	33°	13°	506	58°	7190
58°	8989	32°	14°	585	59°	7348
59°	8829	31°	15°	670	60°	7502
60°	8659	30°	16°	760	61°	7049
61°	8481	29°	17°	855	62°	7796
62°	8290	28°	18°	955	63°	7939
63°	8090	27°	19°	1060	64°	8078
64°	7880	26°	20°	1170	65°	8214
65°	7660	25°	21°	1285	66°	8346
66°	7431	24°	22°	1402	67°	8474
67°	7191	23°	23°	1527	68°	8597
68°	6944	22°	24°	1685	69°	8715
69°	6692	21°	25°	1786	70°	8830
70°	6428	20°	26°	1922	71°	8940
71°	6157	19°	27°	2061	72°	9045
72°	5878	18°	28°	2204	73°	9144
73°	5592	17°	29°	2351	74°	9240
74°	5300	16°	30°	2499	75°	9330
75°	5000	15°	31°	2653	76°	9415
76°	4694	14°	32°	2810	77°	9493
77°	4383	13°	33°	2967	78°	9567
78°	4067	12°	34°	3128	79°	9636

仰角	以相同初速率描繪的半拋物線的幅度	仰角	仰角	以相同初速率描繪的半拋物線的高度	仰角	以相同初速率描繪的半拋物線的高度
79°	3746	11°	35°	3289	80°	9698
80°	3420	10°	36°	3456	81°	9755
81°	3090	9°	37°	3621	82°	9806
82°	2756	8°	38°	3793	83°	9851
83°	2419	7°	39°	3962	84°	9890
84°	2079	6°	40°	4132	85°	9924
85°	1736	5°	41°	4302	86°	9951
86°	1391	4°	42°	4477	87°	9972
87°	1044	3°	43°	4654	88°	9987
88°	698	2°	44°	4827	89°	9998
89°	349	1°	45°	5000	90°	10000

[310]

問題 6　命題 13

根據上表所給之半拋物線的幅度，試求出以相同初速率描繪的每一拋物線的高度。

　　設 bc 代表所給的幅度，並用高度和至高之和 ob 作爲看成保持恆定的初速率的量度。其次我們要找出並確定高度。我們的做法是適當分割 ob，使它的兩部分所形成的長方形將等於幅度 bc 之一半的平方。設 f 代表這一分割點，而 d 和 i 分別代表 ob 和 bc 的中點。於是 ib 的平方等於長方形 $bf \cdot fo$；但是 do 的平方等於長方形 $bf \cdot fo$ 和 fd 平方之和。因此，如果我們從 do 的平方中減去等於長方形

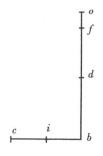

bf・fo 的 *bi* 平方，剩下的就將是 *fd* 的平方。現在，所求的高度 *bf* 就可以通過在這一長度 *fd* 上加上直線 *bd* 來求得。於是過程就有如下述：從已知的 *bo* 之一半的平方中減去也爲已知的 *bi* 的平方；求出餘數的平方根並在它上面加上已知長度 *db*，於是就得到所求的高度 *bf*。

例題：試求仰角爲 55°的半拋物線的高度。由上表可見其幅度爲 9396，其一半即 4698，而此量的平方爲 22071204。*bo* 之半的平方永遠是 25000000。當從此值減去上一值時，餘數就是 2928796，其平方根近似地等於 1710。把此值加在 *bo* 之一半即 5000 上，我們就得到 *bf* 的高度 6710。[311]

在此引入第三個表來給出幅度爲恆定的各拋物線的高度和至高，是有用處的。

薩格：看到這樣一個表我將很高興。因爲我將從這個表上瞭解到用我們所說的臼炮的炮彈得到相同的射程所要求的速率和力（degl' impeti e delle forze）的差異。我相信，這種差異將隨著仰角而大大變化，因此，例如，如果想用一個 3°或 4°或 87°或 88°的傾角而仍使炮彈達到它在 45°仰角（我們已經證明在那一仰角下初速率爲最小）下所曾達到的同一射程，我想所需的力的增量將是很大的。

薩耳：閣下是完全對的，而且您將發現，爲了在一切仰角下完全地完成這種動作，您將不得不大步地走向無限大。現在讓我們進行表格的考慮。 [312]

按每度仰角算出的恆定幅度(10000)下的各拋物線的高度和至高

仰 角	高 度	至 高	仰 角	高 度	至 高
1°	87	286533	46°	5177	4828
2°	175	142450	47°	5363	4662
3°	262	95802	48°	5553	4502
4°	349	71531	49°	5752	4345
5°	437	57142	50°	5959	4196
6°	525	47573	51°	6174	4048
7°	614	40716	52°	6399	3906
8°	702	35587	53°	6635	3765
9°	792	31565	54°	6882	3632
10°	881	28367	55°	7141	3500
11°	972	25720	56°	7413	3372
12°	1063	23518	57°	7699	3247
13°	1154	21701	58°	8002	3123
14°	1246	20056	59°	8332	3004
15°	1339	18663	60°	8600	2887
16°	1434	17405	61°	9020	2771
17°	1529	16355	62°	9403	2658
18°	1624	15389	63°	9813	2547
19°	1722	14522	64°	10251	2438
20°	1820	13736	65°	10722	2331
21°	1919	13024	66°	11230	2226
22°	2020	12376	67°	11779	2122
23°	2123	11778	68°	12375	2020
24°	2226	11230	69°	13025	1919
25°	2332	10722	70°	13237	1819
26°	2439	10253	71°	14521	1721
27°	2547	9814	72°	15388	1624
28°	2658	9404	73°	16354	1528
29°	2772	9020	74°	17437	1433
30°	2887	8659	75°	18660	1339
31°	3008	8336	76°	20054	1246
32°	3124	8001	77°	21657	1154
33°	3247	7699	78°	23523	1062
34°	3373	7413	79°	25723	972
35°	3501	7141	80°	28356	881
36°	3631	6882	81°	31569	792
37°	3768	6635	82°	35577	702
38°	3906	6395	83°	40222	613
39°	4049	6174	84°	47572	525
40°	4196	5959	85°	57150	437
41°	4346	5752	86°	71503	349
42°	4502	5553	87°	95405	262
43°	4662	5362	88°	143181	174
44°	4828	5177	89°	286499	87
45°	5000	5000	90°	infinita	

命題 14

試針對每一度仰角求出幅度恆定的各拋物線的高度和至高。

問題是很容易地解決了的。因為，如果我們假設一個恆定的幅度 10000，則任意仰角的正切之半將是高度。例如，一條仰角為 30°而幅度為 10000 的拋物線，將具有一個高度 2887，這近似地等於正切的一半。而現在，高度既已求得，至高就可以如下推出：既然已經證明半拋物線的幅度之一半是高度和至高之間的一個比例中項，而且高度已經求得，而且幅度之半是一個恆量，即 5000，那麼就得到，如果將半幅度的平方除以高度，我們就能夠得到所求的至高。於是，在我們的例子中，高度已被求出為 2887，5000 的平方是 25000000，除以 2887，即得至高的近似值為 8659。

薩耳：[10] 在此我們看到，首先，前面的說法是多麼地正確，那就是說，就不同的仰角來說，不論是較大還是較小，和平均值差得越大，將拋射體送到相同的射程所需要的初速率（impeto e violenza）就越大。因為，既然這裏的速率是兩種運動合成的結果，即一種水平而均勻的運動和一種垂直而自然加速的運動的合成的結果；而且，既然高度和至高之和代表這一速率，那麼，從上表就可以看到，對於 45°的仰角，這個和數是最小值，那時高度和至高相等，即都是 5000，而其和為 10000。但是，如果我們選一個較大的仰角，例如 50°，我們就發現高度為 5959，而至高為 4196，得到的和為 10155；同樣我們將發現，這正好也是仰角為 40°時的速率值，這兩個仰角和平均值的差是相等的。

其次要注意的是，儘管對於和平均值差值相等的兩個仰角所要求

---

[10] 以上的敍述本來就是薩耳維亞蒂的言論，但那被假設為「我們的作者」的見解，而從此處起則是薩耳維亞蒂的補充。——中譯者

的速率是相同的，但是二者之間卻有一種奇特的不同，那就是，較大仰角下的高度和至高是與較小仰角下的至高和高度交叉對應的。例如，在上述的例子中，[314] 50°的仰角給出的高度是 5959，至高是 4196；而 40°的仰角對應的高度為 4196，至高為 5959。而且這種情況是普遍成立的；但是必須記得，為了避免麻煩的計算，這裏沒有計及分數，它們的影響比整數的影響要小。

薩格：在初速率的兩個分量方面，我也注意到了一點，那就是，發射越高，水平分量就越小，而垂直分量就越大；另一方面，在較低的仰角下，炮彈只達到較小的高度，從而初速率的水平分量就必然很大。在仰角為 90°的發射的事例中，我完全理解世界上所有的力 (forza) 都不足以使炮彈離開垂直線一絲一毫，從而它必然會落回起始的位置；但是在零仰角的事例中，當炮彈水平發射時，我卻不敢準說某一個並非無限大的力不會把炮彈送到某一距離處；例如，甚至一尊加農炮也不能沿完全水平的方向射出一個炮彈。或者像我們所說的「指向空白」，即完全沒有仰角，這裏我承認有某些懷疑的餘地。我並不直接否認事實，因為有另外一種表現上也有很可驚異的現象，而我是有那種現象的結論性證據的。這種現象就是把一根繩子拉得既是直的而同時又是和水平面相平行的那種不可能性；事實是，繩索永遠下垂而彎曲，任何的力都不能把它完全拉直。

薩耳：那麼，薩格利多，在這個繩子的事例中，你不再對現象感到驚奇，因為你有了它的證明了；但是，如果我們更仔細地考慮考慮它，我們就可能發現炮的事例和繩子的事例之間的某種對應性。水平射出的炮彈的路線的曲率顯現為起源於兩個力，一個力（起源於炮）水平地推進它，而另一個力（它自己的重量）則把它垂直地向下拉。在拉繩子時也是這樣，你有沿水平方向拉它的力以及向下作用的它自己的重量。因此，在這兩種事例中，情況是頗為相似的。於是，如果你認為繩子有一種本領和能量 (possanza ed energia) 足以反抗和克服隨便多大的拉力，為什麼你否認炮彈有這種本領呢？[315]

除此以外，我還必須告訴一件事情，這會使你又驚奇又高興，那

就是，一條或多或少拉緊的繩子顯出一種與拋物線很相近的曲線形狀：如果你在一個垂直平面上畫一條拋物線，然後把它倒過來，使它的頂點在底下而它的底線則保持水平，就能清楚地看到這種相似性；因為，當在底線下掛一條鎖鏈而兩端位於拋物線的兩個端點時，你就會看到，當把鎖鏈多或少鬆開一點時，它就彎曲並和拋物線相貼近，而且，拋物線畫得越是曲率較小，或者越是挺直，這種符合性就越好；因此，在以小於 45°的仰角畫出的拋物線上，鎖鏈幾乎和它的拋物線符合。⑪

薩格：如此說來，用一條輕鎖鏈就能夠很快地在一個平面上畫出許多條拋物線了。

薩耳：當然，而且好處不小，正如等一下我將演示給你看的那樣。

辛普：但是在接著講下去以前，我急於想能相信你說有其嚴格證明的那個命題是真的；我指的是那種敍述，即不論用多大的力也不能把一根繩子拉得百分之百的直和水平。

薩格：我將看看我能不能記起那種證明；但是為了理解它，辛普里修，你有必要承認一件關係機器的事，即事實不僅從經驗上來看，而且從理論考慮上來看也是顯然的；那就是，一個運動物體的速度（velocità del movente），即使當它的力（forza）很小時也能夠克服一個緩慢運動物體所作用的很大阻力，只要運動物體的速度和阻擋運動的物體的速度之比大於阻擋物體的阻力（resistenza）和運動物體的力（forza）之比。[316]

辛普：這一點我知道得很清楚，因為它已由亞里斯多德在《力學問題》（*Questions in Mechanics*）中證明過了，而且也在槓桿和桿秤的情況下清楚地看到了；在那裏，一個不超過 4 磅的秤砣將掛起 400 磅的重物，如果秤砣離支點的距離比貨物離支點的距離遠 100 多倍

---

⑪ 前面一個英譯者注中已經提到，在伽利略的時代，人們還不知道「懸鏈線」。——中譯者

的話。這是正確的，因為秤砣在下降中經過的距離比貨物在相同時間
內上升的距離要大 100 多倍；換句話說，小小的秤砣是用比貨物的速
度大 100 多倍的速度運動的。

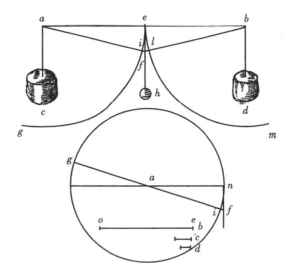

　　薩格：你是完全對的；你毫不遲疑地承認，不論運動物體的力
　（forza）是多麼小，它都會克服隨便多麼大的阻力，如果它在速度方
　面的優勢大於它在力和重量（vigore e gravità）方面的不足的話。現
　在讓我們回到繩子的事例。在下面的附圖中，*ab* 代表一條通過 *a*、*b* 二
　固定點的直線；在此線的兩端，你們看到，掛了兩個大砝碼 *c* 和 *d*，
　它們用很大的力拉這條線，使它保持在真正直的位置上，因為這只是
　一條沒有重量的線。現在我願意指出，我們可以把此線的中點叫做 *e*，
　如果在這個點上掛一個小砝碼 h，則 ［317］ 此線將下垂到 *f* 點，而由
　它的增長，將迫使大砝碼 *c* 和 *d* 上升，此事我將表示如下：以 *a*、*b* 二
　點為心各畫四分之一個圓 *eig* 和圓 *elm*；現在，既然兩個半徑 *ai* 和
　bl 等於 *ae* 和 *eb*，餘量 *fi* 和 *fl* 就是二線段 *af* 和 *bf* 比 *ae* 和 *eb* 多
　出的部分；因此它們就確定了砝碼 *c* 和 *d* 的升高，這時當然假設砝碼

h 已經採取了位置 f。但是，每當代表 h 之下降 ef 和砝碼 c 及 d 的上升 fi 之比大於兩個大物體的重量和物體 h 的重量之比時，砝碼 h 就將取位置 f，即使當 c 和 d 的重量很大而 h 的重量很小時，這種情況也會發生，因爲 c 和 d 的重量不會比 h 的重量大那麼多，以致切線 ef 和線段 ft 之比不會更大。這一點可以證明如下：畫一個直徑爲 gai 的圓；畫直線 bo，使它的長度和另一直線 $c(c>d)$ 之比等於 c 及 d 的重量和 h 的重量之比。既然 $c>d$，bo 和 d 之比就大於 bo 和 c 之比。取 be 爲 ob 和 d 的第三比例項；延長直徑 gi 至一點 f，使得 $gi:if = oe:eb$；並從 f 點作切線 fn；於是，既然我們已有 $oe:eb = gi:if$，通過比率組合，我們就有 $ob:eb = gf:if$。但是 d 是 ob 和 be 之間的一個比例中項，而 nf 是 gf 和 fi 之間的一個比例中項。由此即得，nf 比 fi 就等於 cb 比 d；這一比值大於 c 及 d 的重量和 h 的重量之比。那麼，既然砝碼 h 的下降或速度和砝碼 c 及 d 的上升或速度之比大於物體 c 及 d 的重量和 h 的重量之比，那就很明顯，砝碼 h 就下降，而線 ab 就不再是直的和水平的了。

而且，喏，當把任何一個小砝碼 h 加在無重量的繩子 ab 的 e 點上時出現的情況，當繩子是用有重量的材料製成而卻沒加什麼砝碼時也是會出現的，因爲在這種事例中，繩子的材料的作用和加掛的一個砝碼的作用相同。

辛普：我完全滿意了。因此現在薩耳維亞蒂可以像他所許諾的那樣解釋這樣一條鎖鏈的好處，然後就提出我們的院士先生關於衝擊力（forza della percossa）這一課題的那些思索了。

薩耳：今天就討論到這裏吧。天色已經不早了，剩下來的時間也不允許我們把所提的那些課題講完了；因此，我們將把我們的聚會推遲到另一個更加合適的時機。[318]

薩格：我同意你的意見，因爲在和我們院士先生的親密朋友們進行了各種交談以後，我已經得到結論認爲，這個衝擊力的問題是很深奧的，而且我想，至今爲止，那些曾經處理過這一課題的人們誰也沒能夠弄清楚它那些幾乎超出於人類想像力之外的黑暗角落；在我聽別

人表述過的各式各樣的觀點中，有一種奇思妙想式的觀點還留在我的記憶中，那就是說，衝擊力即使不是無限大的也是不確定的。因此讓我們等到薩耳維亞蒂認爲合適的時候吧。在此期間，請告訴我們在關於拋射體的討論以後還講什麼。

薩耳：這是關於固體的重心的一些定理，是由我們的院士先生在年輕時發現的；他從事此一工作是因爲他認爲菲德里哥‧康曼狄諾（Federigo Comandino）的處理有些不夠完備。你們面前的這些命題是他認爲將能補康曼狄諾的書的不足的。這些研究是馬爾奎斯‧歸亦德‧烏巴耳道‧達耳‧芒特（Marquis Guid' Ubaldo Dal Monte）的範例下進行的；後者是他那個時代的一位很傑出的數學家，正如他的各式各樣的著作所證實的那樣。我們的院士先生把自己的書送給那位先生一本，希望把研究擴展到康曼狄諾不曾處理過的其他固體。但是不久以後他偶然拿到了偉大的幾何學家盧卡‧瓦勒裏奧（Luca Valerio）的書，他發現書中對這個課題的處理是那樣地完備，以致他就放棄了自己的研究，儘管他所發展起來的方法是和瓦勒裏奧的方法完全不同的。

薩格：請你發發善心把這本書留在我這裏，直到我們下次的聚會，以便我可以按照書中的次序來閱讀和學習這些命題。

薩耳：我很樂於遵從你的要求，我只希望這些命題將使你深感興趣。

第四天終

附錄

　　附錄包括處理固體重心的一些定理和它們的證明，是由同一作者在較早的時期撰寫的。①

全書終

---

① 按照「國家版」（National Edition）的先例，在此略去了在 1638 年萊頓版中佔了 18
　頁的「附錄」，因爲那些內容讀者興趣較小。——英譯者